La cocina de la abuela

Ana M.ª Calera

LA COCINA DE LA ABUELA

EDITORIAL DE VECCHI

*Fotografías de la cubierta de Firo-Foto (*derecha*) y Nestlé (*izquierda, arriba y abajo*).*

Fotografías del interior de los archivos De Vecchi, Nestlé («Huevos revueltos con jamón y champiñones», «Soufflé de patata y queso», «Sopa de guisantes», «Alubias guisadas», «Potaje de alubias con gambas», «Potaje rápido de fideos», «Alcachofas a la italiana», «Manzanas asadas con mousse de plátano», «Mousse de chocolate», «Delicia de jamón y queso») y Firo-Foto («Bacalao a la napolitana», «Cangrejos de río guisados con hortalizas», «Sopa fría de ortigas», «Ternera fría con salsa de alcaparras», «Sopa de patatas, puerros y cebollas», «Crema de pollo con verduras», «Pastel de tortillas», «Buñuelos de apio con huevo pasado por agua», «Croquetas de patata con frutos secos»).

Balmes, 114. 08008 BARCELONA
Depósito Legal: B. 11.157-2004
ISBN: 84-315-2570-3

Indice

PRÓLOGO	9
RECETARIO	11
ENTRANTES	13
Caldos	15
Cremas	19
Ensaladas	21
Purés	31
Sopas	37
PRIMEROS PLATOS	53
Arroz	55
Cocidos	70
Legumbres secas	75
Pasta	80
Patatas	84
Potajes	93
Verduras y hortalizas	109
SEGUNDOS PLATOS	129
Aves y caza	131
Carnes	150
Huevos	223
Mariscos	233
Pescados	240
Revueltos	279
Tortillas	283
POSTRES	287
Repostería	289
Frutas	319
SALSAS	327
ÍNDICE DE RECETAS	339

Prólogo

La presente obra es fruto de un estudio objetivo, encaminado a buscar, y a ofrecer después, todas aquellas recetas que nos legaron nuestras abuelas.

De todos es sabido que el arte de cocinar bien pasa de generación en generación, y es muy frecuente hallar familias que poseen un sinfín de recetas genuinas y de su único patrimonio. Las guardan celosamente y no se las explican a nadie. Pero esto, afortunadamente, ya va pasando, y nosotros estamos satisfechos de poder asegurar que esas recetas caseras o regionales que la abuela hacía en sus tiempos, y que son gloria de la mesa y alegría de la familia, se nos han descubierto en todas sus facetas e incluso en el más insignificante detalle.

Además, como hay que ser prácticos y efectivos, diremos que las viejas recetas, las preparaciones más o menos laboriosas con las que nuestra abuela tantas horas quemó en el fogón, se nos muestran hoy en día más apetecibles con los adelantos técnicos de que gozamos. ¿Cómo nos vamos a resistir a conocerlas?

En la actualidad, la cocina se ve simplificada gracias a muchos adelantos que no desecharemos en ningún caso, ya que nos facilitan la tarea; con ellos la receta de la abuela será más fácil de hacer ahora, que lo fue para ella entonces. Un menor tiempo de permanencia en la cocina no nos impedirá poder ofrecer las recetas de siempre, esas que gustan a todos y que, por desgracia, vemos tan poco.

Vamos a descubrir esa cocina que, aunque sabida y hasta probada por muchos, permanece desconocida y nos atrae, acaso por ese mismo misterio que la envuelve, aunque no nos vemos capaces de emprender su descubrimiento.

¡Ánimo y adelante! Con esta obra que usted tiene en sus manos se verá capaz de hacer muchas y sabrosas recetas, con las que tanta admiración podrá despertar entre sus amigos y sus familiares.

Recetario

Este recetario es el resultado de una labor de selección de platos que tienen una larga tradición culinaria y que combinan el buen sabor de los mejores condimentos con los ingredientes escogidos por los viejos cocineros.

Leyenda

La estructura de cada una de estas recetas responde el deseo de ordenar con claridad la información que se quiere transmitir, de ahí que se represente con iconos los siguientes aspectos:

Número de personas

Ingredientes

Calorías por persona

Entrantes

Los caldos, las cremas, los purés y las sopas son una buena manera de iniciar cualquier comida, o constituyen un primer plato de la cena que debe ser siempre más ligera. Las ventajas de estos platos es que, en la mayoría de los casos, se pueden dejar hechos unas horas antes de presentarlos en la mesa; por otra parte, las ensaladas ricas y variadas son siempre bien recibidas por todos en la mesa.

Son tantas las preparaciones que existen, que no ha sido fácil hallar las mejores y las más agradables al paladar, aunque creemos sinceramente, que hemos logrado un número suficiente de recetas muy acertadas.

CALDOS

Caldo asturiano

	1 persona		90 cal

1/4 de l de agua
una cebolla pequeña
media cucharada sopera
de manteca fresca
un pan esponjoso
un huevo fresco
sal

Para comenzar la preparación de esta receta ponemos sobre el fuego una cazuela de barro con el agua, la sal y la cebolla separada con la mano en trozos. Añadiremos la media cucharada de manteca de vaca y lo dejaremos hervir durante 15 minutos, pasado este tiempo retiraremos la cebolla. Cortaremos del pan (que será del día) a rebanadas finas y las tostaremos al horno. Colocaremos las rebanadas en el plato y cascaremos también el huevo, echándole el caldo encima. Lo dejaremos reposar durante unos segundos y lo serviremos. El huevo, en vez de cascarse entero, puede echarse muy batido, removiendo el caldo al tiempo de incorporarlo al caldo.

Caldo de gallina

	4 personas		140 cal

300 g de carne de vaca
250 g de gallina
un hueso de tuétano
una cebolla
un manojo de perejil fresco
2 l de agua
unas hebras de azafrán
100 g de tocino fresco
sal

En un puchero que esté en el fuego echaremos la carne de gallina, el tocino y el hueso, agregando el agua que estará fría. Coceremos todo a fuego vivo. De vez en cuando removeremos el caldo con una espumadera. Lo sazonaremos con sal y lo dejaremos hervir lentamente, agregándole el azafrán que habremos tostado ligeramente en el horno, la cebolla picada y el perejil también picado.

El caldo debe hervir por lo menos tres o cuatro horas; pasado este tiempo lo colaremos y lo utilizaremos.

Caldo limpio

4 personas	130 cal

500 g de carne de buey apropiada para el cocido
un hueso de tuétano
1/4 de gallina
250 g de garbanzos secos
una cebolla mediana
2 zanahorias
3 puerros
un nabo
perejil fresco
2 l de agua
sal

Previamente remojaremos los garbanzos durante 12 o 24 horas en agua y sal.

Elegiremos un puchero más bien grande y pondremos en él la carne, la gallina y el hueso, a lo que añadiremos 2 litros de agua fría (no debe estar nunca caliente). Lo colocaremos sobre fuego vivo y, a medida que suelte espuma, se la iremos quitando. Cuando ya no quede, incorporaremos los garbanzos, que pueden estar en una bolsa de malla o bien sueltos, según deseemos.

Un consejo de la abuela: antes de echar los garbanzos (al sacarlos del remojo) debemos pasarlos por agua bien caliente; así se evita que, al añadirlos al puchero, la temperatura baje. Salaremos y espumaremos de nuevo si es preciso.

Apartaremos el puchero a un fuego más bajo, porque debe hervir una hora, por lo menos, pasada la cual añadiremos las zanahorias, el nabo, los puerros, la cebolla y el perejil, todos ellos sin picar y bien raspados y limpios. Hervirá durante 45 minutos más, sin parar ni un minuto. En caso de tener que añadir agua, esta estará hirviendo para que no pare la ebullición.

Para dar color tostado (si se desea) bastará con hacer un poco de caramelo en una flanera y echar unas gotas de este caldo. El jugo de carne también puede dar un color bonito.

Hecho el caldo, se cuela y se utiliza, tanto para hacer salsas como para hervir sopa en él, o para presentarlo en tazón con tropezones al gusto: pan frito, queso, etc.

La utilización de la olla exprés también puede dar buen resultado para hacer este caldo, ya que abrevia mucho el tiempo de cocción. Debe echarse todo a la vez, cerrando la olla y cocinando el tiempo que marque su modelo.

Caldo de pescado

4 personas	*110 cal*

una pescadilla de 750 g de peso
4 cucharadas soperas llenas de aceite
2 naranjas ácidas
una cebolla mediana
2 dientes de ajo
agua
sal

Conviene que limpiemos bien la pescadilla, luego la partiremos en rodajas gruesas de unos tres dedos de grosor y la salaremos bien, dejándola en un plato con la sal durante una hora. Freiremos en una cazuela con aceite los ajos y los retiraremos cuando estén dorados, rehogando la cebolla finamente picada en esa misma grasa. Añadiremos un litro de agua hirviendo, aproximadamente. Taparemos la cazuela y la dejaremos cocer. Cuando esté todo deshecho, incorporaremos la pescadilla para que hierva durante 15 minutos. Finalmente, añadiremos el jugo de las naranjas y serviremos el caldo muy caliente. (Esta receta admite también unas rodajas de pan cortadas muy finas.)

Caldo de pimientos

4 personas	*130 cal*

250 g de patatas
2 pimientos verdes frescos
un tomate fresco
2 dientes de ajo
6 cucharadas soperas llenas de aceite
250 g de mero o de rape
azafrán
una cucharada sopera llena de pimentón
2 cominos
un poco de caldo de carne
agua
sal

Pondremos al fuego una olla con agua, y cuando esté muy caliente le añadiremos las patatas peladas y cortadas en trozos regulares, el pescado (limpio de espinas) y la sal. Machacaremos en un mortero los cominos con el caldo, los ajos, el azafrán y tres o cuatro trozos de las patatas ya hechas, el pimentón y el tomate pelado y sin semillas. Trituraremos bien y le añadiremos seis cucharadas de aceite, echándolo todo sobre las patatas y el pescado. Asaremos los pimientos en el horno para pelarlos bien y partirlos en tiras, quitándoles las semillas e incorporándolos a su vez a la olla, tras lo cual se dejará cocer en esta hasta que las patatas estén en su punto. Colaremos el caldo obtenido y lo serviremos en taza; el pescado puede aprovecharse para otro plato o para hacer croquetas.

Caldo de verduras

	4 personas		*130 cal*

un nabo
3 puerros
una lechuga
3 hojas de repollo
2 patatas
50 g de guisantes
100 g de judías verdes
una cucharada sopera llena de aceite refinado
2 alas de pollo
sal
2 l de agua

Después de haber limpiado y picado bien las verduras, las pondremos a hervir en el agua con el aceite refinado, las alas de pollo tierno y la sal. Conviene que dejemos hervir durante 2 horas y luego pasarlo por una tela o tamiz fino y húmedo. En este caldo podemos hervir arroz o pasta de sopa fina; también es bueno para la comida de los niños o para hacer salsas.

CREMAS

Crema de guisantes

4 personas	190 cal

400 g de guisantes frescos sin vaina
1/2 l de agua
un vaso de vino lleno de nata o de mantequilla
2 cucharadas soperas llenas de fécula de patata
sal

Coceremos los guisantes (que pueden ser de lata) en el agua con un poco de sal. Los dejaremos hervir de forma que el agua se evapore un poco y, una vez tiernos, los pasaremos por el pasapurés y les añadiremos la nata o la mantequilla, así como la fécula disuelta en un poco del mismo caldo de cocción de los guisantes. Daremos a la crema un ligero hervor y la serviremos en taza.

Crema de puntas de espárragos

4 personas	170 cal

170 g de puntas de espárragos
agua
2 cucharadas soperas llenas de salsa bechamel (véase «Salsas»)
2 cucharadas soperas de nata
un huevo crudo
sal

Coceremos los espárragos en agua con sal, y los pasaremos por el pasapurés, agregándoles la salsa bechamel, la nata y el huevo bien batido; tras apretar bien, serviremos la crema que resulte en tazas de consomés con una guarnición de arroz hervido en blanco.

Caso de no tener nata a mano pondremos mantequilla en su lugar; si tenemos trituradora eléctrica podemos pasar la crema por ella.

Crema de tomate

	4 personas		130 cal

400 g de tomates frescos o su equivalente en tomate al natural de lata
2 tazas con leche
2 tazas llenas de agua
2 cucharadas soperas de harina de arroz
una yema cruda de huevo
sal
2 cucharadas soperas llenas de mantequilla

Para comenzar con esta receta, lavaremos los tomates (si son de lata no será preciso) y los pondremos a cocer, en un puchero al fuego con el agua y la leche. Seguidamente, salaremos. Cuando hayan cocido durante 5 u 8 minutos procederemos a pasarlos por el pasapurés (o la batidora eléctrica), e incorporaremos la harina de arroz y la mantequilla a la crema resultante, revolviendo bien y dándole un hervor ligero de 5 minutos. Ya en la sopera echaremos la yema de huevo removiendo bien la crema. Servir caliente.

ENSALADAS

Ensalada de apio y nuez al gusto de Guatemala

4 personas	120 cal

4 tallos de apio picados
pimienta dulce y verde molida
2 tomates grandes cortados en rebanadas
4 cucharadas soperas llenas de salsa picante
media taza con nueces molidas
un manojo de berros de agua
una lechuga limpia y muy picada

Cubriremos por completo el apio, la pimienta y el tomate con la salsa picante, echando la mezcla sobre la lechuga puesta en una fuente y espolvoreando con la nuez molida. Adornaremos la ensalada con los berros.

Ensalada de arroz con atún

4 personas	240 cal

500 g de arroz
una lata mediana de atún en aceite
3 tomates
100 g de aceitunas verdes
3 pimientos frescos rojos
3 pimientos frescos verdes
un limón
un manojo (o menos) de rábanos
una taza llena de salsa mayonesa (véase «Salsas»)
agua
sal

Debemos cocer el arroz en agua caliente con sal durante 10 minutos, pasados los cuales lo escurriremos y lo pasaremos por agua fría, dejándolo en una escurridera. Después, cortaremos las aceitunas verdes en trozos, reservando 12 de ellas para el adorno.

El siguiente paso consiste en unir el arroz con parte del atún (reservaremos unos pedazos), las aceitunas a trozos y la salsa mayonesa.

Para la ornamentación pelaremos algunos rábanos en forma de flor y cortaremos los tomates en rodajas y el limón en gajos.

Dispondremos la ensalada con el arroz en el centro de la fuente, colocaremos las 12 aceitunas y los trozos de atún sobre él, los rábanos formando hilera en los bordes y terminaremos la decoración con los tomates, los pimientos cortados a tiras y los gajos de limón.

Ensalada de boquerones

🚹	*4 personas*	⚖	*240 cal*

1 kg de boquerones muy frescos
aceite
vinagre
un diente de ajo
perejil fresco

Procederemos a limpiar bien los boquerones, quitándoles la cabeza y las espinas, y cortándolos en dos tiras; después les echaremos sal y, colocándolos en una cazuela de barro y cubriéndolos con vinagre, los espolvorearemos con perejil y ajo picados, y los rociaremos con aceite.

Los dejaremos en el frigorífico, pues esta ensalada se come muy fría.

Este plato también podemos conservarlo varios días para que así logren una buena maceración, consumiéndolos cuando se desee.

Ensalada de carne

🚹	*4 personas*	⚖	*260 cal*

125 g de jamón en dulce
125 g de queso rallado
150 g de restos de carne cocida o asada
12 rábanos picados
un cogollo de lechuga muy picado
una cucharadita de café de mostaza
pimienta blanca en polvo
3 huevos duros
una cucharada sopera llena de vinagre
2 cucharadas soperas de aceite refinado
sal

En una fuente dispondremos la carne bien picada y le añadiremos el jamón, también picado, el queso, los rábanos y la lechuga. Arreglaremos la ensalada con la mostaza, el vinagre, el aceite, la sal y la pimienta (todo batido).

Repartiremos la ensalada dejando un centro que llenaremos con las yemas duras pasadas por el tamiz y las claras de los huevos muy picados irán en los bordes.

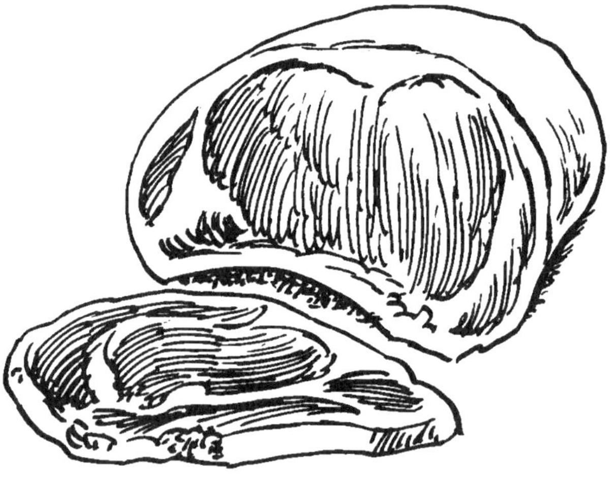

Ensalada casera

4 personas	200 cal

una coliflor gorda
200 g de jamón curado
una taza llena de salsa mayonesa (véase «Salsas»)
agua
sal
aceite
pimienta blanca en polvo
vinagre

Arreglaremos la coliflor disponiéndola en ramitos más bien grandes, y los coceremos en agua fría, a fuego fuerte, justo hasta que empiece a hervir. En ese punto la escurriremos y le añadiremos agua hirviendo con sal, dejándola al fuego hasta que esté tierna. Una vez hecha, la escurriremos y la pondremos en una fuente. La arreglaremos con un batido compuesto por aceite, vinagre y sal. Por último, la cubriremos con la salsa mayonesa y la salpicaremos con el jamón cortado a trocitos, sirviéndola muy fría.

Ensalada de espárragos con salsa riojana

4 personas	180 cal

2 latas de espárragos
2 pimientos rojos de lata
un huevo duro
3 anchoas sin espinas
2 tomates
medio vaso de aceite
perejil fresco
un limón
2 cucharadas soperas llenas de vinagre
mostaza
pimienta blanca en polvo
sal

Escurriremos bien el agua que tienen los espárragos y los dispondremos en una fuente, cubriéndolos con la salsa, que haremos de la siguiente forma:

Pasaremos por el tamiz las anchoas, los pimientos, el tomate, el huevo duro, el vinagre, el aceite, la mostaza y lo sazonaremos todo con sal y pimienta, mezclando perfectamente y añadiendo un poco del agua de los espárragos.

Esta salsa la serviremos en una salsera aparte junto con los espárragos.

Ensalada estival

4 personas	210 cal

250 g de guisantes ya cocidos
250 g de judías verdes ya cocidas
3 corazones de alcachofas ya cocidas
una cebolla picada
perejil fresco picado
50 g de pepinillos en vinagre picados
un pepino fresco
una taza llena de salsa a la vinagreta (véase «Salsas»)

Pelaremos y cortaremos el pepino fresco en trocitos, disponiéndolo en una fuente a la que le agregaremos los guisantes, las judías verdes (cortadas a trocitos), los corazones de alcachofas picados, los pepinillos, la cebolla y un poco de perejil picado, cubriéndolo todo con la salsa vinagreta.

La serviremos fría.

Ensalada jardinera

4 personas	150 cal

2 lechugas rizadas (no escarolas)
2 pimientos rojos frescos
2 pimientos verdes frescos
150 g de aceitunas rellenas de anchoa
aceite
zumo de limón colado
sal

Empezaremos por limpiar perfectamente las lechugas hoja a hoja, desechando a la vez las que estén feas o sean muy verdes. Cortaremos el resto a trozos más o menos grandes. Quitaremos los rabos o las semillas de los pimientos y los cortaremos en forma de aros, añadiéndolos a la lechuga en una fuente y poniendo alrededor las aceitunas.

Seguidamente, batiremos abundante aceite con sal (mejor que sea fina) y le añadiremos el zumo de limón hilo a hilo. Echaremos sal (poca) a la lechuga y a los pimientos y la arreglaremos con el batido preparado, dejándola reposar en lugar fresco entre 5 y 10 minutos antes de servirla.

Ensalada de langostinos y patatas

4 personas	200 cal

400 g de langostinos frescos
4 patatas cocidas
8 gambas cocidas
una cebolla
perejil fresco
agua
sal
pimienta blanca en polvo
hojas de lechuga
una taza llena de salsa mayonesa (véase «Salsas»)

En primer lugar, coceremos los langostinos en agua y sal; cuando ya estén cocidos les quitaremos el caparazón y los cortaremos en trocitos pequeños. Tras lo cual añadiremos las gambas peladas, las patatas cocidas y cortadas a trocitos, la cebolla y el perejil también picados. Sazonaremos todo con la pimienta, la sal y la salsa mayonesa. Finalmente, adornaremos la fuente con las hojas de lechuga.

Ensalada de lechuga y gambas

4 personas	220 cal

500 g de gambas
2 lechugas
2 cucharadas soperas de nata
3 cucharadas soperas llenas de tomate espeso
un limón
2 huevos crudos
2 cucharadas soperas de coñac
aceite
pimienta blanca en polvo
sal
agua

En agua caliente con sal coceremos las gambas durante 10 minutos. Una vez cocidas y peladas reservaremos seis de ellas sin pelar para el adorno.

Mientras, lavaremos bien las lechugas, aprovechando solamente el cogollo o las partes blancas, que picaremos muy menudamente, reservando también seis hojas para adorno.

Con las yemas de huevo y el aceite haremos una salsa mayonesa (para ver la técnica o forma de hacer la salsa mayonesa consultaremos su receta; también, si es más fácil, podemos echar mano de la salsa mayonesa ya preparada), a la que añadiremos un poco de pimienta y zumo de limón. Verteremos esta salsa mayonesa en una fuente, mezclándola con el puré de tomate, la nata y el coñac. Incorporaremos esta salsa a la lechuga picada y a las gambas enteras.

Para acabar la preparación, colocaremos la ensalada en copas de cristal individual, adornando cada copa con una gamba sin pelar y una hoja de lechuga.

Ensalada levantina

4 personas	130 cal

una lechuga
2 huevos duros
miga de pan fresco
un diente de ajo
vinagre
aceite
agua

Majaremos en el mortero el diente de ajo con las yemas de los huevos duros y les iremos añadiendo la miga de pan, remojada previamente en vinagre y un poco de aceite, poco a poco y removiendo, como se hace para la mayonesa. Cuando esté bien unido, añadiremos un poco de sal, un chorro de vinagre y el agua necesaria para arreglar la ensalada.

Prepararemos la lechuga limpia y picada en una fuente mezclándola con la salsa, añadiendo también las claras de los huevos duros muy picados.

Ensalada muy sabrosa

4 personas	170 cal

2 tazas llenas de pollo hervido (pueden ser restos bien cocidos o asados)
250 g de guisantes ya cocidos o de lata
4 pimientos rojos frescos
100 g de arroz cocido en blanco, aceite
sal
un limón

Por los pimientos pasaremos un trapo y después los asaremos al horno o sobre el fuego. Una vez asados o pelados, los cortaremos a tiras, mezclándolos bien con el pollo desmenuzado, el arroz cocido y los guisantes, y luego aliñaremos la ensalada con aceite batido con sal y el zumo de limón colado.

La abuela aconseja dejar que se enfríe durante 10 o 15 minutos antes de servirla, así estará más sabrosa.

Ensalada de patatas

4 personas	180 cal

1 kg de patatas
media cebolla picada
3 huevos crudos
1/4 de taza de aceite
1/4 de taza de vinagre
mostaza
agua
sal

Al inicio de la preparación herviremos las patatas con piel en agua y sal, junto con los huevos. Una vez cocido todo, pelaremos las patatas y las cortaremos en redondeles medianos, dejándolas enfriar.

Pelaremos los huevos y los cortaremos en tajadas alargadas, como gajos de naranja. Pondremos en una ensaladera honda el aceite, el vinagre, la sal, la mostaza, la cebolla y, cuando estén frías, incorporaremos también las patatas, mezclaremos los huevos y uniremos todo bien antes de servirlo.

Ensalada de pollo

4 personas	220 cal

medio pollo cocido o asado
una manzana
un limón
el corazón de un apio muy tierno
50 g de nueces peladas
2 patatas peladas cocidas al vapor
media escarola
una cucharada sopera llena de perejil fresco muy picado
2 zanahorias crudas
aceite
vinagre
sal
pimienta blanca en polvo
mostaza

Prepararemos el pollo quitándole pieles y huesos, y cortándolo en tiras o a trocitos, según agrade más. Luego, cortaremos el apio a tiras, las patatas a dados, la escarola a trocitos pequeños y las zanahorias en forma de juliana, o sea, a tiras muy estrechitas. Uniremos en una taza el aceite, el vinagre, la mostaza, la sal y la pimienta, removiéndolo bien. Condimentaremos cada verdura por separado, añadiendo el perejil a las patatas, y colocaremos todo en la ensaladera formando montoncitos alternados y dispuestos en ruedo en torno al pollo. Finalmente, pelaremos la manzana, la cortaremos a dados, la regaremos con el zumo de limón y la dispondremos en la ensaladera junto con las nueces.

Para quien no le agrade el sabor dulzón de la manzana junto con el resto, esta puede evitarse, así como las nueces.

Ensalada de repollo

2 personas	110 cal

un repollo que sea muy tierno, de lo contrario el plato no quedaría bien
2 yemas de huevo crudo
aceite
sal
pimienta blanca en polvo
vinagre

Para comenzar, cortaremos el repollo en hojas, eligiendo las más blancas, y les echaremos sal, poniéndolas sobre dos tablas con un peso sobre ellas para que suelten el agua que tienen.

En la misma fuente —ensaladera honda— donde pensemos sacarla a la mesa, batiremos las dos yemas de huevo con un chorrito de vinagre y otro de aceite. Batiremos siempre hacia el mismo lado para que no se corte. Retiraremos el repollo secándolo con un paño y picándolo; una vez realizada esta operación, lo incorporaremos a la salsa batida, uniéndolo bien.

También nos cabe la posibilidad de cocer ligeramente el repollo en agua y sal, y proceder después de la misma forma indicada.

Ensalada rusa

4 personas	200 cal

4 patatas (400 g de peso)
2 zanahorias
100 g de guisantes ya cocidos o de lata
una taza llena de salsa mayonesa (véase «Salsas»)
agua
sal
un pimiento rojo de lata

En primer lugar, coceremos las patatas con piel, después de bien cepilladas, y coceremos también las zanahorias. Cuando ambas cosas estén tiernas, las pelaremos y las cortaremos en cuadraditos muy pequeños. En el fondo de una fuente, con un poco de salsa mayonesa, iremos poniendo patatas, guisantes, zanahorias y atún (bien desmenuzado) añadiendo a la vez más salsa mayonesa y uniéndolo todo bien, picaremos también uno de los huevos duros dejando el otro, y el pimiento cortado a trozos, para disponerlo por la superficie de la ensalada rusa, que serviremos muy fría.

Ensalada sevillana

4 personas	160 cal

3 pimientos morrones de lata
3 cebolletas
4 tomates
100 g de arroz cocido en blanco
perejil fresco
un diente de ajo
aceite
sal
vinagre
200 g de aceitunas sevillanas

En primer lugar, cortaremos los pimientos en trozos o cuadrados y después las cebolletas en rodajas y los tomates en trozos. Colocaremos el arroz cocido en blanco en una fuente y, alrededor, caprichosamente, lo antes citado y las aceitunas. Por último, desparramaremos perejil fresco picado.

Lo aliñaremos todo con aceite, ajo picado, sal y vinagre.

Pipirrana

4 personas	190 cal

200 g de bacalao seco
una lechuga o escarola grande
un pepino
2 pimientos frescos
100 g de aceitunas negras
3 dientes de ajo frescos previamente asados
2 tomates rojos y fuertes
medio vaso de aceite
un limón
sal

Prepararemos la lechuga, cortada en trozos, después de lavarla bien en agua fría.

Pelaremos el pepino y lo cortaremos en rodajas, los pimientos en tiras largas y los ajos perfectamente majados en el mortero.

El bacalao lo prepararemos sin piel ni espinas, deshilado y lavado en agua varias veces, comprimiéndolo con ambas manos para eliminarle parte de la sal.

Los tomates estarán troceados y con su piel; escurriremos la lechuga y todo ello lo sazonaremos con aceite, zumo de limón y sal; después de bien mezclado en una fuente honda, a última hora añadiremos el bacalao y las aceitunas.

Xató

🚹	*4 personas*	⚖	*210 cal*

una lechuga o escarola
200 g de bacalao remojado y desmenuzado
36 aceitunas pequeñas de la clase llamada **arbequinas verdes**
150 g de atún en aceite o en vinagre
4 tomates verdes
8 anchoas saladas
una cucharada sopera llena de pimentón rojo dulce
aceite
sal
una guindilla
3 dientes de ajo
vinagre

Las anchoas las remojaremos para quitarles la sal y las uniremos al bacalao en una bandeja para ensalada, con el atún desmigado a trozos. Trincharemos después en el mortero los ajos y la guindilla, añadiéndole el pimentón rojo, la sal, el aceite en abundancia y el vinagre.

Mezclaremos bien todo junto y lo removeremos, sirviéndolo a continuación.

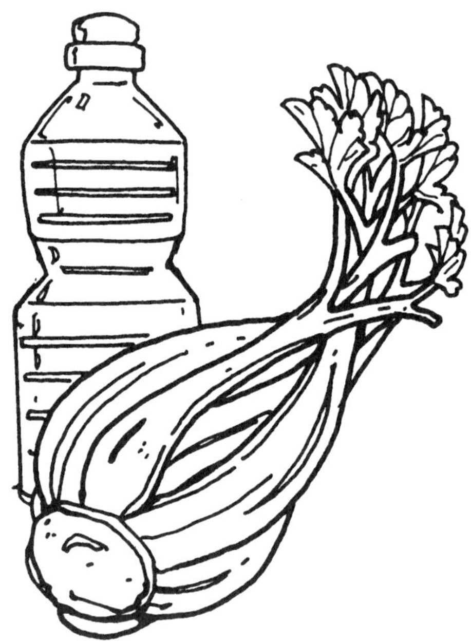

PURÉS

Gachas a la murciana

4 personas	210 cal

400 g de harina de almortas
una taza llena de aceite
1 l de agua
sal
alcaravea
pimienta blanca en polvo
un clavillo
una cucharada sopera llena de pimentón rojo dulce

En una sartén puesta al fuego con el aceite, echaremos un poco de alcaravea, otro poco de pimienta molida, el clavillo y el pimentón.

Antes de que llegue a quemarse, agregaremos la harina de almortas y revolveremos bien con la grasa, rehogándola hasta que tome un ligero color dorado.

Llegado a este punto, echaremos el agua caliente y removeremos el contenido de la sartén con una cuchara de madera, que tendrá el mango largo con el objeto de desleír la harina. Mientras se espesan las gachas, seguiremos removiendo con la cuchara, al tiempo que cuecen.

Deben quedar como un puré; salaremos. Cuando la harina haya cocido lo suficiente como para haber perdido todo sabor a crudo, las gachas estarán en disposición de comerse.

Migas canas de León

4 personas	250 cal

250 g de sebo de cordero
un pan candeal (puede ser de otro tipo de pan, atrasado, aunque las migas no quedarán tan ricas)
sal fina
1/4 de l de agua
2 l y 1/2 de leche de oveja o cabra

Elegiremos preferentemente un caldero de hierro, y en él echaremos el sebo (los pastores de ganado trashumante no usan otra grasa).

En un recipiente separado lo desmigaremos con el tamaño de los garbanzos gruesos.

Una vez derretido el sebo, y después de retirarlo y exprimir los residuos sólidos (chicharrones), echaremos en el caldero una sola miga, dejando que se requeme durante 2 minutos para que se le quite al sebo el sabor a crudo. Luego retiraremos esta miga y la tiraremos.

Echaremos a continuación en el caldero, sin quitarlo del fuego, las migas que hemos preparado en el recipiente y las apretaremos con una cuchara de madera, rociándolas con el agua y salándolas con un poco de sal. Cuando comience a salir vapor del caldero revolveremos y desmenuzaremos el pan con la cuchara. De vez en cuando tomaremos el caldero y le daremos un par de sacudidas, procurando voltear las migas de modo que las de abajo queden arriba y viceversa.

Después de 10 minutos de volteadas, retiraremos el caldero del fuego y haremos un hoyo en medio de las migas, vertiendo en él la leche.

Las comeremos a continuación en el mismo caldero y con cuchara de madera.

Migas al estilo de Teruel

	4 personas		140 cal

un pan aragonés del campo (puede utilizarse el pan que se tenga a mano, mejor que esté bien sentado)
agua
sal fina
2 dientes de ajo
1/4 de l de aceite

Mejor que el pan tenga dos o tres días, pues el de cocción reciente debe desecharse; lo dividiremos en dos mitades, y tomando cualquiera de ellas, haremos en sus ángulos cortes verticales, y después horizontales, para que resulten pedazos del tamaño de un garbanzo. La corteza es preferible a la miga.

Después de cortarlas las colocaremos en una servilleta y le echaremos un poco de agua, removiéndolo bien para que se humedezca por igual. Acto seguido, lo espolvorearemos con sal, todo lo más fino posible, en cantidad necesaria. Esto debe hacerse por la noche y, envueltos en la misma servilleta para que no pierdan la humedad, los guardaremos hasta el día siguiente.

Media hora antes de la señalada para comerlas, freiremos en el fuego aceite en una sartén con dos dientes de ajo.

Cuando el aceite está en su punto, quitaremos los ajos y echaremos las migas de una vez, removiéndolas con rasera o espumadera de hierro durante doce o quince minutos; aún bien calientes, las serviremos en la mesa.

Estas son las verdaderas migas al estilo de Teruel. Allí, como en muchas provincias, forman parte del almuerzo (a media mañana) o bien

SOPA DE GUISANTES

500 g de guisantes - 200 g de tocino magro - 1 pastilla de caldo de carne Maggi - 4 salchichas tipo Frankfurt - 2 patatas - 1 manojo de puerros - 1 corazón de apio - perejil - aceite - sal y pimienta

Rehogaremos en un poco de aceite el tocino cortado en trocitos; añadiremos los puerros y el apio picados, friendo todo junto durante unos 10 minutos y agregaremos 1 litro de agua caliente y la pastilla de caldo. Sazonaremos con un poco de pimienta y coceremos, a fuego suave, durante 30 minutos. Añadiremos los guisantes, las patatas ralladas y las salchichas cortadas en rodajas finas, y coceremos durante otros 15 minutos. Rectificaremos el sazonado y serviremos espolvoreando perejil picado.

PINCHO DE HUEVO, JAMÓN Y QUESO

4 huevos duros - 150 g de jamón cocido - 1 latita pequeña de aceitunas rellenas - 1 lata de pimiento morrón - daditos de queso - salsa mayonesa

Una vez pelados los huevos, los cortaremos longitudinalmente procurando que toda la yema quede en la parte que vamos a utilizar como base; sobre esta extenderemos un poco de mayonesa y colocaremos un cuadradito de jamón; ensartaremos en un palillo el pimiento morrón, el casquete de huevo, el dado de queso y la oliva, y lo clavaremos en la base. Podemos servir los huevos en una fuente sobre un lecho de escarola.

BARQUITOS DE ATÚN

4 tallos de apio - 2 huevos duros - 100 g de aceitunas rellenas - 1 pimiento morrón de lata - 150 g de atún en aceite - 1 taza de mayonesa - 4 cucharadas de tomate frito

Lavaremos los tallos de apio y cortaremos el extremo más ancho para formar las 4 barquitas. Cortaremos cuatro triangulitos de pimiento morrón y reservaremos 4 aceitunas rellenas para la decoración. Mezclaremos bien en un bol el resto de las aceitunas y del pimiento bien picados, la mayonesa, el atún desmigado, el tomate y la yema de un huevo duro. Con la pasta obtenida rellenaremos los tallos de apio y los dispondremos en una bandeja sobre un lecho de ensalada. Para la decoración, ensartaremos en un palillo un triángulo de pimiento y una aceituna por barquito, y espolvorearemos con la yema del otro huevo duro rallada.

CAPRICHO TROPICAL

4 rebanadas de pan de molde - 4 láminas de queso cremoso - 4 lonchas de jamón cocido - 4 rodajas de piña - 12 cerezas confitadas

Recortaremos las rebanadas de pan formando discos del mismo diámetro que las rodajas de piña; las dispondremos en una bandeja de horno colocando sobre cada rebanada una loncha de jamón, una lámina de queso, una rodaja de piña y tres cerezas. Hornearemos hasta que el queso se haya fundido.

constituyen un plato en la comida del mediodía.

Hay algunos que las aderezan con salsa de tomate o les añaden trozos menudos de jamón. Otros las comen con chocolate o con uvas.

Esta receta data, nada más y nada menos, que del año 1892, fecha en la que apareció publicada en un almanaque culinario, y cuyo autor fue Domingo Gastón.

Puré de alubia roja

	4 personas		260 cal

1 l y 1/2 de caldo limpio (véase cómo se hace el caldo limpio en este mismo capítulo)
800 g de judías rojas
3 patatas
perejil fresco
una cebolla
costrones de pan frito
agua
sal

En agua fría pondremos a hervir las alubias rojas, ya remojadas, con la cebolla y las patatas peladas y partidas, y le añadiremos un poco de perejil. El agua no será abundante, sino la justa para que las cubra.

Ya hecha la judía, la pasaremos por el pasapurés y le añadiremos el caldo limpio (veremos cómo está de sal) dejando que hierva un poco. Serviremos el puré con los costrones de pan frito.

Puré de cangrejo

4 personas	190 cal

4 docenas de cangrejos
2 dientes de ajo
3 cucharadas soperas llenas de aceite
2 zanahorias
pimienta de Cayena
pimienta blanca en polvo
3 tazas de arroz
1 l y 1/2 de caldo de pescado
4 cucharadas soperas llenas de salsa de tomate
un vasito de vino lleno de nata
una yema cruda de huevo

Pondremos en una cacerola al fuego los dientes de ajo pelados con el aceite, y cuando estén fritos agregaremos los cangrejos de río y las zanahorias peladas y cortadas en rebanadas, un poco de pimienta de Cayena y un poco de pimienta blanca (no hay que abusar mucho de las especias). Después de rehogarlo bien añadiremos el caldo de pescado o, en su lugar, caldo limpio; el tiempo que deben cocer los cangrejos en el caldo es de 5 minutos; retirados del caldo, echaremos en este mismo caldo el arroz.

Separaremos los cuerpos de los cangrejos, y la parte de las cabezas la echaremos en un mortero para machacarlo bien, tras lo cual lo agregaremos al arroz que se está cociendo, añadiendo las cuatro cucharadas de salsa de tomate. A los 20 minutos de haber cocido lo pasaremos por un cedazo fino y le agregaremos el vasito de nata; si vemos que está un poco espeso le añadiremos caldo de pescado o caldo limpio, quedando así una crema muy fina.

Para servir el puré machacaremos en el mortero una docena de los cuerpos de cangrejo, que hemos separado, y le añadiremos una cucharada del puré y la yema de huevo crudo. Con esta pasta rellenaremos los caparazones de los cangrejos y los armaremos como si estuviesen enteros, sirviéndolos con el mismo puré. Advertimos que, si no queremos realizar este trabajo, podemos presentar el puré con costrones de pan frito y las colitas de los cangrejos.

Puré espeso de patatas

4 personas	160 cal

400 g de patatas
agua
3 cucharadas soperas llenas de mantequilla (puede ser margarina)
un vaso de vino lleno de nata o lleno de leche
sal
pan frito en cuadraditos

Coceremos las patatas con piel en un poco de agua y sal, mejor al vapor. Una vez tiernas, peladas y chafadas en caliente, les añadiremos la mantequilla y la nata o, en su defecto, la leche; lo uniremos perfectamente sirviendo el puré espeso con guarnición de panes fritos y trocitos de pepinillo.

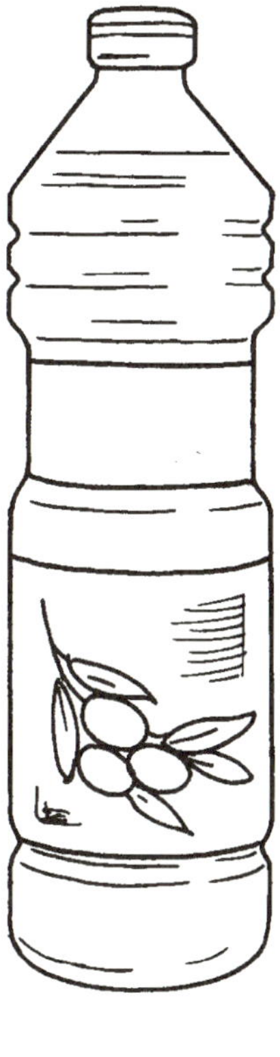

Puré al estilo de Badalona

4 personas	220 cal

una zanahoria mediana
4 patatas
200 g de judías verdes
2 cebollas
100 g de rape
100 g de bacalao remojado
2 pulpos
una sepia pequeña
2 calamares
agua
sal
una taza llena de aceite

En un puchero al fuego con agua, herviremos las cebollas, las patatas, las judías verdes y la coliflor, todo limpio y picado. Aparte pondremos también a hervir los calamares, los pulpos, la sepia, el bacalao y el rape (todo limpio y troceado). Cuando esté bien cocido, lo escurriremos y le uniremos el agua que queda del pescado y el de las verduras. En una fuente pondremos las verduras y el pescado. Haremos por otro lado una salsa alioli (véase receta) y aclararemos esta salsa con un poco del caldo mezclado con la verdura y el pescado que teníamos separado; cuando hayamos obtenido una crema clara, la verteremos en la fuente sobre las verduras y el pescado. Cuidaremos que el alioli no se corte, pues en este caso el plato no sería tan sabroso (aunque también resulta apetitoso).

Puré de huerta

4 personas	180 cal

3 zanahorias
6 puerros
2 hojas de laurel
650 g de habas rojas
50 g de jamón curado
un trozo de 150 g de tocino fresco
agua
sal
pan atrasado
una taza llena de aceite

En primer lugar, coceremos las zanahorias y los puerros (pelados y cortados en trozos), junto con el laurel, las habas, el jamón, el tocino y la sal (recordemos que el jamón es a su vez salado y la sal debe ponerse con mesura) en un puchero con agua. Una vez cocido, separaremos el caldo en un puchero y pasaremos por el pasapuré todo, de forma que le saquemos toda la sustancia, para ponerlo en el caldo. Volveremos a hervir el puré y pasados 5 minutos lo serviremos con rebanadas de pan fritas en aceite muy caliente.

Puré de lentejas

4 personas	210 cal

400 g de lentejas secas
media cebolla
2 cucharadas soperas llenas de aceite
2 patatas
2 hojas de lechuga
caldo limpio (véase cómo se hace en este mismo capítulo)
agua
sal

Pondremos a cocer las lentejas, previamente rehogadas, en agua con la cebolla muy picada y el aceite refinado, agregándole unas hojas de lechuga, la sal y las patatas. Cuando esté todo bien cocido lo pasaremos por el cedazo. Si estuviera espeso le añadiremos caldo limpio y un par de yemas crudas o, en su lugar, un vasito de nata.

Servimos este plato con flanes salados hechos con yema y caldo, o bien con costrones de pan frito o tostado al horno.

SOPAS

Ajo blanco simple

4 personas	140 cal

2 huevos crudos
2 dientes de ajo
un migón de pan
7 cucharadas soperas llenas de aceite
2 cucharadas soperas de vinagre
sal
agua
2 rebanadas de pan cortado en trozos

Dispondremos en un mortero los dientes de ajo pelados y un poco de sal, machacándolos hasta que se conviertan en una pasta fina, agregaremos las yemas de los huevos y el migón de pan, remojado en agua y estrujado, y lo mezclaremos con cuidado, gota a gota, para que no se corte el aceite. Cuando quede totalmente absorbido, agregaremos agua, poco a poco, hasta litro y medio, sazonando con la sal y el vinagre, y echándolo a la sopera, donde habrá pan cortado en trozos mal hechos, pero pequeños. Serviremos el ajo blanco frío.

Ajo blanco con uvas

4 personas	120 cal

20 almendras
un racimo de uvas
agua
pan
4 dientes de ajo
vinagre
aceite
sal

En primer lugar, echaremos las almendras en agua hirviendo hasta que suelten la piel, tras lo cual se la quitaremos y la pondremos en el mortero con los ajos y una cucharadita de sal; machacándola bien, luego añadiremos miga de pan previamente remojada en agua. De nuevo machacaremos hasta que todo quede bien mezclado, añadiéndole el aceite poco a poco, hasta formar una pasta parecida a la mayonesa; después echaremos un chorro de vinagre y seguiremos revolviendo un momento. Seguidamente, pondremos todo en una sopera, añadiéndole agua fría para desleírlo e incorporando finalmente las uvas limpias y desgranadas, y los pedazos de corteza de pan.

Costrada navarra

4 personas	160 cal

4 cebollas
50 g de chorizo de Pamplona
pan de sopa
2 cucharadas soperas llenas de aceite
sal
4 huevos
2 l de caldo limpio (véase la receta en este mismo capítulo)
agua

Tostaremos el pan en el horno, cortado previamente en rebanadas. Mientras, freiremos el chorizo en lonchas muy finas y, con las zanahorias y las cebollas (cocidas en agua y sal), prepararemos un puré.

En una cazuela de barro haremos la sopa de la siguiente forma:

La primera capa de pan tostado; después sigue una capa de chorizo y puré de zanahorias y cebollas, y la última capa será de pan. Añadiremos caldo limpio y un poco de la grasa que sobre de freír el chorizo. Finalmente, meteremos la sopa en el horno muy caliente con los huevos cascados por encima, hasta que estos estén cuajados.

Faroja brasileña

2 personas	180 cal

4 huevos duros
50 g de aceitunas con hueso cortadas en trocitos
2 cucharadas soperas llenas de tapioca
50 g de tocino
2 cucharadas soperas de cebolla picada
una cucharada sopera de aceite
sal
1/2 l de caldo de pollo

Echaremos el aceite en una cazuelita (que quepa en el horno) y la pondremos al fuego, friendo en ella el tocino hasta reducirlo completamente, y dorando la cebolla; cuando esta tome color tostado, incorporaremos la tapioca y el caldo, dejando que cueza lentamente. Salaremos al final, cuando la tapioca esté ya hecha.

Pelaremos los huevos y los cortaremos por la mitad, echándolos después al horno hasta que se forme una capa tostada en su superficie.

Gazpacho

4 personas	140 cal

1 l de agua
4 cucharadas soperas llenas de aceite refinado de oliva
150 g de pan
4 tomates muy maduros
2 dientes de ajo
un pepino
3 cucharadas soperas llenas de vinagre
sal
pimienta blanca en polvo
2 pimientos verdes
3 rebanadas de pan
hielo

Cortaremos el pan, los tomates y los pepinos en trozos pequeños, añadiéndole el aceite y el agua, y dejándolo en maceración durante una hora. Con esta mezcla formaremos un puré pasándolo por el tamiz (podemos utilizar la batidora eléctrica), añadiéndole sal y un poco de pimienta. Después machacaremos en un mortero el ajo, echándolo al conjunto, así como el vinagre y unos trozos de hielo. Dejaremos el gazpacho en lugar fresco durante una hora. Aparte cortaremos los pimientos y el pepino, echándolo todo en un plato grande, en montoncitos separados de los que, cuando se sirve el gazpacho, cada comensal tomará una pequeña cantidad. Hay que servirlo muy frío, casi helado.

Gazpacho caliente

4 personas	130 cal

un pimiento verde fresco
6 dientes de ajo
2 cucharadas soperas llenas de pimentón rojo (dulce o picante)
500 g de tomates frescos
pan moreno
4 cucharadas soperas llenas de aceite refinado
sal
agua

Antes de comenzar, coceremos los tomates, cortados por su mitad, en un poco de agua, reservando la de esta cocción. Majaremos los ajos en el mortero junto con el pimiento cortado en pequeños trozos y echaremos también los tomates cocidos en aceite y un poco de sal fina.

Todo ello lo majaremos bien, agregando la miga de pan y el agua que reservamos de los tomates, que estarán hirviendo. Ya todo bien machacado lo echaremos a una fuente honda, añadiéndole el pan, cortado, agua hirviendo y el pimentón rojo, removiendo todo al objeto de que el pan quede empapado del caldo y muy jugoso. Servirlo caliente.

Gelatina de carne

	Para un litro		*300 cal*

500 g de carne del cocido (de vaca)
500 g de carne del cocido (ternera)
una pata de ternera
2 patas de pollo
una clara de huevo
medio vaso de vino de jerez o vino blanco
una cebolla
una zanahoria
un tronco de apio
una hoja de laurel
una pizca de clavo
media cucharadita de extracto de carne
sal
pimienta en grano
3 l de agua

En una cazuela con los 3 litros de agua, pondremos la carne de vaca, la de ternera, la pata de ternera y las dos de pollo (previamente chamuscadas y peladas), todas las especias, dos o tres granos de pimienta y una pizca de sal. Lo pondremos sobre el fuego y, antes de que comience la ebullición, quitaremos la espuma del caldo, prosiguiendo después la cocción lentamente durante 7 horas. Transcurrido este tiempo, probaremos la consistencia de la gelatina vertiendo una pequeña cantidad en una tacita, que se coloca en el frigorífico. Si la preparación está todavía demasiado blanda, proseguiremos la ebullición, o bien añadiremos gelatina de pescado (agar-agar).

Filtraremos el caldo con una servilleta mojada dejándola enfriar, quitaremos la grasa y lo pondremos nuevamente al fuego, añadiendo la clara de huevo ligeramente batida y mezclándolo todo; debe hervir algunos minutos y luego pasar de nuevo la preparación a través de una servilleta mojada, añadiendo el jerez o el vino blanco. Echaremos el caldo en un molde, el cual se mete a enfriar en el frigorífico hasta que la gelatina quede condensada.

Sopa aragonesa

4 personas	280 cal

500 g de hígado de ternera
caldo de cocido (si el caldo no puede ser de cocido, debe ser un caldo sustancioso, de lo contrario la sopa no quedará bien)
50 g de queso rallado
sal
pimienta blanca en polvo
pan
aceite
agua

Primero coceremos el hígado de ternera en agua con un poco de sal. Después lo dejaremos enfriar y lo picaremos muy finamente, agregándole el queso rallado, un poco de sal y pimienta. Desleiremos todo ello con el caldo del cocido claro, dejándolo hervir durante unos minutos, y luego lo verteremos en la sopera. Adornaremos el plato con cuadrados de pan frito en aceite y lo serviremos rápidamente.

Sopa de arroz

4 personas	240 cal

6 cucharadas soperas llenas de arroz
1 l y 1/2 de agua
500 g de almejas
2 hojas de laurel
3 dientes de ajo
perejil fresco
una cebolla
1/4 de l de aceite
pimienta blanca en polvo
2 papelitos de azafrán
sal

Antes de comenzar escogeremos las almejas grandes y las limpiaremos perfectamente, hirviéndolas después en el agua, a la que agregaremos las hojas de laurel, dos de los dientes de ajo y un poco de perejil. Cuando estén cocidas, les quitaremos las valvas, reservando el agua, que colaremos mediante un trapo fino en otro puchero.

En una cazuela, sobre el fuego, echaremos el aceite, friendo en él la cebolla bien picada; una vez dorada, agregaremos los restantes dientes de ajo hechos picadillo, pimienta, sal y perejil (también picado), y rehogaremos un poco. Después incorporaremos el arroz y verteremos en la cazuela el caldo que guardamos de cocer las almejas, que estará hirviendo, y que coceremos durante 8 o 10 minutos; agregaremos el azafrán tostado, probaremos el preparado y rectificaremos de sal si es necesario.

Una vez cocido el arroz debe quedarnos bastante caldoso.

Las almejas se pondrán cuando ya esté la sopa a punto de servirse.

Sopa de boda

	4 personas		*280 cal*

1/4 de gallina
100 g de chorizo
menudillos de pollo
un pimiento rojo de lata
una zanahoria
una cebolla
un tomate
un puerro
perejil fresco
3 huevos duros
250 g de arroz
100 g de jamón curado (como es lógico, puede ser jamón corriente)
agua
sal

En tiempos pasados, la sopa de boda era un comienzo excelente, constituyendo en muchos pueblos castellanos el plato que iniciaba el banquete nupcial; esto ya ha pasado a la historia.

Con la gallina cortada a trozos, el chorizo cortado a rodajas, los menudillos, el pimiento rojo, la zanahoria, la cebolla, el tomate, el puerro, el perejil, el agua y la sal haremos un buen caldo. Una vez preparado, lo colaremos, añadiéndole el arroz y todos los elementos picados, más los huevos duros, partidos en trozos muy menudos. A los 20 minutos de hervor, la sopa quedará muy espesa y agradable. Añadiremos entonces la carne de la gallina picada y el jamón en dados.

No conviene que el hervor dure más de los 20 minutos señalados.

Debe quedar espesa y a la vez jugosa; es de un delicioso sabor.

Sopa de buñuelos al jamón

	4 personas		*290 cal*

100 g de pan de viena
80 g de jamón
50 g de mantequilla
una cebolla
un huevo crudo
medio vaso de agua lleno de leche
perejil fresco
aceite
sal
caldo del cocido (podemos hacerlo con huesos y verduras, no conviene que sea sólo en cubitos)
6 cucharadas soperas llenas de aceite
harina

Cortaremos el pan en rodajas muy finas, friéndolas en mantequilla hasta dorarlas; cuando estén escurridas las pondremos a remojar en leche y una vez estén blandas, las machacaremos en el mortero hasta formar una pasta, añadiéndoles el huevo batido, y después lo reservaremos. Picaremos la cebolla, el jamón y el perejil, friendo todo con un poco de aceite y agregándolo a la pasta anterior. Sazonaremos con sal. Formaremos bolitas muy pequeñas que pasaremos por harina y freiremos en aceite caliente. Momentos antes de servir, las echaremos a la sopera, cubriéndolas con el caldo (litro y medio aproximadamente) y sirviendo la sopa rápidamente para que las bolas presenten buen aspecto.

El caldo deberá echarse hirviendo.

Sopa de cebolla tostada

4 personas	210 cal

100 g de rebanadas delgaditas de pan tostado
2 cebollas grandes
50 g de queso rallado
30 g de manteca de cerdo
agua
sal
2 cucharadas soperas llenas de aceite

En el fuego pondremos una olla con un litro y medio de agua y aceite, las cebollas peladas y cortadas en trozos, el pan y la sal, para que se haga todo lentamente durante una hora más o menos. Pasaremos la sopa por un colador grande para que vuelva a hervir durante 10 minutos, revolviendo y procurando que quede espesa. La colocaremos en una sopera o en un recipiente de horno, y le echaremos por encima una buena capa de queso rallado y trocitos de manteca, dejándola en el horno hasta que se dore bien.

Sopa juliana

4 personas	190 cal

2 nabos
2 zanahorias
200 g de judías verdes
200 g de guisantes
1/4 de repollo
un manojo de espinacas
2 puerros
80 g de jamón
2 cucharadas soperas llenas de manteca de cerdo
una cebolla
2 cucharadas (de café) de salsa de tomate
150 g de coliflor
una lata de puntas de espárrago
150 g de habas
trocitos de pan frito
2 l de caldo (el caldo puede ser en cubitos)

Al inicio de esta receta prepararemos las zanahorias, los nabos, las patatas, las judías verdes (que se cortan como fideos), el repollo, las espinacas y los puerros, picándolo todo muy fino. Echaremos en un puchero el jamón cortado a cuadrados junto con la grasa. Cuando esté salteado le añadiremos la cebolla muy picada (si hubiera demasiada grasa, la quitaríamos) y luego echaremos las verduras. En el momento en que ya estén bien rehogadas, incorporaremos el caldo y las dos cucharaditas de salsa de tomate.

Cuando las verduras estén a medio cocer, le añadiremos la coliflor, los guisantes enteros, las habas y las puntitas de espárrago, que pueden ser de lata. Una vez hecho, serviremos la sopa con trocitos de pan frito.

Sopa malagueña

4 personas	200 cal

media cebolla
250 g de tomates
un pimiento fresco
300 g de almejas
una cucharada sopera llena de pimentón rojo
250 g de gambas
2 patatas
50 g de fideos finos
azafrán
perejil fresco
sal
pimienta blanca en polvo
3 cucharadas soperas llenas de aceite

En una cazuela, al fuego, con el aceite freiremos la cebolla finamente picada; antes de que se dore echaremos el pimentón, añadiremos los tomates pelados, limpios y cortados en trozos, y el pimiento, asimismo limpio y cortado menudamente. Dejaremos que se haga despacio y, mientras tanto, abriremos al vapor las almejas ya bien limpias y lavadas en diferentes aguas; echaremos el caldo que desprenden al abrirse en el sofrito, con un litro de agua, o algo más, y echaremos sal, pimienta, azafrán, un poco de perejil picado, así como las gambas peladas y las almejas sin sus valvas, y las patatas peladas y cortadas en pequeños pedazos. Una vez cocidas las patatas, añadiremos los fideos, cociéndolo de nuevo durante 5 minutos más y sirviendo la sopa a continuación.

Sopa de mariscos

4 personas	180 cal

2 tomates maduros
2 dientes de ajo
una hoja de laurel
azafrán
3 cucharadas soperas de aceite
300 g de rape
300 g de gallina de mar
300 g de salmonetes
media docena de cangrejos o de nécoras
2 puerros
una zanahoria
perejil fresco
un limón
pimienta blanca en polvo
sal
300 g de gambas
750 g de mejillones
un vaso de vino lleno de vino blanco
una cucharadita (de café) de ron
agua
pan frito

Para comenzar con buen pie esta receta quitaremos la piel del pescado y lo pondremos partido en una fuente honda. Los mejillones, bien lavados, los abriremos poniéndolos sobre el vapor de vino blanco, reservando el caldo que suelten después de quitarles la salsa, y los echaremos en la fuente del pescado, junto con las gambas enteras y los cangrejos sin las patas y partidos por la mitad. Encima echaremos todo el caldo de los mejillones, la sal, el laurel, la pimienta y un ajo machacado en el mortero con azafrán, un poco de zumo de limón y unas gotas de ron, dejándolo macerar todo durante 2 horas.

Mientras, coceremos las espinas y los desperdicios del pescado con unos trozos de cebolla, con la zanahoria y con 2 litros de agua. Una vez haya pasado media hora, lo retiraremos del fuego y lo colaremos.

Además, freiremos en una cazuela con aceite los puerros partidos en rodajas finas, el ajo y media cebolla, todo muy picado; lo doraremos bien, añadiéndole los tomates pelados, limpios y partidos en trozos pequeños. Cuando ya esté frito le añadiremos el caldo del pescado y los pescados puestos a macerar, cocinándolo todo de nuevo durante un cuarto de hora, tras lo cual lo retiraremos luego del fuego.

En una sopera colaremos el caldo añadiéndole trozos de pan frito. Pondremos el pescado en una fuente y lo serviremos con una salsa fría.

Con esta receta tendremos la posibilidad de obtener dos platos muy completos y de exquisito sabor.

Sopa moruna

4 personas	*160 cal*

100 g de lentejas
2 huevos
una cebolla
azafrán en hebra
3 cucharadas soperas llenas de manteca de vaca
una cucharadita de levadura
50 g de carne picada
un limón
pimienta blanca en polvo
perejil fresco
sal
agua

En una cazuela sobre el fuego pondremos la manteca a derretir junto con la carne picada, que echaremos y rehogaremos bien, dejándola enfriar un poco y añadiéndole las lentejas, que estarán ya en remojo desde el día anterior. Echaremos la pimienta, el perejil picado y el azafrán en abundancia, así como 2 litros de agua. Lo coceremos todo hasta que la carne y las lentejas estén en su punto; añadiendo entonces la levadura disuelta en un poco de agua y el zumo del limón. Coceremos durante 10 minutos y, en el momento de servirla, le incorporaremos los huevos batidos. Aconsejamos comer esta sopa muy caliente.

Sopa de pescado

	4 personas		*200 cal*

250 g de rodaballo
250 g de congrio
250 g de merluza
una cabrarroca
un salmonete
6 cigalas
una langosta de 500 g de peso
una cabeza grande de merluza
10 almejas
10 mejillones
2 tazas llenas de aceite refinado
2 dientes de ajo
una cebolla grande
un puerro
perejil fresco
una zanahoria
pimienta de Cayena
pimienta blanca en polvo
sal
2 l de agua
4 cucharadas soperas llenas de salsa de tomate
pan

Prepararemos los pescados bien limpios, así como la docena de cigalas, la langosta, la cabeza de merluza grande (si hubiera de rodaballo, mejor que de merluza), las almejas y los mejillones.

Echaremos en una cacerola al fuego el aceite, la cebolla pelada y cortada en rebanadas y dos dientes de ajo; cuando la cebolla ya se ha dorado, saltearemos con ella la merluza, el rodaballo, el congrio, la cabrarroca y el salmonete. Los retiraremos a una cacerola y en el mismo aceite rehogaremos la langosta, las cigalas, las almejas y los mejillones. Añadiremos el agua hirviendo y el puerro, el perejil, la zanahoria, la pimienta de Cayena y un poco de pimienta blanca, así como la sal correspondiente. (Los pescados tienen que sazonarse con sal antes de rehogarlos.)

A los 5 minutos de hervor hay que sacar las cigalas, los mejillones y las almejas, y a los 15 minutos la langosta. Una vez retirada la langosta, echaremos en el mismo caldo los pescados que antes hemos rehogado y, cuando observemos que están cocidos, pero no demasiado, los volveremos a sacar, excepto la cabeza de merluza que, junto con las cucharadas de tomate, hay que dejar cocer para que el caldo se espese.

A última hora pasaremos el caldo a una sopera y colocaremos los pescados en una fuente, poniendo la langosta partida por sus juntas y sus patas, así como las cigalas, las almejas y los mejillones, separados de la valva, y el resto cortado en trozos enteros junto con unos costrones de pan sin freír.

Un poco cara nos parece la sopa de pescado, que más bien diríamos es una bullavesa. Siguiendo la misma técnica podemos hacerla con espinas y cabezas de pescado blanco, omitiendo las cigalas y la langosta. Del caldo se confecciona una sopa de arroz o de pan y lo que podamos sacar de carne de las cabezas, así como la carne de las almejas y de los mejillones, se echará en la sopa. Pueden ponerse trozos de pan tostados o fritos.

Sopa de pescado de Candas

	4 personas		220 cal

300 g de rape
una docena de almejas o mejillones
una guindilla
perejil fresco
pan del día anterior
azafrán en rama
3 huevos duros
2 dientes de ajo
un vasito de vino lleno de sidra
2 cebollas
una hojita de laurel
sal
un tomate
media taza de aceite
agua

En un puchero hondo pondremos agua a hervir (unos dos litros) con media cebolla picada, un diente de ajo, un manojito de perejil y el laurel; cuando el agua esté bien caliente, echaremos el rape limpio, pero con la espina, y la sal. Cuando haya hervido durante 10 minutos, añadiremos las almejas o los mejillones bien limpios y sin valva. Si ya está todo cocido, colaremos el caldo en una cazuela de barro y le incorporaremos el pan cortado en rebanadas muy finas, dejándolas cocer durante 15 minutos. Rehogaremos en la sartén con aceite las cebollas peladas y picadas muy menuditas y, cuando estén doradas, añadiremos perejil, el otro diente de ajo muy picado y el tomate pelado y picado. Una vez preparada esta salsa, la verteremos sobre el caldo. Desmenuzaremos bien el rape, picaremos los huevos, quitaremos las valvas a las almejas o a los mejillones y lo echaremos todo en la sopa. Seguidamente, lavaremos la sartén, en la cual prepararemos la salsa con la sidra mezclando esta también al caldo. Por último, incorporaremos un poco de azafrán y la sal necesaria. Esta sopa resulta muy buena si se hace para el día siguiente, o sea, la víspera.

Sopa de rape

4 personas	*230 cal*

un rape entero de 500 g con su hígado
4 tomates
una cebolla
100 g de pan especial de sopa
50 g de almendras tostadas
4 cucharadas soperas llenas de aceite
1 l y 1/2 de agua
3 dientes de ajo
perejil fresco
un papelito de azafrán
sal
pimienta blanca en polvo

En primer lugar, limpiaremos bien el rape, reservando su hígado. En una cazuela o sartén en el fuego con aceite, echaremos la cebolla picada y la freiremos junto con los dientes de ajo, el tomate (pelado y picado) y un poco de perejil, para que todo se haga en durante 5 minutos. Añadiremos el pescado, la sal y la pimienta en un puchero con agua (6 platos hondos) y todo lo preparado anteriormente deberá hervir poco a poco.

Machacaremos el hígado (en crudo) juntamente con las almendras y el azafrán en un mortero, aligerándolo con una cucharada de aceite y un poco de caldo del puchero y vertiéndolo a la sopa.

Pasaremos el caldo por un colador en otro recipiente, haciendo hervir en este el pan especial de sopa.

Picaremos la carne limpia del rape en la sopa, tras lo cual lo serviremos muy caliente.

Sopa de vigilia

4 personas	*150 cal*

2 l de caldo de pescado
2 puerros
2 zanahorias
2 patatas
un manojo de espinacas
100 g de judías blancas ya remojadas, un poco de mantequilla
2 yemas de huevo duro
costrones de pan frito

El caldo de pescado no será muy fuerte, puesto en un puchero de barro, haremos cocer en él las judías blancas. Después añadiremos los puerros, las zanahorias, las espinacas, las patatas, todo ello limpio y cortado a cuadraditos. Por último, y cuando estén ya tiernas las verduras, incorporaremos la mantequilla, las yemas de huevo duro desechas y los costrones de pan frito. Sirviéndolo rápidamente en la mesa.

Sopas de ajo al estilo de la abuela

4 personas	160 cal

pan del día anterior
4 dientes de ajo grandes
una taza llena de aceite
sal
50 g de chorizo
4 huevos frescos
2 cucharadas soperas llenas de pimentón rojo dulce
agua
50 g de jamón

Para comenzar esta receta echaremos el aceite en una cazuela honda de barro y, una vez caliente, le agregaremos los ajos, a los que habremos practicado un corte. Cuando comiencen a dorarse, echaremos el chorizo y el jamón cortados a dados, dejándolo freír todo un poco. Espolvorearemos con el pimentón y rápidamente añadiremos el agua necesaria, evitando así que quede negro. Después sazonaremos con sal y lo dejaremos cocer durante 5 minutos. Echaremos los huevos enteros para que cuajen, tras lo cual serviremos la sopa muy caliente.

Esta sopa de ajo podemos servirla en cazuelitas de barro individuales, o bien presentar en la mesa la misma cazuela grande donde la cocinamos.

Sopas de ajo al estilo de los pastores

4 personas	130 cal

4 personas
una cabeza de ajo
4 tacos de jamón curado
8 ruedas de patatas crudas
4 rebanaditas finas de pan del campo
4 cucharadas soperas llenas de aceite
sal

Recomendamos preparar esta sopa en cazuelitas de barro y cocerla individualmente en cada una de ellas.

Por lo tanto, pondremos una cucharada de aceite en cada cazuelita y rehogaremos los ajos en ella (que distribuiremos entre las cuatro raciones), apartándolos una vez fritos; rehogaremos ligeramente el jamón, apartándolo, y freiremos en las cazuelitas dos ruedas de patata en cada una. Seguidamente, partiremos el pan en rebanadas finas y los pondremos en cada cazuela. Verteremos por encima el agua que convenga para cocer las patatas y el pan, añadiendo como colofón el jamón y los ajos reservados anteriormente. Salaremos con prudencia, pues el jamón ya lleva su sal correspondiente.

En pocos minutos, las sopas quedarán cocidas. Si es necesario, añadiremos una o dos cucharadas más de agua.

Las sopas deben servirse hirviendo, muy espesas, junto con una cuchara de palo para cada comensal.

Sopas campesinas de ajo

4 personas	140 cal

4 dientes de ajo
2 hojas de laurel
2 cucharadas soperas llenas de aceite
4 yemas crudas de huevo
2 rebandas de pan del campo sentado
sal
pimienta blanca en polvo
más aceite (sólo el suficiente para freír el pan)
agua

En una cacerola honda puesta al fuego echaremos los ajos machacados, el laurel y el aceite; después verteremos por encima un litro de agua hirviendo y lo sazonaremos con sal y pimienta blanca en polvo, dejándolo hervir durante 15 minutos. Cortaremos el pan en dados y los freiremos en aceite. Seguidamente, pondremos las yemas de huevo en la sopera y las desleiremos con unas cucharadas del caldo, incorporando, sin dejar de remover, el resto del mismo. Serviremos muy caliente, acompañando la sopa con los costroncitos de pan frito.

Sopas de merluza y legumbres con verdura

4 personas	190 cal

(emplearemos como medida una taza de las de café)
una taza de habas peladas
una taza de guisantes pelados
una taza de garbanzos cocidos
una chirivía
una zanahoria
una cebolla mediana
2 o 3 hojas de repollo
un diente de ajo
una ramita de hierbabuena
200 g de merluza sin piel ni espinas
una cucharada sopera de mantequilla
una cucharada sopera llena de harina
1/2 l de aceite
sal
4 cucharadas soperas de costrones de pan fritos en aceite
agua o caldo de pescado

En primer lugar, pondremos al fuego una marmita u olla con un dedo de aceite y rehogaremos la cebolla, la chirivía y la zanahoria, todo pelado y cortado en trozos delgados. Añadiremos el ajo picado y, cuando comience a dorarse, haremos lo mismo con las habas, los guisantes, los garbanzos y las patatas cortadas en láminas delgadas.

Rehogaremos, con el fuego vivo, y echaremos 2 litros largos de agua o caldo de pescado. Añadiremos las hojas de repollo, formando un paquete atadas con hilo. Espumaremos y dejaremos cocer hasta que las legumbres estén totalmente hechas.

Una vez cocidas, retiraremos el paquete del repollo y lo pasaremos todo por el tamiz o el pasapurés. Después lo volveremos a colocar sobre el fuego hasta que arranque el hervor, lo espumaremos y añadiremos la mantequilla (no deberá cocer más).

Cortaremos la merluza en filetes pequeños o en dados algo gruesos, pasándolos ligeramente por harina y friéndolos en abundante aceite caliente.

A su vez, cortaremos las hojas del repollo en cuadrados pequeños. Echaremos en la sopera, en el momento de servir, la col y la merluza frita, vertiendo encima la sopa muy caliente y, por último, los costrones de pan frito.

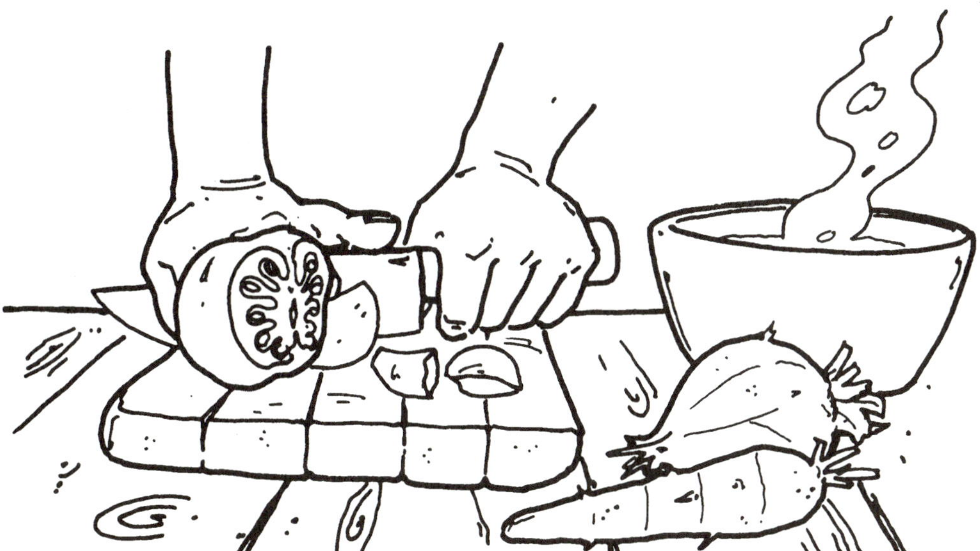

Primeros platos

Los primeros platos, de arroz o de pasta seca, han sido siempre muy utilizados en nuestra cocina tradicional y, junto a ellos, no hay nada mejor, para entonar el estómago, que empezar la comida con un buen potaje, un cocido o un plato de legumbre seca bien cocinado.

En tiempos de la abuela era obligado comenzar cualquier comida con uno de los platos citados, pero, hoy en día, con las prisas (tanto para cocinar como para comer) se está perdiendo, prácticamente, esta costumbre que va cayendo en desuso. Aunque eso no quiere decir que se pierda el gusto por la buena comida.

Recordemos que con la olla exprés no es tan pesado hacer un buen cocido, aunque reconocemos que no siempre utilizarla será la solución más acertada; no cabe duda que el puchero que hierve despacio es más rico y sustancioso.

España es rica en producción de arroz y también por ello se conocen gran número de preparaciones. El levante español tiene, sin duda, el privilegio de ser el lugar donde se comen los mejores arroces.

El arroz en paella es el que ha dado nombre internacional a nuestra cocina, y se ha dicho que goza de auténtico prestigio internacional entre los sibaritas y los buenos *gourmets* de todo el mundo.

Es curioso que la paella reciba ese nombre por el utensilio en que está cocinada, que erróneamente algunos llaman *paellera* ya que su verdadero nombre es el de *paella,* que no es otra cosa que la sartén especial en la que los valencianos hacen su arroz.

Esta paella es un recipiente con dos asas encaradas una a cada lado, hecha de plancha de hierro dulce (puede o no estar restañada), pero que, según dicen los expertos, está trabajada con batido de martillo de calderero.

Su altura no excede de los 4 centímetros y se fabrica en muy diversos tamaños. El cálculo que se ha realizado sobre el tamaño de la paella, según el número de comensales, es el siguiente:

Para un comensal 28 cm de diámetro, 32 cm de diámetro para dos, 34 cm para tres, 36 cm de diámetro para cuatro, 38 cm si se juntan cinco comensales, 40 cm de diámetro para seis, 42 cm si son siete, 44 cm de diámetro para ocho y 48 cm para diez comensales.

No obstante, y en otras zonas, el arroz o paella se prepara también en cazuelas de barro, y el resultado es de una calidad también excelente.

La abuela, muy entendida en paella, nos da sabios consejos sobre el agua, el arroz y el fuego.

Respecto al agua, más que su calidad, que sea dura o blanda, que no importa mucho, se hace verdadero hincapié en la cantidad o en la proporción con respecto al arroz: lo conveniente será que haya siempre doble cantidad de líquido que de arroz.

El arroz deberá ser de muy buena calidad, de lo contrario la paella se desluciría; el de clase *bomba* es el más utilizado entre los valencianos.

El fuego clásico, genuino y tradicional es, sin duda, el obtenido de la leña de los naranjos y de las ramas de las cepas, llamadas *garbonets;* no obstante, y como es lógico, la paella se puede hacer sobre todo tipo de fuegos: de gas, eléctrico, de petróleo, de carbón y de leña normal; lo importante es que sea muy vivo al comienzo (los cinco primeros minutos) y se pueda regular y bajar el resto del tiempo, que oscilará entre los 15 y los 25 minutos, según el tipo de arroz.

Una buena cocción dejará el arroz entero, hinchado y seco, lo cual no excluye la posibilidad de que en el fondo de la paella el arroz esté pegado, *socarrat,* como dicen los valencianos, y sin que el sabor de este pegado se extienda al resto.

Como último consejo conviene recordar que la paella no debe taparse nunca; debe hervir siempre y desde el principio, sin tapadera.

La riqueza y la variedad de nuestras huertas nos ofrece la posibilidad de hacer muchos platos de cocina diferentes y exquisitos.

Las verduras y las hortalizas cuentan con infinidad de clases y nos ofrecen un sinnúmero de sabores, que pueden recrear el paladar más exigente.

Con las patatas (aun sin contar su papel indispensable como guarnición) se pueden crear platos muy sabrosos y apetecibles.

La pasta seca, cada día más difundida en nuestra cocina, cuenta con los macarrones, los fideos y los canelones, entre otros tipos que figuran en muchas preparaciones. No pocas recetas merecen ser conocidas.

La abuela, con su buen saber y hacer, nos brinda en estas páginas numerosas e interesantes recetas.

ARROZ

Arroz a banda

	4 personas		*310 cal*

400 g de arroz
500 g de cabra (pescado de roca)
250 g de rape
una docena de almejas frescas
250 g de gallina de mar
tomillo
pimienta blanca en polvo
4 tomates
una taza llena de salsa mayonesa
250 g de langostinos
2 dientes de ajo
250 g de gambas
una cebolla
una hoja de laurel
perejil fresco
azafrán en rama
2 tazas llenas de aceite
sal
agua

En una cazuela grande con aceite, freiremos la mitad de la cebolla picada menudamente, ya dorada, añadiremos dos tomates pelados y limpios y cortados a trozos. Una vez fritos, echaremos litro y medio de agua y un ramito compuesto por el tomillo, el laurel y el perejil. Sazonaremos con sal y pimienta y echaremos los desperdicios de limpiar el pescado, cociéndolo todo durante media hora, colando después el caldo.

Pondremos en una olla el pescado limpio y partido en trozos, las gambas, los langostinos, las almejas bien lavadas y abiertas, el medio kilo de cabra, así como el agua que sueltan; cubriremos todo con el caldo preparado anteriormente, echaremos la sal necesaria y el azafrán, y lo dejaremos en el fuego durante 15 minutos.

Freiremos en una paella o cazuela con aceite el resto de la cebolla, los dos tomates pelados en trozos y los ajos finamente picados, añadiremos el arroz y rehogaremos bien, poniendo después el caldo de cocer todos los pescados, rectificando de sal y, a los 5 minutos de cocción, lo meteremos al horno durante 45 minutos. Retiraremos y dejaremos reposar 15 minutos antes de presentarlo a la mesa.

Serviremos el arroz en la misma cazuela y el pescado en una fuente aparte, acompañándolo con una salsera con la salsa mayonesa. Después tan sólo queda mezclarlo todo con el arroz.

Arroz al ajo

4 personas	300 cal

4 tazas llenas de arroz
8 tazas llenas de caldo de gallina
8 dientes de ajo
una cebolla
40 g de habas
4 alcachofas frescas
2 pimientos rojos
2 papeletas de azafrán
sal
una taza llena de aceite

En una cazuela de barro al fuego con aceite, rehogaremos la cebolla y los ajos pelados y picados, echaremos el arroz, el caldo de gallina hirviendo, las habas tiernas y las alcachofas (ambas cosas ya estarán cocidas en agua y sal), los pimientos rojos picados, el azafrán y la sal. Meteremos el arroz a cocer al horno, a mediana temperatura, hasta que veamos que está seco y bien hecho.

Lo serviremos en la misma cazuela de barro.

Arroz alicantino

4 personas	320 cal

4 cucharones llenos de arroz
4 pimientos secos (ñoras)
una taza llena de aceite
3 dientes de ajo
2 tomates
4 alcachofas frescas
100 g de guisantes frescos desgranados
2 papeletas de azafrán
1 cucharada sopera llena de pimentón rojo dulce
150 g de rape
150 g de congrio
12 mejillones
agua
sal

En el recipiente apropiado para hacer la paella, la paellera, pondremos el aceite y freiremos en él los pimientos secos, después de haberle quitado el rabito y las pepitas; una vez fritos los retiraremos y reservaremos, echando entonces los dientes de ajo picados, los tomates sin piel y machacados, las alcachofas troceadas (que serán muy tiernas) y los guisantes, y rehogaremos bien, tras lo cual añadiremos el arroz uniéndolo perfectamente y poniéndole el azafrán y el pimentón rojo. El agua, que ya estará calculada (doble de esta que de arroz), debe ser caliente cuando la incorporemos a la paella; añadiremos la sal y los pimientos que teníamos reservados, después de haberlos machacado bien en el mortero y deshecho en parte del agua. Lo dejaremos hacer durante 5 minutos a fuego vivo y durante 15 minutos a fuego más suave. Serviremos el arroz en el mismo recipiente de cocción.

Arroz aragonés

4 personas	*340 cal*

400 g de arroz
un conejo pequeño
300 g de carne de cerdo
250 g de calamares
una docena de cangrejos de río
2 dientes de ajo
400 g de guisantes desgranados
2 pimientos rojos frescos
una cebolla pequeña
un tomate
perejil fresco
una hoja de laurel
azafrán en rama
una taza llena de aceite
sal
agua
un vaso de vino lleno de vino blanco

En una cazuela grande con aceite caliente freiremos el conejo partido en trozos, adobado con sal y ajos picados; justo cuando empiece a dorarse, incorporaremos la carne de cerdo cortada en pedazos, rehogaremos bien y añadiremos los calamares limpios y partidos, y la cebolla muy picada.

Cuando esté hecho, añadiremos el tomate partido y limpio y los guisantes, después agregaremos un poco de agua y dejaremos cocer hasta que el conejo esté tierno.

Asaremos los pimientos en el horno, los pelaremos y los partiremos en tiras. Lavaremos bien los cangrejos, que coceremos en agua hirviendo, añadiendo sal, laurel, media cebolla y el vino blanco, dejándolos cocer durante 15 minutos a fuego vivo. Retiraremos después los cangrejos con una espumadera, reservándolos en un plato.

Añadiremos la mitad de los pimientos al guiso (el resto lo guardaremos para el adorno) y echaremos un litro de agua hirviendo, rectificando de sal y poniendo los ajos machacados en el mortero con un poco de azafrán y de perejil, disuelto todo en unas cucharadas de agua. Lo dejaremos cocer durante 10 minutos, incorporando entonces los cangrejos y metiéndolo al horno durante 10 minutos más, o dejándolo cocer sobre el fuego muy lento. Retirado del calor, lo dejaremos reposar 5 minutos antes de servirlo en una fuente, adornándolo con el resto de las tiras de los pimientos.

Arroz a la asturiana

4 personas	380 cal

600 g de arroz
250 g de carne de ternera
250 g de carne de cerdo
250 g de salchichas blancas
250 g de almejas
una cucharada sopera llena de cebolla picada
menudillos de pollo
3 pimientos rojos de lata
2 dientes de ajo
perejil fresco
azafrán en rama
medio vaso de aceite
sal
agua
un limón

Cortaremos en trozos las carnes, sazonándolas con un poco de ajo y dejándolas reposar durante 8 o 10 minutos. Pondremos parte del aceite en una sartén, cuando esté caliente rehogaremos la carne hasta dejarla dorada; a continuación, echaremos la cebolla, los menudos de pollo y un diente de ajo machacado en el mortero con una rama de perejil desleído en un poco de agua. Todo esto, tapado, cocerá hasta que la carne esté tierna; en este punto, añadiremos las salchichas y dos de los pimientos picados, cociéndolo nuevamente durante unos minutos y sazonando con sal.

Lavaremos las almejas y las pondremos con un poco de agua en una cazuela al fuego; a medida que van abriéndose, se retiran con una espumadera o con una cuchara a otra cazuela, reservando el agua. Quitaremos media valva a las almejas y las uniremos a la carne.

En una cazuela o paella echaremos el resto del aceite. Cuando esté caliente, rehogaremos el arroz, removiéndolo continuamente con una cuchara de madera para que no se dore mucho. Pondremos agua a hervir, con azafrán, a la que añadiremos el caldo de las almejas bien colado. Cuando el arroz esté bien rehogado (notaremos que al moverlo hará ruido, como si fuera arena), agregaremos todo el guiso, daremos unas vueltas y verteremos el caldo hirviendo (doble de este que de arroz), rectificando la sal y dejándolo en el fuego, removiendo hasta que vuelva a hervir. Roto el hervor, añadiremos unas gotas de limón y desde ese momento debe hacerse en reposo, sin remover, durante 15 minutos, disminuyendo el calor a medida que el líquido se vaya consumiendo. A media cocción, removeremos con una cuchara de madera para mezclar bien el arroz con los tropiezos, para que estos no queden en la superficie. Pasado ese tiempo, lo apartaremos del fuego y lo coceremos tapado durante 5 minutos más. Cuando lo hayamos retirado del calor, estará en reposo, destapado, durante 10 minutos antes de servirlo. Lo más apropiado es presentarlo en el mismo recipiente, si es la paella, o bien en una fuente adornado con el pimiento cortado a tiras.

Arroz con bacalao

🚻	*4 personas*	⚖	*300 cal*

400 g de arroz
200 g de bacalao seco
una taza llena de aceite
un tomate
2 o 3 dientes de ajo
perejil fresco
una cucharadita llena de pimentón rojo dulce
una papeleta de azafrán
agua
sal

Tostaremos al fuego el bacalao sin remojar; una vez blando, lo desmenuzaremos, quitándole las espinas y lavándolo un par de veces en agua fría.

Seguidamente, lo freiremos en una cacerola con aceite, así como los dientes de ajo, el tomate y el perejil; una vez frito todo le añadiremos el pimentón y el azafrán, echaremos el arroz, le daremos unas vueltas y añadiremos el agua correspondiente (doble de este que de arroz), y un poco de sal, poca, pues el bacalao ya despedirá la suya, dejándolo cocer de 15 a 20 minutos. Lo serviremos en una fuente.

Arroz bella aurora

🚻	*4 personas*	⚖	*390 cal*

300 g de arroz
8 huevos frescos
200 g de riñones de cordero
50 g de jamón
200 g de guisantes frescos
75 g de mantequilla
2 cebollas pequeñas
medio vaso de vinagre
3 cucharadas soperas llenas de puré de tomate
una trufa
2 copitas de licor llenas de jerez
6 tomates
75 g de manteca de cerdo
sal
pimienta blanca en polvo
agua

En la mitad de la manteca de cerdo rehogaremos una de las dos cebollas, trinchada fina, y cuando esta empiece a tomar un ligero color dorado, le añadiremos tres cuartos de litro de agua hirviendo sazonada con sal, y cociendo a fuego lento durante 20 minutos.

Los guisantes, una vez desgranados, los echaremos en una cacerola, donde tendremos un litro de agua hirviendo a borbollones y sazonada con sal; cociéndolos durante media hora, los pasaremos por agua fría, los escurriremos y después ya podemos saltearlos con 25 g de mantequilla.

Desprovistos los riñones de la piel y grasa, los cortaremos a lonchas delgadas. Pondremos a fuego vivo una sartén con el resto de la manteca de cerdo y una cebolla trinchada y, cuando tenga color dorado, incorporaremos los riñones, los rehogaremos y pasados

2 o 3 minutos, añadiremos el jerez, la mitad del jugo de tomate y un cuarto de vaso de agua, para que cueza durante 5 minutos y después lo sazonaremos con sal y pimienta. Acto seguido, vaciaremos los tomates ligeramente, sazonándolos con sal y rociándolos con mantequilla derretida; los meteremos en el horno y los dejaremos cocer sin que pierdan su forma.

En una cacerola echaremos el resto del jugo de tomate, el jerez que queda, 25 g de mantequilla, un cuarto de vaso de agua y la trufa trinchada fina, y luego lo sazonaremos con sal, tras lo cual ya podemos cocerlo a fuego lento durante 10 minutos.

¿Cómo se hacen los huevos escalfados? Pondremos al fuego una cacerola con 2 litros de agua y, cuando hierva, añadiremos sal y vinagre y cascaremos los huevos, echándolos uno a uno dentro del agua y cociendo a fuego lento durante 3 minutos. Los retiraremos con una espumadera, sumergiéndolos en agua fría y colocándolos encima de un paño, y quitándoles, al sacarlos del agua, la clara que no esté bien sujeta a la yema.

Con el arroz llenaremos un molde de corona que tendremos untado con mantequilla, volcándolo en una fuente redonda y, en el centro, pondremos los riñones; alrededor colocaremos los huevos y lo cubriremos con la salsa, intercalando los tomates rellenos con los guisantes.

Arroz castellonense

	4 personas		*380 cal*

300 g de arroz
400 g de conejo
100 g de langostinos o gambas
100 g de garbanzos cocidos
100 g de cebolla
pimienta blanca en polvo
100 g de aceite de oliva
2 pimientos morrones de lata
2 huevos crudos
2 dientes de ajo
azafrán en rama
2 cucharadas soperas de pimentón rojo
agua o caldo de carne (puede ser en cubitos)
sal

Cortaremos el conejo en trozos, poniéndolo en una cazuela de barro con el aceite y la cebolla picada, rehogándolo bien y agregándole los langostinos (o gambas), el pimentón, el arroz y los garbanzos. Después, incorporaremos el agua o el caldo hirviendo (doble de agua que de arroz, más una medida). Sazonaremos con sal y pimienta, añadiremos los pimientos cortados en trozos, el ajo y el azafrán machacados al mortero. Por último, queda cocer durante 15 minutos y luego cubrirlo con los huevos batidos, dejándolo 3 minutos a horno fuerte.

Arroz con chirlas

🧍 4 personas	⚖ 310 cal

4 pocillos de arroz
3 pocillos de agua
una taza llena de aceite
500 g de chirlas
perejil fresco picado
2 cucharadas soperas de cebolla picada
sal

Primero, lavaremos las chirlas en varias aguas frías, frotándolas bien unas con otras, con el objeto de que suelten la tierra. Seguidamente, las pondremos en una cazuela al fuego con ocho pocillos de agua fría hasta que se abran, las retiraremos colando el agua por un paño fino y reservándola.

Pondremos sobre el fuego una cazuela con el aceite y freiremos en ella la cebolla picada; una vez dorada le agregaremos las chirlas, el arroz y el perejil, rehogándolo todo muy bien. A continuación, añadiremos el agua que reservamos de las chirlas (esta agua estará hirviendo). Sazonaremos con sal y dejaremos que se haga a fuego lento hasta su completa cocción.

Arroz al estilo de Elche

🧍 4 personas	⚖ 370 cal

500 g de arroz
un pollo pequeño
medio conejo tierno
200 g de butifarra
2 dientes de ajo
150 g de garbanzos secos
200 g de longaniza
3 huevos crudos
una cebolla
una hoja de laurel
2 tazas llenas de aceite
sal
agua

En una olla con litro y medio de agua, coceremos la longaniza junto con los garbanzos remojados desde la noche anterior, la cebolla y la hoja de laurel, añadiendo la sal y dejándolos en el fuego hasta que los garbanzos estén tiernos.

En una sartén plana o paella, freiremos en el aceite la butifarra cortada en rodajas; ya frita, la retiraremos, reservándola, y freiremos en el mismo aceite el pollo y el conejo cortados en trozos y lo cubriremos con agua, dejándolo en el fuego hasta que esté bien tierno. Ya casi en su punto, añadiremos los garbanzos cocidos, la longaniza y el caldo (de cocer los garbanzos y el arroz). Comprobaremos la sal, dejándolo cocer durante 5 minutos, pondremos la butifarra frita y los huevos bien batidos, metiéndolo a horno fuerte para que termine de cocerse y forme una costra dorada. Lo dejaremos reposar durante 3 o 5 minutos antes de servirlo en la misma sartén plana o paella en que lo hicimos.

Aconsejamos medir el arroz y echar el doble de caldo que de arroz.

Arroz al gusto de la abuela

4 personas	390 cal

400 g de arroz
caldo de desperdicios de pollo
un pollo pequeño troceado
150 g de almejas
150 g de mejillones
2 huevos duros
100 g de guisantes cocidos o de lata
2 alcachofas tiernas
un poco de azafrán en hebra
media cucharada
sopera de pimentón rojo dulce
una hoja de laurel
un diente de ajo picado
2 tazas llenas de aceite
sal
un pimiento rojo de lata

Con los desperdicios del pollo haremos un caldo, pero no le echaremos sal. Una vez limpias las almejas y los mejillones, los abriremos con un poco de agua caliente. Seguidamente, limpiaremos las alcachofas troceándolas. Tras lo cual, en una cazuela con parte del aceite, rehogaremos el pollo (limpio), sin sal y las alcachofas, de forma que se haga poco a poco y quede todo entero.

Prepararemos la paella de hierro con el resto del aceite y, cuando esté caliente, le incorporaremos todo lo rehogado en la cazuela más los guisantes y las chirlas. De los mejillones quitaremos una valva vacía, incorporando la otra con la carne en la paella y reservando la vacía para el adorno.

Moveremos con una cuchara de palo y echaremos el arroz, la hoja de laurel, el azafrán, uno de los huevos duros pelados y picados y el ajo. Lo cubriremos todo con el caldo, que mediremos y que será justo el doble que de arroz (también lo habremos medido). Removeremos con la cuchara y echaremos ahora la sal a todo el conjunto, dejando que rompa a hervir, a fuego vivo, y bajando después el fuego, para que siga (sin removerlo ya más) su hervor lentamente, serán 15 minutos en total. Tras el período de reposo fuera del fuego durante 5 minutos la paella ya estará lista para servir, adornándola con el otro huevo duro pelado y cortado a rodajas, las tiras de pimiento rojo y las conchas vacías de los mejillones pinchados alrededor.

Se le puede añadir el zumo de un limón cuando vaya a comerse.

Arroz a la indiana

4 personas	315 cal

500 g de arroz
verduras del tiempo, zanahorias, judías verdes, habas cocidas (1 kg de peso en total, entre todas)
agua
sal

Aconsejamos escoger el verdadero arroz de Patna, de la India, de granos alargados y, en su defecto, el de Carolina. Lo lavaremos y herviremos en agua salada hasta que no cruja. Tras escurrirlo en un colador, lo rociaremos con agua hirviendo salada y lo extenderemos encima de un cedazo, secándolo durante 15 minutos cerca de la plancha caliente. Con la ayuda de un tenedor, con el fin de separar los granos, lo dejaremos caer en una cazuela que contendrá verduras.

Arroz a la marinera

4 personas	330 cal

400 g de arroz
3 pimientos rojos de lata
una cucharada sopera llena de pimentón rojo dulce
500 g de pescado (puede ser congrio, rape, mero o mezcla de todos o cualquier otro pescado)
2 dientes de ajo
azafrán en rama
agua o caldo
2 cigalas cocidas
2 gambas grandes cocidas
un limón
sal

Freiremos en una paella con aceite caliente, el pescado limpio y partido en trozos y, cuando comience a dorarse, añadiremos el arroz, rehogando bien y echando el pimentón y el agua hirviendo (doble cantidad que de arroz). Seguidamente, machacaremos los ajos en el mortero con el azafrán y los desleiremos en un poco de agua, añadiéndolos luego al arroz; también echaremos la sal y los pimientos partidos en trozos pequeños. Lo dejaremos en el fuego durante 20 minutos, y cuando veamos que está algo seco, dispondremos por encima las cigalas y las gambas cocidas. Una vez lo retiremos del fuego, lo dejaremos reposar durante 5 minutos antes de servirlo, adornando con trozos de limón.

Arroz con menudillos

4 personas	350 cal

300 g de arroz
400 g de menudillos de pollo o de gallina (higadillos, riñoncitos, corazones, sangre, yemas o huevecillos y madrecillas), también pueden emplearse mollejas (estómago) previamente cocidas
150 g de tomates maduros pelados, exprimidos y picados
un diente de ajo
perejil fresco
4 cucharadas soperas llenas de guisantes cocidos
unas hebras de azafrán
3/4 de vaso de aceite
sal
una cebolla
agua o caldo de carne o en cubitos, pimienta blanca en polvo

Herviremos las yemas y los riñoncitos durante 5 minutos en agua, dejándolos enfriar en ella para quitarles la película delgada que los cubre.

Limpiaremos en crudo los higadillos y los cortaremos en trozos grandes; los corazones los reservaremos enteros y en crudo; las mollejas las coceremos en el caldo, cortándolas en trozos. Después salaremos la sangre y la freiremos en aceite.

Dispondremos una cazuela de barro o paella especial con el aceite caliente, empezando por freír los higadillos y los corazones espolvoreados con sal, junto con las mollejas; al comenzar a tomar color, añadiremos la cebolla, que dejaremos dorar ligeramente, para terminar añadiendo el tomate, que también freiremos bien.

Echaremos el arroz a los ingredientes de la cazuela, añadiendo el caldo o el agua caliente (doble cantidad que de arroz, o un poquito más, pues este plato debe resultar algo caldoso). Cuando rompa el hervor, a fuego vivo, se le incorporan las yemas (si hay alguna grande se corta por la mitad); añadiendo los riñoncitos, la sangre frita y los guisantes.

Rectificaremos de sal y pondremos un poco de pimienta.

Prepararemos un majado en el mortero con el azafrán y el ajo; disuelto todo en un poco de caldo del arroz, bajaremos la intensidad del fuego, terminando de cocerlo en el horno. Finalmente, echaremos un poco de perejil picado por encima y lo serviremos en la misma cazuela en la que lo hemos cocinado.

GAZPACHO RÁPIDO

1 kg de tomates maduros - 1 pimiento morrón - 1 pimiento verde - 1 pepino - 2 cebollas - 2 dientes de ajo - 1 rebanada de pan frito - 1 chorro de vinagre - 1 chorrito de aceite - sal

Unas horas antes de prepararlo pondremos en la nevera todos los ingredientes cortados en trocitos para que desprendan jugo. Después los pasaremos por la batidora y colaremos la mezcla. Aliñaremos con el vinagre, el aceite y la sal, y serviremos como una sopa fría acompañada con trocitos de pimiento verde, pepino, tomate, pan frito y cebolla.

APERITIVO DE SARDINAS

8 sardinas grandes en aceite - 4 huevos - 40 g de mantequilla - 1/2 vaso de leche - perejil picado - sal

Se distribuyen las sardinas bien escurridas en un recipiente de barro. Seguidamente, se rompen los huevos en un bol, se incorpora la leche y se va batiendo con un batidor de varillas hasta mezclar bien los ingredientes; se sala la mezcla. En una sartén (mejor si es antiadherente) se derrite la mantequilla a fuego muy suave; se vierte el compuesto de huevos y se remueve lentamente mientras va cuajando (sin dejar que llegue a hervir). Una vez cuajados los huevos, se distribuyen sobre las sardinas, se espolvorea abundante perejil picado y se sirve.

SOPA FRÍA DE ORTIGAS

1 cebolla - 1 puerro - 3 puñados de hojas de ortiga bien lavadas - 1 cucharada de aceite de oliva - 1 l de caldo de ave - 1 dl de nata - sal y pimienta

Se sofríe la cebolla y el puerro bien picados en el aceite. A continuación, se incorporan las hojas de ortiga, se añade el caldo y se mezcla todo bien. Mientras, se salpimenta la nata, se bate y se incorpora a la sopa antes de servir.

SOPA DE PATATAS, PUERROS Y CEBOLLAS

1 sobre (75 g) de puré de patatas en copos - 4 puerros - 1 cebolla pequeña - 1 l de caldo de pollo - 90 g de mantequilla - 50 g de parmesano rallado - 1/4 l de nata - 1 manojo de cebollinos - sal y pimienta

Se pela el puerro, se lava y se pica finamente. Se pela la cebolla y se tritura. Mientras, se pone al fuego una cazuela con 50 g de mantequilla, y se sofríen en ella la cebolla y los puerros. A continuación, se incorpora el caldo hirviendo y el puré, y se mezcla bien. Se deja que cueza todo unos 20 minutos, se retira del fuego y se incorpora la mantequilla restante y el queso rallado. Se salpimenta, se espolvorea cebollino picado y se sirve inmediatamente.

CREMA DE POLLO CON VERDURAS

1 kg y 1/2 de pechuga de pollo - 1 l y 1/2 de caldo vegetal - 1 hoja de laurel - 150 g de champiñones - 250 g de patatas - 60 g de guisantes congelados - 3 dl de leche - 35 g de mantequilla - perejil - nuez moscada - sal y pimienta - pan tostado

Se pone el pollo en una cazuela con el caldo, la nuez moscada, el laurel, un manojo de perejil y sal. Se lleva a ebullición a fuego medio, y se deja que cueza durante una hora, espumando cuando sea preciso. Se cuela y se reserva.

Se limpian los champiñones, y se cortan en láminas; se pelan las patatas y se cortan en dados. Se sofríen en 20 g de mantequilla los guisantes, los champiñones y las patatas, se cubren con 2 dl de caldo y se deja que se hagan. Seguidamente, se pasa por la batidora el pollo, la mitad de las verduras y un poco de leche. Se pone la crema de pollo, las patatas y las verduras restantes en la cazuela, se incorpora la leche restante y 2 dl de caldo, y se mezcla bien. Se rectifica la sal, se añade la mantequilla restante y perejil triturado, y se deja que cueza otros 10 minutos. Se sirve la crema acompañada con el pan tostado.

ALUBIAS GUISADAS

200 g de alubias blancas - 200 g de carne de ternera - 200 g de panceta - 100 g de corteza de cerdo - 50 g de manteca de cerdo - 6 cucharadas de tomate frito Solís - 8 salchichas tipo Frankfurt pequeñas - 3 zanahorias - 2 dientes de ajo - 2 cebollas - 1 ramito de hierbas (tomillo, laurel, apio y perejil) - unos clavos de especia - sal y pimienta

Pondremos las alubias en remojo durante 12 horas. Las cubriremos con agua fría y llevaremos a ebullición; cuando rompa el hervor, agregaremos medio vaso de agua fría y, al volver a hervir, repetiremos la operación. Cuando hierva de nuevo, añadiremos la cebolla con los clavos de especia pinchados, la zanahoria cortada en rodajas y la corteza de tocino raspada y lavada, y dejaremos cocer hasta que las alubias estén tiernas. Antes de terminar la cocción sazonaremos con sal.

En una cazuela de barro, freiremos en la manteca el tocino y la carne cortados en trozos; cuando estén ligeramente dorados agregaremos el ajo y la cebolla restantes picados, el tomate frito, 3/4 l del caldo de las alubias y el ramito de hierbas, taparemos y dejaremos cocer a fuego suave durante una hora más. Añadiremos las alubias escurridas y las salchichas, rectificaremos la sal y la pimienta y removeremos suavemente.

POTAJE DE ALUBIAS CON GAMBAS

1/2 kg de alubias cocidas - 8 colas de gambas - 1/4 kg de champiñones - 1 diente de ajo - 1 rebanada de pan - 1 cubito Maggi - algunas almendras y piñones - aceite de oliva virgen - perejil - sal

Rehogaremos en un poco de aceite las gambas peladas. Una vez cocidas las retiraremos, añadiremos los champiñones cortados en cuartos y freiremos hasta que empiecen a dorarse; luego, agregaremos las alubias y rehogaremos todo durante unos minutos.

Disolveremos el cubito de caldo en dos vasos de agua caliente; machacaremos en el mortero las almendras, los piñones, el ajo, el perejil y el pan previamente frito; añadiremos todo al guiso y coceremos a fuego suave durante 5 minutos. Rectificaremos la sal y serviremos caliente.

Potaje rápido de fideos

1 lata de lentejas - 30 g de fideos gruesos - 4 patatas - 8 rodajas de chorizo - 2 pastillas de caldo de carne Maggi - 2 hojas de laurel - 1/2 cabeza de ajos

Pondremos en un cazo al fuego 1 l de agua y añadiremos las patatas peladas y troceadas, los ajos enteros con unos cortes en la piel, el laurel, el chorizo y las pastillas de caldo. Coceremos durante 10 minutos, añadiremos las lentejas y los fideos y lo dejaremos al fuego 15 minutos más. Antes de servir retiraremos los ajos y el laurel.

Arroz con moscancia

4 personas	360 cal

8 cucharadas soperas llenas de arroz
200 g de grasa de cerdo
una tripa de cerdo
500 g de cebollas
500 g de sangre de cerdo
sal
una cucharada sopera llena de pimentón rojo picante
una cucharada sopera llena de pimentón rojo dulce
aceite
agua

Lo primero consiste en preparar la moscancia, que la haremos así:

Picaremos las cebollas muy finamente y las pondremos en una cazuela con aceite al fuego, tapándola bien y dejándola estofar muy lentamente. Cuando ya esté hecha la dejaremos enfriar, agregándole dos partes de grasa de cerdo picado por cada cebolla, sangre hasta que quede jugosa, sal y pimentón dulce y picante (ambos mezclados). Uniremos todo bien y, con un embudo apropiado, lo meteremos en la tripa, que habremos remojado en agua tibia, la ataremos y coceremos en agua hirviendo tan sólo durante 5 minutos, pinchándola con una aguja por diversas partes hasta que suelte la grasa.

Esta es la conocidísima moscancia típica de Mieres, pero también puede prepararse de otra manera:

Después de haber picado la cebolla muy fina, se agrega la misma cantidad de grasa de cerdo picada y sebo, también picado, ambas cosas a partes iguales, a lo que mezclaremos la sangre, la sal y el pimentón; procediendo en lo demás como en la preparación anterior.

Prepararemos ahora el arroz utilizando el caldo de cocer la moscancia. Este arroz debe quedar, una vez cocido, un poco caldoso. Con un hervor de 15 a 20 minutos, destapado, ya tiene suficiente. Sobre el arroz serviremos la moscancia cortada a trozos.

Arroz perellada

4 personas	*380 cal*

400 g de arroz
100 g de calamares
150 g de congrio
medio pollo pequeño
100 g de rape
6 langostinos pequeños
150 g de salchichas
150 g de setas pequeñas
75 g de manteca de cerdo
2 cebollas
2 pimientos morrones en conserva
2 cucharadas soperas llenas de puré de tomate
azafrán en rama
6 almendras tostadas
14 piñones
2 dientes de ajo
perejil fresco
agua
sal
pimienta blanca en polvo

Una vez limpio el pescado lo haremos a trozos tras dejarlos sin piel ni espinas. Cortaremos el pollo en pedazos, quitándole los huesos y poniéndolo en una paella o cazuela de barro con la manteca. Rehogaremos hasta que empiece a tomar color y, a continuación, añadiremos las cebollas picadas y seguiremos rehogando a fuego vivo, incorporando el pescado y los langostinos pelados y sólo las colas. Transcurridos 10 minutos, agregaremos las setas, las salchichas, el tomate y el pimiento cortado a tiras; seguidamente pondremos el arroz y un litro de agua hirviendo aproximadamente. Al arrancar el hervor, sazonaremos con sal y pimienta, y terminaremos añadiendo las almendras, los piñones, los ajos y el azafrán, todo ligeramente tostado y machacado en el mortero, dejando concluir la cocción, que debe durar de 18 a 20 minutos. Serviremos este arroz en el mismo recipiente de cocción.

Arroz variado

4 personas	400 cal

400 g de arroz
un pollo
200 g de huesos de ternera
50 g de lomo de cerdo
2 salchichas pequeñas
una cucharada sopera llena de mantequilla
50 g de manteca de cerdo
200 g de champiñones de lata o naturales
una cucharadita de café llena de puré de tomate
2 cebollas
una trufa
2 zanahorias
un nabo
un vaso de vino lleno de jerez seco
agua
sal
pimienta blanca en polvo

En una olla con 2 litros de agua pondremos los huesos de ternera, la cebolla, la zanahoria, el nabo y la sal, dejándolo cocer durante 2 horas para obtener un litro de caldo.

Cortaremos a trocitos el lomo y el pollo, rehogándolo con parte de la manteca de cerdo y añadiéndole media cebolla picada; cuando empiece a tomar color, incorporaremos el jerez, el puré de tomate, la trufa cortada en lonchas, los champiñones, medio vaso de agua y las salchichas partidas en pedacitos; después sazonaremos con sal y pimienta, cociéndolo tapado y a fuego lento durante media hora.

Con el resto de la manteca rehogaremos lo que queda de cebolla y, antes de que tome color, le incorporaremos el arroz y un litro de caldo, después de haberlo pasado por un colador, dejándolo cocer a fuego lento durante 20 minutos.

Llenaremos con el arroz un molde con forma de corona, que estará untado con la mantequilla, y luego lo volcaremos encima de una fuente redonda y, en el centro, colocaremos la mezcla de pollo, lomo, salchicha, etc.

Lo serviremos muy caliente.

Bollos tostados de cacahuete a la colombiana

2 personas	380 cal

una taza con cacahuetes tostados
una taza llena de arroz hervido
una taza con zanahorias crudas y molidas
media taza de pan integral rallado
una taza llena de salsa de tomate preparada
una cucharada sopera de perejil picado junto con cebolleta picada
una cucharadita con sal vegetal
mantequilla para el pringue

Mezclaremos bien todos los ingredientes y los pondremos en un molde de hacer pan, untado de mantequilla, horneándolo a fuego moderado durante 45 minutos.

Lo serviremos con una salsa fría.

Corona de arroz blanco

4 personas	410 cal

400 g de arroz
250 g de guisantes ya cocidos o de lata
350 g de judías verdes ya cocidas
4 lonchas de jamón en dulce
3 huevos duros
2 tomates rojos
una taza llena de salsa de tomate hecha en casa o comprada
agua
sal
un poco de margarina

Justo en 15 minutos, coceremos el arroz en agua con sal, tras lo cual lo retiraremos y lo escurriremos pasándolo por agua fría. Untaremos con la mantequilla un molde con un hueco en el centro, y daremos forma de corona al arroz volcándolo en una fuente redonda y adornándolo alrededor con las judías verdes, el jamón en dulce y los tomates cortados por la mitad, y rellenando el hueco con los guisantes. Serviremos la salsa de tomate caliente en una salsera aparte. Los huevos pelados y cortados en disco se dispondrán sobre el arroz.

Paella valenciana

	4 personas		*420 cal*

400 g de arroz de clase superior
2 tazas llenas de aceite o con 100 g de manteca de cerdo
un pollo tierno troceado
200 g de carne magra de cerdo
100 g de jamón magro
10 salchichas frescas
una cebolla
2 pimientos morrones rojos o verdes frescos
100 g de judías blancas hervidas
2 alcachofas
24 caracoles (vaquetas)
2 dientes de ajo
perejil fresco picado
una hojita de laurel
3 tomates
una cucharada sopera llena de pimentón rojo dulce
caldo de carne
200 g de guisantes cocidos
2 papeletas de azafrán
sal

Dispondremos una paella de hierro sobre el fuego y echaremos en ella aceite refinado o, en su lugar, manteca de cerdo. Empezaremos por freír el pollo tierno cortado previamente en ocho trozos del tamaño de aceitunas grandes, el jamón magro, también cortado en trocitos, y las salchichas frescas que serán pequeñitas.

Removeremos todo ello con una espumadera o paleta, haciendo que se dore por un igual. Una vez realizada esta operación, echaremos la cebolla trinchada y los pimientos morrones cortados en trocitos, las alcachofas divididas en cuatro trozos por su largo y las judías blancas.

Continuaremos el rehogado cuidadosamente y, acto seguido, incorporaremos las dos docenas de caracoles previamente limpios y cocidos.

A continuación, añadiremos el resto del aceite, el ajo y el perejil picado y la hoja de laurel. Seguiremos rehogando el conjunto, poniendo especial atención en que los elementos de la paella se sofrían todos por un igual. Echaremos después los tomates pelados y trinchados. Al terminarse este magnífico rehogado (que es la principal característica de la paella valenciana), incorporaremos el arroz y el pimentón dulce rojo. Rehogaremos de nuevo el conjunto, o sea, todos los componentes, con el arroz, y añadiremos luego el caldo de carne o, a falta de él, se puede hacer simplemente con agua hirviendo, calculando doble cantidad de líquido que el volumen del arroz en crudo. Por último, los guisantes cocidos. Removeremos el arroz con la paleta con el fin de que todo quede bien suelto, y echaremos la sal y el azafrán.

Al principio hay que dar al arroz una cocción regular y baja; pasados 2 o 3 minutos dejaremos de remover e introduciremos la paella en el horno para que termine de cocerse con fuego lento y fuerte, y se tueste la superficie durante 14 minutos. A falta de horno se puede hacer a fuego abierto, colocando encima de la paella una tapadera de hojalata con carbón encendido.

La paella se servirá una vez hayan transcurrido 3 o 4 minutos de haber terminado la cocción, y siempre en el mismo recipiente.

COCIDOS

Cocido andaluz

4 personas	410 cal

250 g de carne de morcillo que sea de buey
400 g de garbanzos secos
150 g de tocino fresco
un hueso de jamón que puede ser fresco o curado
2 tomates rojos
200 g de judías verdes
un calabacín mediano
250 g de calabaza
100 g de longaniza
2 patatas medianas
una cucharada sopera llena de pimentón rojo, dulce o picante, según agrade más
agua
sal

Los garbanzos estarán ya remojados desde la noche anterior. Los pondremos a cocer en un cuarto de litro de agua con la carne de buey (morcillo), el tocino fresco y el hueso de jamón. Todo esto hervirá un par de horas a fuego lento y, pasadas estas, le añadiremos la sal, los tomates bien pelados y picados, las judías verdes peladas y picadas, los calabacines cortados en trozos y con su piel, así como la longaniza (en un trozo) las patatas peladas y cortadas en trozos más bien gordos, y un poco de pimentón rojo, dejándolo hervir, siempre a fuego lento, 2 horas más, hasta que todo esté bien cocido.

Este cocido andaluz se diferencia de otros en que no se saca caldo para hacer la sopa. Debe quedar poco jugo y espeso, y si no lo está bastante machacaremos en el mortero una patata, de las que ya están cocidas, junto con un poco de calabaza, disolviéndolas en un poco del caldo y agregándola al puchero.

Recordemos que de este cocido existen otras variaciones que la abuela quiere que conozcamos:

— en algunas comarcas andaluzas acompañan a este cocido, al presentarlo en la mesa, con una abundante fuente de patatas fritas y, en otras, añaden a las patatas pimientos enteros fritos;

— en Sevilla retiran la carne del cocido, la fríen y le echan huevos batidos, a modo de un revuelto de huevos con carne.

No aconsejamos la utilización de la olla exprés, pues le restaríamos sabor al cocido.

Cocido castellano

4 personas	400 cal

400 g de carne de buey propia para el cocido
2 huesos de tuétano o de la parte de la rodilla
100 g de tocino fresco
100 g de chorizo
1/4 de gallina, preferentemente el muslo
un hueso de cerdo curado
400 g de garbanzos secos
2 patatas medianas
2 puerros
2 zanahorias
2 nabos
2 hojas de repollo
media cebolla
unas ramas de perejil fresco
arroz
fideos o sémola
agua
sal
verdura de la temporada a gusto de cada cual

Los garbanzos estarán ya remojados desde la víspera. En un puchero con abundante agua, que estará hirviendo, pondremos los garbanzos junto con la carne en un solo pedazo; la gallina, los huesos y el tocino. Antes de que empiece a hervir espumaremos el puchero y lo dejaremos a fuego lento, pero seguido, por lo menos una hora. Una vez pasado dicho tiempo incorporaremos al puchero las zanahorias, los nabos y la cebolla, todo ello pelado y troceado, así como las hojas de repollo. Seguiremos su cocción poco a poco, eso sí, sin parar (serán necesarios de 60 a 70 minutos más de cocción), antes de que falten 30 minutos de los citados añadiremos los puerros bien lavados y atados a unas ramas de perejil, las dos patatas mondadas y cortadas, el chorizo y la sal.

Retiraremos los garbanzos del puchero en cuanto estén cocidos y los presentaremos a la mesa rodeados de la verdura que coció con ellos, de la carne, la gallina, el chorizo y el tocino, todo ello cortado a trozos más bien pequeños.

Aparte serviremos otro tipo de verduras de la estación que habremos cocido en puchero separado; esta verdura puede ser acelgas, judías verdes o repollo, presentándolo a la mesa a la vez que los garbanzos.

Con el caldo colado haremos una sopa de arroz, fideos o sémola; la de fideos es la más corriente, con fideos finos o medianos.

En primer lugar presentaremos la sopa, tras las fuentes con los garbanzos y la carne y la de las verduras. Puede añadirse una buena salsa de tomate para acompañar los garbanzos.

En ocasiones se hace un relleno con miga de pan, huevos batidos, ajo y perejil picado; este relleno se fríe ligeramente en aceite y se incorpora al cocido a la vez que las patatas, presentándose a la mesa con la carne.

Cocido catalán

	4 personas		390 cal

250 g de carne de buey propia para el cocido
250 g de gallina
una butifarra blanca
un hueso de tuétano
un trozo de oreja de cerdo
una butifarra negra
un repollo verde
4 patatas
200 g de garbanzos secos
un tallo de apio
50 g de tocino rancio
perejil fresco
un poco de harina
250 g de carne picada de cerdo y cordero, mezcladas
un huevo crudo
arroz o pasta de sopa
agua
2 dientes de ajo
un poco de canela en polvo
sal
miga de pan

Este típico cocido catalán lo haremos preferentemente en puchero de barro de buena cabida, al que llenaremos con agua caliente para colocarlo después sobre el fuego. Echaremos en él los garbanzos (ya remojados), la carne de buey, la gallina, el hueso y la oreja de cerdo, junto con un poco de sal. Lo dejaremos hervir durante 2 o 3 horas sin que pare el hervor, espumándolo de vez en cuando.

Aparte prepararemos la pelota con la carne picada de cerdo y cordero, a la que añadiremos el huevo batido, el ajo y el perejil picado, un poco de sal, un poco de canela y la miga de pan rallado, uniéndolo todo muy bien y dándole una forma alargada; lo pasaremos por harina y lo echaremos al cocido, al mismo tiempo que añadiremos el repollo verde bien picado, el apio, las patatas peladas y troceadas, y las butifarras blanca y negra, así como el trocito de tocino rancio envuelto en un poco de harina; cocerá ahora una hora más.

Escurriremos el caldo en otro puchero, colándolo, y en este haremos la sopa, que puede ser de pasta o de arroz, o ambas cosas juntas, procurando que la sopa quede un poco espesita; a esta sopa podemos añadirle una pequeña cantidad de verduras de las que hirvieron en el puchero. El resto de todos los componentes, junto con la carne, la gallina, las butifarras, las patatas, etc., los presentaremos en otra fuente y después de la sopa.

Cocido extremeño

	4 personas		400 cal

500 g de carne propia para el cocido
1/4 de gallina
100 g de tocino
un chorizo
una morcilla extremeña
una cebolla mediana
un poco de hierbabuena
250 g de cerviguillo de toro (el cerviguillo es conocido en el mundo taurino como morrillo: la parte donde el picador pone el puyazo, la parte exterior de la cerviz)
100 g de morcón
250 g de garbanzos secos
250 g de patatas
100 g de arroz
un clavo de especie
un repollo mediano
pan o pasta de sopa
agua
sal

Preparar un puchero grande de boca ancha al fuego, y echar en él la carne, la gallina, el cerviguillo y el morcón (que es una morcilla muy gruesa), cubrir con abundante agua y salar. Cuando comience a hervir, espumaremos bien, añadiremos los garbanzos (remojados desde la noche anterior) y la cebolla pelada y entera con el clavo metido en ella.

Lo dejaremos cocer a fuego lento durante 2 horas, agregándole, pasadas estas, el chorizo, la morcilla y el repollo bien lavado y partido. El puchero cocerá de nuevo durante media hora más, añadiendo, por último, las patatas peladas y partidas en trozos regulares; luego seguirá cociendo hasta que las patatas estén en su punto.

Colaremos parte del caldo para hacer la sopa, que puede ser de pasta o de pan.

En el puchero, y con algo de caldo, haremos hervir el arroz y la hierbabuena, dejando el puchero al fuego hasta que el arroz esté cocido, pero no pasado.

Serviremos primero la sopa y después el resto, como se hace con cualquier tipo de cocido.

Cocido de judías blancas

	4 personas		360 cal

300 g de judías blancas secas
400 g de callos
unas hierbas del cocido compuestas por: puerro, apio, zanahoria, mejorana y tomillo
2 cebollas, una de ellas mechada con una hoja de laurel
un clavo de especia
50 g de mantequilla
2 o 3 zanahorias
4 patatas
2 cucharadas soperas llenas de puré de tomate
pimienta blanca en polvo
sal
perejil fresco
agua y arroz

En un puchero coceremos las judías, en la misma agua donde estuvieron a remojo desde la víspera, agregándoles las hierbas, la cebolla mechada y los callos cortados a trozos y previamente cocidos. Aparte doraremos en la mantequilla la otra cebolla pelada y trinchada, añadiéndola a las judías a mitad de su cocción, junto con las zanahorias y las patatas peladas, cortadas ambas cosas; echaremos también el puré de tomate, el perejil picado, la sal y la pimienta, mezclándolo todo en el puchero y dejándolo hervir durante 20 o 30 minutos más.

Cuando esté todo bien hecho, escurriremos el caldo y haremos la sopa con cuatro cucharadas soperas de arroz. Serviremos primero la sopa y después las judías con todos sus componentes.

Legumbres secas

Garbanzos con bacalao

4 personas	*360 cal*

400 g de garbanzos secos
150 g de bacalao seco
una rebanada de pan atrasado
2 huevos duros
un diente de ajo
una papeleta de azafrán en hebra
pimienta negra en polvo
3 cucharadas soperas de harina
una cucharada sopera llena de vinagre
2 tazas con aceite
agua
sal

Tendremos los garbanzos remojados desde la noche anterior. Los pondremos a cocer en agua templada con un buen chorro de aceite, procurando que se hagan despacio y estén siempre cubiertos de agua.

Partiremos el bacalao (también remojado) en pedazos pequeños, rebozándolos en harina y friéndolos en el resto del aceite. Una vez fritos, los incorporaremos a los garbanzos. En la misma sartén, con el mismo aceite, freiremos la rebanada de pan que, una vez dorada, echaremos al mortero con el vinagre, machacándola bien con el azafrán, el diente de ajo picado y un poco de pimienta. Este majado lo echaremos al puchero, tras lo cual debe seguir su cocción hasta que estén muy tiernos.

Serviremos los garbanzos poniendo sobre ellos los huevos duros, pelados y cortados en disco.

Garbanzos guisados

4 personas	*370 cal*

500 g de garbanzos secos
2 chorizos
3 cucharadas soperas llenas de aceite
media cebolla pequeña
un diente de ajo
2 tomates frescos o bien 2 cucharadas soperas llenas de puré de tomate
2 zanahorias
un puerro
perejil fresco
una cucharada sopera llena de harina
pimienta negra en polvo
agua
sal

Dejamos los garbanzos en remojo y, al día siguiente, los pondremos sobre el fuego en un puchero de barro con la misma agua del remojado, procurando que vayan calentándose poco a poco, hasta que empiecen a hervir, y los dejaremos hacer lentamente; a mitad de su cocción les incorporaremos el puerro atado con las zanahorias y un poco de perejil fresco, sal y pimienta.

En el aceite, puesto en una sartén al fuego, freiremos la cebolla pelada y picada. Cuando comience a dorar añadiremos los chorizos cortados a rodajas gruesas, la harina y cuando se tueste un poco, incorporaremos los tomates o el puré de tomate, dejándolo hacer un rato y añadiéndole, para que no se pegue, un poco del caldo de los garbanzos.

Esto se lo echaremos al puchero de los garbanzos junto con el ajo picado, dejando que estos sigan su cocción durante 15 o 20 minutos más. Los serviremos en el mismo utensilio de cocción y muy calientes.

Judías blancas con chorizo

4 personas	350 cal

500 g de judías blancas secas
2 chorizos buenos
100 g de tocino en trozo
agua
sal
2 cucharadas soperas llenas de aceite

Remojaremos las judías en agua y las pondremos, escurridas, en un puchero con agua que las cubra (agua fría y la justa) al fuego para que rompan a hervir; en ese instante le quitaremos el agua, añadiéndoles otra nueva fría, el trozo de tocino y las longanizas fritas ligeramente en el aceite.

Dejaremos cocer las judías lentamente y a media cocción, pasaremos unas pocas por el pasapurés y las incorporaremos al puchero para que la salsa espese.

Las salaremos, sirviéndolas con las longanizas cortadas en rodajas.

Judías con nabos y arroz blancas

4 personas	390 cal

400 g de judías blancas secas
300 g de carne del cocido
una mano de cerdo
una oreja de cerdo
150 g de tocino
una morcilla blanca
6 nabos
200 g de arroz
una morcilla negra
agua
sal

Las judías estarán ya remojadas o serán del año, en cuyo caso no es preciso remojarlas. Las pondremos en una cacerola grande a cocer con 3 litros de agua fría, la carne, la mano, la oreja, el tocino y las morcillas así como los nabos pelados y cortados a trozos. Lo dejaremos cocer lentamente, durante 3 horas.

Ya casi cocido, le incorporaremos la sal y el arroz, dejándolo ahora en el fuego sólo el tiempo justo para cocer el arroz (generalmente 12 minutos).

Lo serviremos todo junto adornando las judías con los nabos y cortando las carnes a trozos.

Judías rojas con oreja de cerdo

4 personas	380 cal

500 g de judías rojas
2 cucharadas soperas llenas de aceite
2 dientes de ajo
media oreja de cerdo
un hueso salado de cerdo
100 g de corteza de jamón
un ramillete compuesto por una hoja de laurel, perejil fresco y tomillo
una cebolla
una zanahoria
una cucharada sopera llena de pimentón rojo dulce
perejil fresco
canela en polvo
agua
sal

Coceremos en un puchero con agua las judías rojas (previamente remojadas) y las dejaremos al fuego para que se hagan poco a poco.

Limpiaremos bien la oreja de cerdo y, juntamente con el hueso de cerdo, el ramillete de hierbas, la cebolla y la zanahoria peladas y enteras, lo coceremos todo en puchero separado de las alubias.

Todo ello lo pondremos en uno de los pucheros (cortando la oreja antes en cuatro trozos) y, si es preciso, añadiremos caldo de uno de los cocidos (generalmente se escurre la oreja de cerdo y todo lo demás, siendo esto lo que se incorpora al puchero de las judías).

En una sartén sobre el fuego y con el aceite, freiremos los dientes de ajo pelados y enteros, cuando comiencen a tomar color sacaremos la sartén del fuego, añadiéndole el pimentón rojo y echando todo a las judías, así como un poco de canela en polvo, perejil fresco muy picado y la sal, les daremos un hervor ligero de 20 o 30 minutos, sirviéndolo posteriormente bien caliente.

Debe quedar el caldo espeso.

Judiones con oreja y pie de cerdo

4 personas	380 cal

500 g de judiones secos
una oreja de cerdo
un pie de cerdo
100 g de jamón
100 g de chorizo
un pimiento rojo de lata
2 tomates
una cebolla
un diente de ajo
perejil fresco
una hoja de laurel
una cucharada sopera con pimentón rojo dulce
una cucharada sopera llena de harina
2 cucharadas soperas con aceite
pimienta negra en polvo
agua
sal

Remojaremos los judiones en agua fría sin sal 12 horas antes. Escurriremos y los pondremos en un puchero con la oreja (bien limpia), el pie de cerdo, el jamón y el chorizo, todo cortado a trozos. Lo dejaremos cocer a fuego lento, sin interrupciones. Haremos aparte un sofrito con el aceite, la cebolla, los tomates (pelados y trinchados), el ajo picado, el perejil picado, el laurel, la harina, el pimentón y el pimentón picado.

Este sofrito se lo echaremos al puchero de los judiones, añadiéndoles, a la vez, sal y pimienta, y dejándolos hacer durante 30 o 40 minutos más.

Debemos dejar reposar este plato durante 20 minutos, bien tapado, antes de sacarlo a la mesa.

Lentejas a la campesina

4 personas	350 cal

500 g de lentejas secas
150 g de tocino salado
2 cebollas
una salchicha gorda o 2 pequeñas
4 lonchas de tocino ahumado
agua
sal

Las lentejas estarán previamente remojadas. Quitaremos la sal al tocino y lo pondremos en una cazuela cubierta de agua fría con las cebollas peladas y troceadas, las lentejas y las salchichas; pondremos esta cazuela sobre el fuego y la dejaremos cocer, sin parar, durante 75 minutos. Sazonaremos las lentejas cuando ya estén hechas.

Cuando vayamos a presentarlas a la mesa, pasaremos por la sartén las lonchas de tocino y las colocaremos sobre las lentejas, que llevarán su tocino, y las salchichas, todo cortado a trozos.

Lentejas al estilo de Trujillo

4 personas	340 cal

500 g de lentejas secas
100 g de arroz
400 g de patatas
una cucharada sopera llena de jugo de carne asada (o en su defecto, concentrado de carne)
2 cebollas
una hoja de laurel
3 cucharadas soperas llenas de aceite
agua
sal

Una vez remojadas las lentejas, las pondremos a cocer en una olla con una de las cebollas, pelada y troceada, el laurel, sal, agua fría y un poco de aceite. Cuando ya estén cocidas las pasaremos por un pasapuré, echándolas de nuevo a la cazuela con más agua, y las patatas peladas y partidas en forma de dados; debemos cocinarlas sólo el tiempo justo para que se hagan las patatas, añadiendo a mitad de esa cocción el arroz. Freiremos en el resto del aceite la otra cebolla pelada y muy picada, echándola a la cazuela junto con el jugo de carne. Herviremos todo hasta que el arroz y las patatas estén en su punto y lo serviremos a la mesa.

Moros y cristianos

4 personas	300 cal

400 g de judías negras
250 g de arroz
perejil fresco
2 cucharadas soperas llenas de aceite
un diente de ajo
una hoja de laurel
agua
sal
media cebolla picada

Cuando las judías estén remojadas, las coceremos en agua con un poco de aceite y el laurel. Una vez hechas, las estofaremos con aceite, la cebolla y el ajo picado, procurando que queden con mucho caldo (echaremos el mismo de su cocción).

Una vez estofadas, las pondremos en una fuente con grupos de arroz (cocido en blanco) moldeado en flaneras o en tazas. También podemos añadir huevos duros.

Se trata de un plato muy popular y típico del Levante, donde se celebran todos los años las fiestas de moros y cristianos.

PASTA

Canelones rellenos de carne

4 personas	440 cal

Pasta de canelones (puede comprarse ya hecha y cocerlos en casa)
1 kg de harina (menos)
2 huevos crudos
sal
un vasito de vino lleno de leche fría
agua

Para el relleno
125 g de jamón
125 g de lomo de cerdo
miga de pan
un vasito de vino lleno de vino blanco
3 cucharadas soperas de **foie gras**
2 yemas de huevo crudas
una cucharada de nata
2 tazas llenas de salsa bechamel (véase «Salsas»)
50 g de queso rallado
2 tazas de salsa de tomate (véase «Salsas»)
una taza llena de jugo de carne
100 g de mantequilla

Pondremos un montoncillo con la harina y, reservando un poco, echaremos la sal y los huevos batidos, uniéndolo con una espátula y agregando la leche. Puesto sobre un mármol, lo iremos trabajando como el hojaldre, hasta que quede muy fino: se extiende con el rollo. Después de hecha esta operación lo espolvorearemos con harina y lo dejaremos reposar extendido durante 8 minutos (no importa si está más tiempo). Después lo volvemos a trabajar con el rollo y le dejamos medio centímetro de espesor.

Una vez que veamos que la pasta no esté húmeda ni seca, la cortaremos en cuadrados de 9 centímetros.

Ahora los herviremos poniéndolos en una cazuela con agua y un poco de sal, advirtiendo que no se echan muchos a la vez; la cocción es de 15 minutos. Después de cocidos los pondremos bien extendidos sobre un mármol.

Para preparar el relleno, saltearemos el lomo y el jamón, con un poco de tocino. Una vez salteados los picaremos muy menudos, añadiéndoles dos nueces de miga de pan, que habrán estado en remojo en un vasito de vino blanco; cuando está blando le añadiremos el *foie gras* y las dos yemas de huevo, así como la nata. (Advertimos que, si gusta, se puede saltear cebolla bien picada en la grasa donde se ha salteado el jamón y el cerdo.) Pondremos un poco de esta pasta en los canelones y los enrollaremos. Prepararemos una tartera con la salsa bechamel muy fina y con un poco de queso rallado, colocando los canelones y cubriéndolos con otra capita de bechamel, un poco de queso rallado y unos pedazos de mantequilla, y los doraremos al horno; en el momento de servirlos, colocaremos en los bordes una salsa de tomate o bien el jugo de carne.

Fideos con almejas

4 personas	410 cal

400 g de fideos
24 almejas
600 g de tomates
2 dientes de ajo
un vaso de aceite
sal
pimienta blanca en polvo
nuez moscada
un poco de perifollo

Una vez estén limpias las almejas, las pondremos tapadas en una sartén al fuego y las cocinaremos durante 5 minutos, sacando las almejas de la valva y poniéndolas en un plato. El líquido que ha quedado en la sartén lo dejaremos en una taza, con la precaución de que no caiga la arena que queda en el fondo.

Pondremos una sartén al fuego con el aceite y los ajos. Cuando estos hayan tomado un color dorado, los sacaremos, añadiendo los tomates mondados y trinchados y sazonando con la sal, la pimienta y la nuez moscada, y agregando el líquido de las almejas. Los coceremos durante 20 minutos, añadiendo a continuación las almejas, los fideos previamente hervidos y escurridos, y un poco de perifollo trinchado. Mezclaremos muy bien y lo serviremos en una fuente.

Fideos a la cazuela

4 personas	420 cal

400 g de fideos gruesos
250 g de costilla de cerdo
150 g de salchichas
100 g de butifarra catalana
2 tomates medianos
una cebolla
25 g de queso rallado
un diente de ajo
una papeleta de azafrán
perejil fresco
pimienta blanca en polvo
una picada de avellanas tostadas
agua
sal

En una cazuela de barro rehogaremos las costillas con la manteca de cerdo, tendremos estas cortadas en trozos para ello, y le agregaremos un poco de cebolla picada y de ajo picado. Cuando esté todo dorado, añadiremos los tomates, pelados y partidos, las salchichas y la butifarra en trozos, y un litro de agua. Cuando empiece a hervir, echaremos los fideos sazonando con sal, pimienta, azafrán y un poco de perejil picado.

Dejaremos cocer de 15 a 20 minutos, añadiendo luego la picada de avellanas tostadas. Después de cocer unos minutos más, retiraremos los fideos del fuego y los serviremos espolvoreados con queso rallado.

Pueden añadirse unos guisantes ya cocidos o de lata.

Macarrones a la cazuela

4 personas	390 cal

400 g de macarrones
150 g de tocino entreverado
100 g de carne magra de cerdo
400 g de tomates
50 g de queso rallado
50 g de mantequilla
50 g de manteca de cerdo
una cebolla
sal
agua
pimienta blanca en polvo
nuez moscada

Con la manteca de cerdo puesta en una cazuela de barro, sofreiremos la carne magra y el tocino cortado a trocitos. Cuando haya tomado un color dorado, echaremos la cebolla picada, rehogándola para que se dore; seguidamente añadiremos los tomates mondados y picados, y coceremos durante 25 minutos, añadiendo un litro de agua y sazonando con sal, pimienta y nuez moscada. Lo herviremos durante 15 minutos, pasado este tiempo, incorporaremos los macarrones hechos a trocitos, dejándolos cocer, lentamente, durante 20 minutos. A media cocción agregaremos el queso y la mantequilla y cuando esté listo serviremos los macarrones en la misma cazuela.

Macarrones con dos salsas

4 personas	380 cal

400 g de macarrones
250 g de tomate
100 g de mantequilla o margarina
1/4 de l de leche
2 cucharadas soperas llenas de harina
50 g de queso rallado
2 cucharadas soperas llenas de aceite
sal
agua

Coceremos los macarrones en agua y sal a borbollones, y, bien escurridos, los reservaremos. Prepararemos con el tomate una salsa que pasaremos por el pasapurés. Con dos cucharadas de mantequilla o margarina, la harina y la leche prepararemos una salsa blanca, que no debe quedar muy espesa.

Colocaremos parte de los macarrones en una fuente de horno, cubriendo la mitad con salsa de tomate y la otra mitad con salsa blanca, espolvoreándolos con queso rallado y bolitas de mantequilla y metiéndolos al horno para que se doren. Los serviremos en la misma fuente recién hechos.

Macarrones con tomate

4 personas	380 cal

400 g de macarrones
agua
sal
1/2 l de salsa de tomate (véase «Salsas»)
100 g de jamón
50 g de queso manchego seco
50 g de queso de bola seco
100 g de mantequilla
200 g de salchichas
100 g de chorizo
2 cucharadas soperas de aceite

Coceremos los macarrones en agua con sal y después los escurriremos. Freiremos el jamón cortado en cuadraditos y le echaremos la salsa de tomate. Hay que unir bien el jamón con el tomate. Rallaremos los quesos y cortaremos en pedacitos menudos la mantequilla.

Prepararemos una tartera que sirva para la mesa y colocaremos en ella, alternando, los macarrones, una capa de tomate y jamón, trocitos de queso y mantequilla, capa a capa. En la capa de encima irán las salchichas y el chorizo fritos en el aceite y un poco de queso rallado.

Los doraremos al horno, sirviéndolos muy calientes.

Tallarines con salsa de tomate

4 personas	360 cal

750 g de tallarines (si son frescos se necesitará 1 kg)
agua
sal
1 kg de tomates
2 cucharadas soperas llenas de aceite
una cebolla
200 g de mantequilla
100 g de queso rallado
5 cucharadas soperas llenas de salsa de tomate picante
azúcar

Herviremos los tallarines en agua y sal. En una sartén (mientras se hace la pasta) prepararemos la cebolla y los tomates, todo pelado y trinchado, lo rehogaremos añadiéndole un poco de sal y una pizca de azúcar. Después, pasaremos la salsa por un colador agregándole a las cinco cucharadas de salsa de tomate picante.

Cuando la pasta esté hecha, la escurriremos antes de que se enfríe en su propio caldo, pues de lo contrario pasaría de su punto. La presentaremos a la mesa, a la vez que un platito con la mantequilla, la salsera con la salsa de tomate sazonada con mantequilla y el queso rallado.

Cada comensal se servirá su ración y sobre ella un buen trozo de mantequilla, 2 o 3 cucharadas de salsa de tomate y abundante queso rallado.

PATATAS

Ajoharina de Jaén

4 personas	260 cal

1 kg de patatas
2 dientes de ajo
una cucharadita de pimentón rojo dulce o picante según agrade
una taza llena de aceite
un pimiento rojo seco
una cucharada sopera llena de harina
agua
pimienta blanca en polvo
sal

En una cazuela puesta al fuego y con aceite freiremos el pimiento seco; una vez frito lo retiraremos, reservándolo en un plato. En el mismo aceite echaremos las patatas peladas y partidas finamente, rehogaremos bien, añadiendo ahora el pimentón rojo y agua hirviendo suficiente para que queden bien cubiertas. Lo dejaremos hacer.

Majaremos en el mortero los dientes de ajo después de pelados y picados, añadiendo a este majado el pimiento que hemos frito anteriormente, un poco de pimienta y la cucharada de harina, desleiremos todo esto con un par de cucharadas del caldo de cocer las patatas, echándolo rápidamente sobre ellas.

También echaremos la sal y las dejaremos cocer hasta que estén en su punto, sirviéndolas en una fuente muy caliente.

Croquetas de pasta de patata

4 personas	330 cal

1 kg de patatas
2 yemas de huevo crudo
3 huevos crudos
150 g de manteca de cerdo
50 g de nata de la leche o, si no se tiene a mano, mantequilla
100 g de pan rallado
agua
sal

En primer lugar, pelaremos y herviremos las patatas en agua y sal; cuando ya estén escurridas, las machacaremos bien, añadiéndoles las dos yemas de huevos, la nata de leche o la mantequilla, mezclándolo todo muy bien.

Con esta masa (tibia) formaremos las croquetas, que empanaremos pasándolas por los huevos batidos y después por pan rallado, de nuevo por los huevos batidos y otra vez por pan rallado. Finalmente, queda freírlas en manteca de cerdo.

Hay quien añade a la pasta de patata un picadillo de jamón, de huevo duro o de atún en aceite.

Flan de patatas

4 personas	*340 cal*

1 kg de patatas
2 huevos crudos
100 g de manteca de cerdo
1/2 l de leche
2 cucharadas soperas llenas de harina
50 g de tocino fresco
agua
sal
pimienta blanca en polvo
nuez moscada
100 g de carne frita y picada

En primer lugar, coceremos las patatas con piel en agua con sal, después de haberlas limpiado bien. Una vez hechas las pelaremos y las chafaremos en caliente formando un puré espeso.

En un recipiente echaremos la harina, la mitad de la manteca, la leche, la sal, la pimienta y un poco de nuez moscada rallada; cuando esté espeso le incorporaremos las patatas, los huevos bien batidos, la carne picada, el tocino cortado en trocitos y un poco de manteca. Lo mezclaremos todo muy bien. Untaremos un molde con manteca y lo llenaremos con el preparado, cociéndolo al baño María en el horno.

El recipiente estará bien tapado. Debemos desmoldarlo en frío y calentarlo de nuevo antes de servirlo.

Gachas a la malagueña

2 personas	*280 cal*

una patata
2 dientes de ajo
2 cucharadas soperas llenas de harina
agua
200 g de manteca de cerdo

Pelaremos y cortaremos muy finamente la patata y los ajos, y freiremos ambos en una sartén. Con un poco de manteca desleiremos aparte la harina en agua. En otra sartén, con el resto de la manteca, echaremos la harina y las patatas fritas con el ajo, cociéndolo todo y echando la sal.

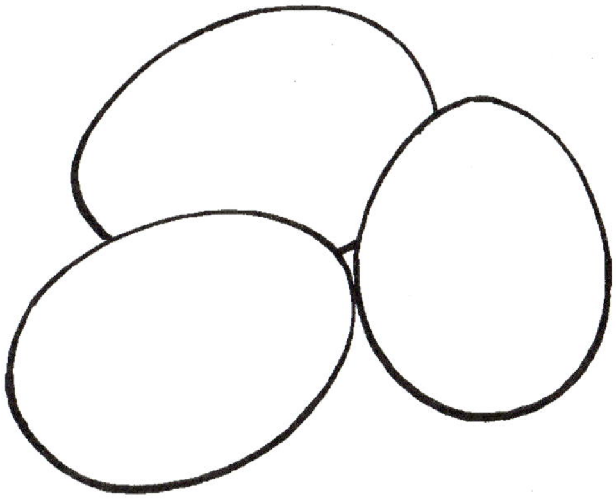

Patatas a la asturiana

	4 personas		*320 cal*

1 kg de patatas
250 g de carne de ternera
un pimiento del tiempo o de lata
250 g de guisantes desgranados o una lata
250 g de zanahoria
media cebolla
perejil fresco
un chorizo
una papeleta de azafrán
50 g de tocino
250 g de tomates
una cucharadita de café de pimentón rojo dulce
un vaso de agua lleno de vino blanco
2 dientes de ajo
una taza llena de aceite
2 huevos duros
agua
sal

A una cazuela echaremos el aceite y, cuando esté caliente, incorporaremos la carne, cortada en trozos y sazonada con un poco de ajo machacado; después rehogaremos y agregaremos el tocino y el chorizo cortado a trozos pequeños y un poco de cebolla picada. Tras esta operación añadiremos el tomate sin piel, el pimiento picado y un diente de ajo y el perejil machacados ambos en el mortero y desleídos con el vino blanco, y, por último, queda por añadir el pimentón.

Lo dejaremos a fuego lento hasta que la carne quede muy tierna. Añadiremos entonces las patatas peladas y cortadas en cuadrados, dándoles unas vueltas con la carne y la salsa, y agregando los guisantes y las zanahorias peladas y cortadas en rodajas muy finas. Cubriremos el conjunto con agua hirviendo preparada con el azafrán y sazonaremos con sal, tras lo cual irá cociendo suavemente hasta que todo esté en su punto.

En una fuente lo serviremos todo, adornando las patatas con los huevos duros, pelados y cortados en rodajas.

Patatas caseras

4 personas	270 cal

1 kg de patatas
4 cucharadas soperas llenas de aceite
2 tomates rojos y maduros
150 g de guisantes cocidos o de lata
un diente de ajo
media cebolla picada
sal
agua o caldo de carne

Antes de comenzar pelaremos y cortaremos las patatas en rodajas.

En una cazuela de barro con aceite haremos un sofrito con la cebolla, el diente de ajo pelado y picado, y los tomates. En el momento que veamos que el sofrito está un poco dorado incorporaremos las patatas, los guisantes, un poco de sal y el agua o caldo suficiente para que se hagan. Cuando veamos que están más bien secas, pero sin que se peguen, ya pueden servirse calientes.

Patatas estofadas

4 personas	250 cal

1 kg de patatas que no se deshagan
una taza llena de aceite
1 cucharada sopera llena de pimentón rojo dulce
perejil fresco
2 dientes de ajo
media cebolla picada
agua
sal

Una vez estén peladas las patatas las trocearemos a trozos medianos. En una cazuela de barro al fuego, freiremos en aceite la cebolla y rehogaremos las patatas, incorporando el pimentón, la sal y el agua que las cubra.

Picaremos los dientes de ajo y el perejil, y lo echaremos cuando las patatas estén a mitad de cocción. Las serviremos caldositas y en la misma cazuela de cocción.

Patatas frías

4 personas	260 cal

1 kg de patatas
una taza o más, de desayuno, de salsa mayonesa (véase «Salsas»)
pimienta blanca en polvo
una copita llena de vinagre
8 sardinas ahumadas o de lata
2 huevos duros
perejil fresco
agua
sal

Para comenzar esta preparación lavaremos bien las patatas, dejándolas con su piel y cociéndolas en agua con sal. Una vez cocidas las pelaremos y las cortaremos a rodajas finas, poniéndolas en una fuente. Después las sazonaremos con pimienta, sal y vinagre, cubriéndolas por último con la salsa mayonesa y adornándolas con las sardinas y los huevos duros, pelados y partidos en rodajas. Finalmente, los espolvorearemos con perejil muy picado y las meteremos en el frigorífico hasta el momento de sacarlas a la mesa.

Patatas al horno

4 personas	280 cal

4 patatas grandes
4 huevos crudos
una cucharada sopera de mantequilla
una cucharada sopera llena de queso rallado
nuez moscada, pimienta blanca en polvo
sal

Cepillaremos las patatas bajo el chorro de agua fría y después las secaremos con un trapo, colocándolas en una placa de horno, calentada de antemano a fuego medio. Las meteremos en el horno durante 45 minutos más o menos. Cuando las patatas estén cocidas les recortaremos la parte superior, vaciándoles su pulpa y teniendo gran cuidado en no romper su piel.

En una fuente mezclaremos la pulpa con la mantequilla, sal, un poco de pimienta y otro poco de nuez moscada rallada, haciendo un puré al que añadiremos el queso rallado.

Con una manga de pastelero adaptada echaremos un poquito de puré en cada patata; sobre el puré romperemos un huevo y cubriremos este con el resto del puré, metiendo de nuevo la fuente al horno tan sólo durante 10 minutos, o sea, el tiempo suficiente para que cuaje el huevo y quede dorada la parte superior.

Patatas a la importancia

4 personas	*260 cal*

1 kg de patatas
1/4 de l de aceite
100 g de harina
3 huevos crudos
sal
media cebolla picada
un vasito de vino lleno de vino blanco seco
agua

Pelaremos las patatas y las cortaremos en rodajas de unos dos milímetros de espesor. Seguidamente, les echaremos un poco de sal y las rebozaremos, una a una, en harina y después por los huevos batidos, friéndolas así en el aceite. A medida que estén fritas las iremos dejando en una fuente de horno; cuando hayamos terminado con las patatas, freiremos la cebolla en el mismo aceite; cuando esta esté dorada añadiremos dos cucharadas de harina, el vino, dos tazas de agua y la sal; esta salsa la verteremos sobre las patatas, metiendo estas en el horno durante 15 o 20 minutos y sirviéndolas en el mismo recipiente.

Patatas peruanas

4 personas	*290 cal*

500 g de patatas
2 huevos crudos
200 g de carne de ternera asada o frita y muy picada
100 g de jamón cortado muy menudo
un tomate sin piel y reducido a puré
150 g de manteca de cerdo
1 l y 1/2 de agua
sal refinada

Pelaremos las patatas y las cortaremos, haciéndolas hervir en un puchero con el agua y un poco de sal. Una vez cocidas las escurriremos y, en caliente, las machacaremos en el mortero. Este puré espeso lo mezclaremos con los huevos muy batidos. Tomaremos una cucharada colmada de pasta de patata y la pondremos en un plato y, sobre ella, un poco del relleno, consistente en la carne de ternera, el jamón y el tomate. Después repartiremos el relleno convenientemente entre todas las porciones de pasta. Sobre el relleno se pone otra cucharada de patata y con las manos daremos la forma primitiva de la patata, que freiremos en una sartén en la manteca de cerdo caliente.

Puede presentarse aparte una salsa de tomate muy picante.

Patatas a la riojana

4 personas	*280 cal*

1 kg de patatas
4 cucharadas soperas llenas de aceite
100 g de chorizo riojano
500 g de cebollas
500 g de tomates frescos
3 pimientos rojos frescos
caldo de carne (puede ser en cubitos)
sal

En primer lugar, pelaremos y cortaremos las patatas en rodajas. Pondremos el aceite en una cazuela y freiremos en ella el chorizo cortado en rodajas, que retiraremos, y en la misma grasa freiremos las cebollas picadas; cuando empiecen a dorarse echaremos los tomates pelados y partidos, friéndolos y echándolos a una cazuela de barro en la que colocaremos las patatas, poniendo sobre ellas las rodajas de chorizo y los pimientos asados, pelados y cortados a tiras. Añadiremos dos tazas de caldo y sal, y dejaremos que se haga poco a poco hasta que las patatas estén tiernas. Las serviremos en la misma cazuela de barro.

Patatas en salsa verde

4 personas	*260 cal*

1 kg de patatas
4 dientes de ajo
2 cucharadas soperas llenas de perejil fresco picado
250 g de guisantes cocidos o de lata
agua
sal
una taza llena de aceite

Pelaremos las patatas cortándolas en rodajas de unos dos milímetros aproximadamente. Tras lo cual, en una cazuela de barro echaremos el aceite y en él rehogaremos los dientes de ajo, que se freirán sin llegar a dorarse. (Estos estarán cortados a trocitos.)

Incorporaremos las patatas, daremos una vuelta a la preparación y echaremos el perejil y los guisantes, la sal y el agua, la suficiente para que queden cubiertas las patatas.

Lo dejaremos cocer poco a poco y lo serviremos en la misma cazuela.

Este plato admite huevos duros pelados y cortados en disco; una cabeza fresca de merluza o espárragos de lata.

Patatas Naranco

4 personas	240 cal

1 kg de patatas
2 cebollas grandes
150 g de mantequilla (no echar margarina)
leche
sal fina

Pelaremos las patatas y las cortaremos en ruedas un poco gruesas, también pelaremos y cortaremos las cebollas en láminas redondas lo más finas posible.

Untaremos con mantequilla una fuente redonda y profunda de horno, y en ella iremos poniendo capas, empezando por las patatas, después cebollas, después otra vez las patatas, y así sucesivamente, intercalando de vez en cuando unas bolitas de mantequilla y sazonando con un poco de sal fina. Al final añadiremos leche, la justa para cubrirlas, y lo meteremos en el horno con poca temperatura para que se hagan poco a poco.

Cuando la leche esté consumida, comprobaremos si las patatas están tiernas y las serviremos en una fuente.

Timbal de patatas aurora

4 personas	290 cal

1 kg de patatas
500 g de mantequilla
2 vasos de agua llenos de leche
100 g de queso rallado
2 yemas de huevo crudo
200 g de langostinos previamente cocidos
2 cucharadas soperas llenas de puré de tomate
perejil fresco
pimienta blanca en polvo
un limón
agua
una taza llena de salsa bechamel (véase «Salsas»)

Una vez las patatas estén peladas y troceadas las herviremos en agua con sal; una vez hechas las pasaremos por el tamiz.

Las batiremos después con la mantequilla hasta que todo quede bien mezclado, incorporaremos entonces la leche caliente, en la que habremos disuelto el queso rallado y las dos yemas de huevo, y sazonaremos con sal y pimienta batiendo mucho.

Con ayuda de una manga de boquilla rizada, formaremos un turbante de puré en una fuente redonda sobre el que echaremos abundante perejil muy picado. Llenaremos el centro del turbante con las colas de los langostinos pelados y mezclados con la salsa bechamel, a la que habremos añadido el puré de tomate para darle color.

Si vemos que el plato se ha enfriado, lo meteremos, con el horno caliente, durante 2 o 3 minutos antes de servirlo.

Zarangollo de secano

3 personas	280 cal

250 g de patatas
200 g de calabaza tierna
200 g de tomates maduros
un pimiento rojo fresco (que sea grande)
medio vaso de aceite
un diente de ajo grande
pimienta blanca en polvo
sal

En una sartén honda puesta al fuego, echaremos el aceite, la cebolla y el pimiento, ambos pelados y troceados en cuadraditos. Cuando todo esté medio frito (sin que ni siquiera tome color) añadiremos el ajo picado, la calabaza y las patatas, peladas y cortadas como para tortilla.

Lo freiremos lentamente mientras lo removemos con una cuchara de palo, hasta que todo esté hecho y empiece a tomar un ligero color rubio; llegado a este punto, incorporaremos el tomate pelado, sin semillas y picado. Sazonaremos con sal y un poco de pimienta, dejándolo reducir despacio hasta que el tomate esté también frito al perder la acuosidad por efecto de la reducción. Lo serviremos en una fuente.

POTAJES

Caldeirada gallega

4 personas	300 cal

250 g de congrio
250 g de rape
250 g de mero (o merluza)
3 cucharadas soperas llenas de vino blanco
una cucharada sopera llena de harina
2 cebollas
3 dientes de ajo
media hoja de laurel
una rama grande de perejil
rebanadas de pan tostadas
3 cucharadas soperas llenas de aceite
sal
agua

Limpiaremos bien el pescado de escamas y espinas, y lo cortaremos a trozos. Pondremos el aceite en un puchero de barro y le añadiremos la cebolla pelada y picada muy fina, los ajos picados, el perejil, el laurel y todos los pescados. Después taparemos y dejaremos reposar, fuera del fuego, durante media hora. Pasado ese tiempo, incorporaremos 2 litros de agua y la harina disuelta en el vino blanco. Sazonaremos y coceremos a fuego vivo durante 15 minutos. A continuación echaremos el caldo resultante en la sopera y le añadiremos el pan tostado y partido muy fino con los dedos, nunca con el cuchillo. El pescado lo serviremos aparte, como otro plato.

Escudella ligera

4 personas	250 cal

50 g de fideos
50 g de arroz
50 g de tocino
una cebolla
2 zanahorias
2 nabos
un repollo verde (berza o col, según la zona)
apio
un diente de ajo
3 l de caldo de carne (puede ser en cubitos o de jugo de carne)
un papelito de azafrán
sal
pimienta blanca en polvo

Antes de comenzar, limpiaremos muy bien las zanahorias, las cebollas, los nabos, el apio y el repollo, cortando todo en trozos pequeños; después pelaremos las patatas y las haremos a cuadraditos. Pondremos un puchero en el fuego con los 3 litros de caldo y le incorporaremos primero la verdura y, tras 10 minutos de cocción, las patatas, el tocino picado, el arroz y los fideos (si es necesario echaremos más caldo). Salaremos y pondremos una pizca de pimienta y el azafrán. Serviremos la *escudella* después de una última cocción de 45 minutos.

Fabada

	4 personas		415 cal

500 g de jamón bien curado y seco
125 g de tocino entreverado
2 pies de cerdo salado
una oreja de cerdo salada
250 g de morcilla, mejor la asturiana
250 g de longaniza curada al humo
500 g de judías blancas
una cebolla
2 dientes de ajo
media hoja de laurel
sal
pimienta en grano
agua

En un principio, desalaremos y limpiaremos bien las patas y la oreja de cerdo, poniéndolas en una olla de barro al fuego y echando el resto de los ingredientes desalados, el tocino y el jamón, y cubriéndolo todo con agua. Pondremos a cocer el puchero tapado en el fuego.

Cuando falte poco para terminar su cocción, añadiremos la morcilla y la longaniza. Pocos minutos después apartaremos el recipiente del calor y lo dejaremos enfriar para que la grasa que han soltado los *estongos* o *compangos,* que es así como se llama en bable a las partes del cerdo que integran la fabada, suba a la superficie.

Al mismo tiempo que se cuecen, colocaremos otra olla al fuego con las fabas (judías de colmillo), cubriéndolas con agua fría. En cuanto arranque el hervor, lo separaremos de la lumbre y dejaremos reposar durante 10 minutos con la olla tapada. Escurriremos en un colador y lo volveremos al recipiente, agregándoles agua nueva y, además, la cebolla, los ajos (enteros), el laurel, y la pimienta en grano, poniéndolas a cocer nuevamente, pero con fuego muy suave, hasta que queden tiernas, procurando que la legumbre se mantenga bien entera.

A continuación, retiraremos la mitad del agua y añadiremos la grasilla que han formado los estongos. Sazonaremos con sal y rehogaremos durante 5 minutos para que asimilen bien la grasa y el sabor de los elementos que la han formado.

Una vez listas las judías irán volcadas en una fuente, dividiremos el jamón en cuatro trozos de la siguiente manera: las patas por la mitad, la oreja en cuatro pedazos, la morcilla y la longaniza en cuatro partes cada una y el tocino en cuatro también. Todo colocado en otra fuente. La fabada debemos servirla muy caliente.

Lacón con grelos

4 personas	450 cal

500 g de lacón (brazuelo de cerdo) que sea fresco, no salado
400 g de grelos (nabos) con sus tallos
300 g de judías blancas secas
2 cucharadas soperas llenas de manteca de cerdo
agua
sal

Las judías estarán ya remojadas, por lo que pondremos en un recipiente, de barro preferentemente, las judías y el agua hasta el borde del mismo, para colocarlo en el fuego; cuando las judías estén casi cocidas, incorporaremos la manteca de cerdo y, una vez cocido todo, añadiremos el lacón o brazuelo de cerdo cortado a trozos; echaremos también la hortaliza, que es lo más indicado para este potaje, o sea, los típicos grelos, que no son otra cosa que los nabos, pero con su tallo, siendo este tallo precisamente el que da buen sabor al puchero. Hay quien añade repollo verde picado. Finalmente, sazonaremos con sal y, una vez todo blando, lo serviremos a la mesa.

El potaje debe estar más bien caldoso, no espeso.

Olla cortijera

4 personas	380 cal

500 g de garbanzos secos
una cebolla mediana
2 dientes de ajo gordos
un repollo de regular tamaño
100 g de tocino fresco
2 cucharadas soperas llenas de aceite
agua
sal

En primer lugar, pondremos a cocer los garbanzos, ya previamente remojados, en agua que estará hirviendo, les añadiremos la cebolla picada, los ajos pelados pero enteros, el aceite y la sal. Cuando haya pasado una hora de cocción incorporaremos el tocino en un solo trozo, dejándolo cocer hasta que veamos que los garbanzos están tiernos. Mientras, prepararemos el repollo limpio y cortado y lo echaremos a los garbanzos, dejándolos de nuevo en el fuego durante una hora más o menos, hasta que la verdura esté en su punto. Debe quedar algo caldoso y sustancioso. Lo serviremos con el tocino cortado a trozos.

Olla gitana

🚹	*4 personas*	⚖	*330 cal*

300 g de guisantes secos
300 g de judías blancas secas
300 g de judías verdes
250 g de calabaza
3 peras
una cebolla mediana
un tomate rojo
un diente de ajo
una cucharada sopera llena de pimentón rojo dulce
pimienta negra
una papeleta de azafrán en rama
una rebanada de pan que tanto puede ser del día anterior como recién horneado
una cucharada sopera llena de vinagre
3 cucharadas soperas llenas de aceite
agua
sal

Los guisantes y las judías blancas las habremos tenido en remojo desde la noche anterior en agua fría y sin sal. Comenzaremos por disponer un puchero con un litro y medio de agua en el fuego, echando primero las judías y, a media cocción, los guisantes, las judías verdes, previamente limpias, sin hilos y cortaditas y un poco después, la calabaza pelada y troceada y las peras (peladas, cortadas a trozos y sin corazón). La cocción debe seguir.

Echaremos el aceite en una sartén y freiremos en él la rebanada de pan, una vez frita la retiraremos, y en este mismo aceite freiremos la cebolla picada, el tomate y el ajo, ambos pelados y picados, sazonándolo todo con el pimentón rojo, con una pizca de pimienta negra, con el azafrán y con la sal. Majaremos el pan frito en el mortero, añadiéndole el vinagre y un cucharón del caldo de la olla. Todo ello lo incorporaremos al puchero, que hervirá ahora durante 5 u 8 minutos más y cuando esté listo tan sólo queda servirlo muy caliente en la mesa.

MACARRONES GRATINADOS

400 g de macarrones - 150 g de beicon - 50 g de mantequilla - 1 dl de crema de leche - 50 g de queso parmesano rallado - sal y pimienta

Coceremos la pasta en abundante agua salada y dejaremos escurrir. En una sartén al fuego con la mantequilla doraremos el beicon cortado en tiras finas, añadiremos la crema de leche, salpimentaremos y dejaremos cocer durante unos minutos. Colocaremos los macarrones en una fuente de horno, cubriremos con la salsa y el queso rallado, y gratinaremos durante unos diez minutos.

BUÑUELOS DE APIO CON HUEVO PASADO POR AGUA

1 manojo de hojas de apio - 4 huevos enteros - 1 yema - 70 g de harina - aceite de oliva - sal y pimienta

Se ponen a refrigerar en la nevera 2 dl de agua. Se preparan las hojas de apio dejando un trocito de tallo, se lavan y se escurren con cuidado. A continuación, se pone la yema en un bol, se bate y, sin dejar de batir, se va incorporando el agua fría poco a poco; seguidamente se incorpora la harina y se mezcla con cuidado. Se rebozan las hojas de apio en esta pasta y se fríen en abundante aceite caliente unos minutos hasta que se doren. Mientras, se van cociendo los huevos durante 4 minutos, y se sirven con los fritos, que se habrán salpimentado y dejado unos minutos sobre papel de cocina.

CROQUETAS DE PATATA CON FRUTOS SECOS

2 sobres de puré de patatas en copos - 3 huevos - 50 g de parmesano rallado - 200 g de frutos secos variados - 100 g de jamón cocido cortado grueso - pan rallado - sal, pimienta y nuez moscada - aceite de oliva - leche

Se prepara el puré siguiendo las indicaciones del fabricante, dejándolo bastante espeso. Una vez que ha enfriado un poco, se incorpora el queso y dos huevos, se rectifica la sal y se añade una pizca de pimienta y de nuez moscada. Se trituran los frutos secos, dejando trozos un poco gruesos, y se mezclan con unas cucharadas de pan rallado. Se forman unas bolas con el puré, metiendo en el centro un trozo de jamón cocido; se bate el huevo restante, y se rebozan en él las bolas de patata, que luego se pasarán por la mezcla de pan rallado y frutos secos. Se fríen en abundante aceite caliente, y se sirven inmediatamente.

SOUFFLÉ DE PATATA Y QUESO

1 paquete de puré de patatas Maggi - 100 g de queso fresco - 40 g de queso roquefort - 20 g de queso parmesano rallado - 75 g de mantequilla - 40 g de almendras crudas molidas - 1/4 l de leche - 4 claras de huevo - sal y pimienta

Prepararemos el puré con 1/2 l de agua, la mitad de la leche, 50 g de mantequilla y una cucharadita de sal. Mezclaremos los tres tipos de queso, las almendras y el resto de la leche con la batidora hasta conseguir una masa homogénea que uniremos al puré; sazonaremos con un poco de pimienta e incorporaremos las claras montadas a punto de nieve. Verteremos la mezcla en un molde de *soufflé* untado con el resto de la mantequilla y coceremos a horno medio, previamente calentado, durante 25 minutos.

Olla podrida cubana

4 personas	415 cal

500 g de carne de ternera de la parte de la riñonada
3 l de agua
sal
150 g de garbanzos ya remojados
500 g de carne de cerdo fresca
1/4 de gallina
150 g de tocino fresco en un trozo
2 plátanos pintones
un chorizo (con un peso aproximado de 100 g)
100 g de habichuelas frescas
medio repollo
100 g de calabaza
una berenjena
una malanga
2 nabos
2 zanahorias
2 boniatos
4 tomates
2 chalotes
una cebolla
100 g de calabaza de la isla
3 cominos
2 granos de pimienta
un poco de cilantro
un poco de azafrán

Pondremos el agua en un puchero al fuego y, antes de que empiece a hervir, le añadiremos la carne de ternera, la carne de cerdo, los garbanzos, la gallina, el tocino y la sal, dejando que rompa el hervor. Espumaremos convenientemente el puchero y al cabo de una hora más o menos, le incorporaremos los plátanos (con piel y todo), el chorizo, las habichuelas limpias de hilos, el repollo en un solo trozo, la calabaza, la berenjena (sin rabo y con piel), la malanga, los nabos y los boniatos (pelados), los tomates (sólo cortados por su mitad), las chalotes y las cebollas (peladas y enteras), la calabaza normal y la calabaza de la isla, ambas enteras, pero sin piel.

El puchero debe seguir cociendo una hora más, espumándolo de vez en cuando.

Machacaremos en el mortero el comino y la pimienta, y les añadiremos el cilantro y unas hebras de azafrán, desliendo bien con un poco de caldo del puchero y echándolo en la olla para que tome sabor.

Serviremos la olla como un potaje muy caliente.

Pequeña marmita

	4 personas		410 cal

650 g de carne de vaca propia para el cocido
250 g de rabo de vaca
3 zanahorias
un nabo
un puerro
perejil fresco
1/4 de gallina
200 g de jamón
2 l de agua
sal
un pan de 200 g del llamado francés o bien de viena

En el agua que habremos puesto en un puchero, echaremos la carne de vaca, el rabo, las zanahorias peladas, el nabo y un atado compuesto por perejil y puerro, tras lo cual lo coceremos. Cuando esté bien espumado le agregaremos la gallina limpia, el jamón crudo magro y su sal correspondiente. Hay que tener cuidado, ya que no debe hervir demasiado; el tiempo de cocción debe durar unas dos o tres horas y media. Si se nota que la gallina y el jamón están cocidos antes del tiempo previsto, cuando el caldo tenga un color caramelo claro conseguido únicamente con un hervor lento, los retiraremos y los dejaremos en un cacharro bien tapado. Justo antes de servir el potaje, hay que pasarlo por tamiz de tela y verterlo en la sopera; también debemos preparar una fuente con la gallina en el centro, la carne y el rabo cortados a trozos, así como el jamón, las zanahorias y el nabo que colocaremos cortados en rodajas alrededor de la gallina. Unas rebanadas de pan francés o de viena, cortadas muy finitas, son el complemento. Esta marmita debemos servirla muy caliente.

Porrusalda

4 personas	260 cal

12 puerros gordos
400 g de patatas de muy buena clase y que no se deshagan
2 cucharadas soperas llenas de aceite refinado
sal

En primer lugar, pelaremos los puerros, cortándolos en trozos más bien gordos, también pelaremos las patatas y las cortaremos a pedazos grandes. Todo ello lo pondremos en un puchero de barro, cubriéndolo con agua fría y añadiendo el aceite y la sal. Tan sólo queda esperar a que se haga poco a poco hasta su total cocción.

Esta porrusalda admite variantes añadiendo los siguientes ingredientes:

1 trozo de bacalao seco sin desalar;

2 o 3 zanahorias peladas y cortadas;

300 g de calabaza cortada como las patatas.

Por lo demás, la preparación es la misma, aunque, eso sí, colocando todos los ingredientes en frío, sin ninguna cocción previa.

Potaje (o pote) asturiano

4 personas	330 cal

500 g de judías blancas
un repollo (berza o col, según la zona)
2 morcillas
2 chorizos
250 g de huesos de jamón seco
100 g de tocino
un diente de ajo
una cucharada sopera llena de pimentón rojo dulce o picante
500 g de patatas
3 cucharadas soperas llenas de aceite
sal
agua

Antes de iniciar la preparación de este plato remojaremos las judías en agua fría durante unas ocho o diez horas.

En una cazuela, proporcionada a las cantidades, echaremos las judías, las morcillas, los chorizos, el tocino y los huesos, y lo cubriremos con agua fría poniendo la cazuela sobre el fuego. Cuando rompa a hervir, la espumaremos, bajaremos el fuego un poco y la dejaremos cocer lentamente durante 2 horas. Después ya podemos salar el conjunto.

Coceremos por separado el repollo picado con las patatas peladas y cortadas en trozos. (En muchos pueblos de Asturias la cuecen en el mismo pote después de estar cocidas las judías.) Una vez cocido el repollo y las patatas, lo escurriremos y lo pasaremos por agua fría; escurriremos nuevamente y lo herviremos con las judías, y mientras hierve removeremos para mezclarlo bien. Si fuera necesario, agregaremos agua hirviendo hasta que quede todo cubierto. En una sartén con el aceite, freiremos el diente de ajo, que dejaremos en un plato una vez dorado, y estrujaremos con un tenedor para que suelte todo el jugo, reservándolo. En el mismo aceite caliente desharemos el pimentón, sin que se queme (pues en ese caso quedaría negro) y verteremos el pimentón y el ajo picado sobre el conjunto; después sazonaremos de nuevo, teniendo en cuenta el porcentaje de sal que tienen los huesos de jamón curado que ya hemos puesto. Lo dejaremos cocer lentamente hasta que todo esté bien tierno y unido. No debe quedar ni muy caldoso ni muy seco, y cuando esté listo lo dejaremos reposar durante unos minutos antes de servirlo, presentándolo en una fuente honda con la carne cortada a trozos.

Potaje con espinacas

4 personas	*330 cal*

100 g de judías blancas secas
250 g de garbanzos secos
1 kg de espinacas
2 tomates
una cebolla
una cucharada sopera llena de harina
150 g de bacalao seco
una cucharada sopera llena de vinagre
una cucharada sopera llena de pimentón rojo
2 huevos duros
pan frito
1/2 l de aceite
sal
agua

Remojadas las judías ya de antemano, las pondremos a cocer en una olla grande con agua fría. Una vez esté el agua caliente, agregaremos los garbanzos (remojados del día anterior) y dejaremos cocer a fuego lento y, pasada una hora, añadiremos las espinacas bien lavadas y cortadas en trozos.

En una sartén, con parte del aceite, freiremos la cebolla. Una vez frita, incorporaremos los tomates pelados y limpios; en el momento que esté todo frito, echaremos la harina y el pimentón, y lo verteremos en la olla poniéndole a la vez la sal necesaria.

Aparte, daremos un hervor ligero al bacalao, que se habrá tenido en remojo, y lo desmenuzaremos bien formando unas albóndigas que freiremos y añadiremos al potaje.

Picaremos las yemas cocidas y las machacaremos en el mortero con un trozo de pan frito remojado en vinagre; poco antes de retirarlo del fuego echaremos este majado al potaje.

Finalmente, lo serviremos en una fuente honda con las claras de los huevos finamente picadas y espolvoreadas por encima.

Potaje de garbanzos

4 personas	320 cal

500 g de garbanzos secos
400 g de bacalao seco
2 cucharadas soperas llenas de aceite
media cebolla
2 hojas de laurel
1 kg de acelgas o espinacas
1 huevo duro
una papeleta de azafrán
sal
pimienta blanca en polvo
una cucharada sopera llena de pimentón rojo
perejil
1 l y 1/2 de agua
un diente de ajo

Una vez remojados los garbanzos y el bacalao desde la víspera, y tras haberlos escurrido bien, los pondremos en un puchero de barro con agua. Cuando esta se halle a punto de hervir, añadiremos el aceite crudo, la cebolla y las hojas de laurel, dejándolo hervir durante 3 horas a fuego moderado.

Mientras herviremos en otro puchero con agua y sal la verdura elegida (acelga o espinaca), limpia y picada.

Una media hora antes de comer echaremos las verduras al potaje y sazonaremos todo con una majada compuesta por el ajo, el perejil, la pimienta, el pimentón, el azafrán y la yema de huevo duro. Lo dejaremos hervir y lo serviremos.

Este potaje puede hacerse también con judías rojas o blancas en vez de garbanzos.

En ciertas algunas zonas de Galicia acostumbran a echarle castañas pilongas, o sea, castañas secas.

Potaje a la murciana

4 personas	*310 cal*

250 g de fríjoles (alubia pinta o roja muy pequeña)
500 g de judías verdes
250 g de arroz
pimienta negra molida
3 tomates
2 dientes de ajo
una cebolla
2 cucharadas soperas llenas de aceite
sal
agua

En primer lugar, coceremos los fríjoles en agua y sal. Cuando estén ya casi cocidos, les añadiremos las judías verdes, limpias y partidas, y el arroz. Incorporaremos al potaje un sofrito hecho con la cebolla pelada y picada, los ajos machacados y los tomates pelados y cortados a trozos. Sazonaremos con pimienta negra y sal, y lo serviremos cuando las judías verdes estén muy tiernas.

Potaje norteño

4 personas	*320 cal*

400 g de judías secas (pueden ser blancas, rojas o pintas)
4 patatas medianas
un repollo mediano
2 puerros gordos
400 g de costilla de cerdo salada
agua
sal

Previamente habremos remojado las judías en agua fría, sin sal, durante 12 horas.

En un puchero echaremos las judías y las cubriremos de agua fría, añadiéndoles la costilla salada de cerdo. Dejaremos que hiervan a fuego lento, sin parar, durante 2 horas, aproximadamente. Cuando haya pasado este tiempo incorporaremos al puchero de las judías la sal, las patatas peladas y cortadas en trozos grandes, los puerros pelados y cortados en trozos también grandes y el repollo arreglado y muy picado. Tras lo cual el puchero seguirá hirviendo. Antes de presentar el potaje en la mesa cortaremos las costillas de cerdo en cuatro trozos y, por último, comprobaremos cómo está de sal. El potaje debe estar espeso y sustancioso.

Potaje portorriqueño

4 personas	320 cal

450 g de habichuelas cocidas
100 g de jamón propio para guisar
50 g de manteca de cerdo
2 cucharadas soperas llenas de aceite
una cebolla picada
un tomate
8 salchichas
una cucharada sopera llena de mantequilla
1 l y 1/2 de caldo de carne o de pollo
una cucharada sopera llena de azúcar

En una cazuela al fuego pondremos la manteca de cerdo y el aceite, friendo en ella la cebolla y el tomate sin piel; cuando esté a medio freír, echaremos el jamón cortado a pedacitos y las salchichas. En el momento que todo esté bien frito, agregaremos las habichuelas sin caldo, las moveremos bien para que tomen el gusto de las sustancias, y echaremos después la cucharada de azúcar blanco y la de mantequilla. Daremos algunas vueltas y luego añadiremos el caldo, dejándolo hervir a fuego lento durante media hora y sirviéndolo a continuación.

Si se quieren poner plátanos maduros, entonces se suprime el azúcar, y estos se colocan después de que el caldo esté ya hecho, para que no se deshagan. Esta receta queda muy bien con las habichuelas coloradas de Puerto Rico, aunque, como suelen ser muy duras, hay que ponerlas en remojo cuatro o cinco horas en agua fría antes de hervirlas.

Potaje vasco

4 personas	390 cal

Primer puchero
500 g de judías rojas secas
100 g de tocino fresco
un hueso salado de cerdo
media cebolla
2 cucharadas soperas llenas de aceite
agua
sal

Segundo puchero
250 g de garbanzos secos
250 g de carne propia del cocido
250 g de jamón en un solo trozo
1/4 de gallina
un manojo de hierbas (apio, nabo, zanahoria y chirivía)
agua
sal

Tercer puchero
2 chorizos gordos
un repollo grande
2 morcillas gordas
agua
sal

El potaje vasco consta de tres pucheros diferentes:

En un puchero hondo de barro coceremos las judías con todos los demás ingredientes, colocándolo todo a la vez en agua fría (las judías estarán ya remojadas). A veces, la cebolla picada se fríe en el aceite antes de incorporarla al puchero. Este primer puchero de potaje hervirá en un fuego, y su caldo debe ser poco y espeso.

En un puchero de barro pondremos todos los ingredientes citados; cubriremos los garbanzos, que estarán remojados, con agua caliente y los dejaremos cocer, espumando siempre que haga falta.

Este puchero se cocinará simultáneamente al anterior.

En otro puchero, el tercero, también de barro, iremos cociendo este potaje picando bien el repollo y cocinándolo en agua, junto con los chorizos, las morcillas y un poco de sal.

Una vez finalizada la cocción de los tres pucheros de que se compone el potaje, escurriremos el caldo del puchero de los garbanzos, el del puchero del repollo, mezclándolos, y a este caldo añadiremos un poco de caldo de las judías rojas. Con todo el caldo obtenido prepararemos la sopa, que puede ser de pan o de pasta seca, y que constituirá el primer plato.

Después de la sopa serviremos los garbanzos, el repollo y las judías en fuentes diferentes, de las que cada comensal mezclará en su plato la ración proporcional que desee para degustarla conjuntamente.

Las carnes, los chorizos y las morcillas serán el plato final, sirviéndolo cortado todo a trozos (puede añadirse una fritada de tomate y pimientos).

No aconsejamos la utilización de la olla exprés.

Pote gallego

4 personas	*370 cal*

una taza llena de judías blancas secas
un trozo de lacón con un peso de 400 o 500 g de tocino añejo
50 g de manteca de cerdo que esté un poco rancia
unas hojas de repollo
un diente de ajo
3 patatas grandes
agua
sal

Pondremos las judías a remojar en agua fría la noche anterior. Remojaremos también el lacón, durante un par o tres de horas, en agua un poco templada.

En un puchero con bastante agua fría, pondremos a cocer las judías junto con el lacón y el tocino. Cuando las judías estén medio hechas incorporaremos las hojas del repollo lavadas y picadas y, una vez cocidas, añadiremos al puchero las patatas, peladas y cortadas en trozos grandes.

En una sartén, derretiremos la manteca y doraremos en ella el ajo pelado y entero, incorporándolo al pote. Sazonaremos con sal y lo dejaremos cocer durante una hora más, por lo menos. Recordemos que tiene que quedar más bien caldoso.

Este pote puede servirse junto o bien separar el caldo del resto de sus ingredientes y hacer con él una sopa.

Como una variante interesante; se le puede añadir un trozo de costilla de cerdo salada, un hueso de jamón y un hueso del espinazo. En Galicia suelen ponerle patatas de Betanzos o de Monfero, las cuales, debido a su inigualable textura, dan un sabor único al pote; nosotros, a falta de ella, echaremos mano de unas harinosas que no se deshagan.

Puchero canario

4 personas	420 cal

Puchero
800 g de carne de vaca propia para el cocido
200 g de tocino fresco
250 g de garbanzos secos
250 g de repollo
250 g de calabaza
250 g de judías verdes
3 mazorcas de maíz tierno
un calabacín
una batata
un chalote o una cebolla
3 peras verdosas
agua
sal

Caldo
un tomate
una cebolla
un clavo de especia
2 dientes de ajo
2 zanahorias
1 kg de patatas medianas todas iguales
2 cucharadas soperas llenas de aceite o manteca de cerdo
agua
sal

Majada
2 dientes de ajo
unas hebras de azafrán
pimienta blanca en polvo
una cucharada llena de pimentón rojo picante o dulce
sal

Sopa
arroz o fideos

Ensalada
una lechuga
2 tomates verdes
media cebolla picada
aceite
vinagre
sal
un diente de ajo

La noche anterior pondremos los garbanzos en remojo. Ya remojados los lavaremos y los colocaremos en un puchero hondo junto con la carne, el tocino, el tomate, la cebolla con el clavo incrustado y un diente de ajo, todo bien lavado. Pondremos agua abundante y la sal correspondiente, dejándolo cocer durante 3 horas, y espumándolo de vez en cuando (podemos hacerlo en olla exprés y el tiempo se reducirá mucho).

Cuando los garbanzos estén tiernos añadiremos las verduras que habremos preparado de la siguiente forma: el repollo lavado y sin las hojas feas; la calabaza entera, lavada y con su piel, las judías verdes quitadas las hebras, hechas un haz y atadas con una cuerda fina; las mazorcas despojadas de las hojas de fuera; el calabacín, cortados los dos extremos y lavado, así como las peras; el tomate entero; la cebolla pelada y entera; la zanahoria pelada, lavada y en una pieza, y la batata de igual forma. Tras la cocción de todos estos ingredientes colaremos el caldo y dejaremos solamente la carne, el tocino y los garbanzos a los que uniremos todas las verduras.

En el mortero pondremos los ajos, un poco de sal, el azafrán y las especies, lo machacaremos y lo desleiremos con caldo, añadiéndolo al puchero junto con el aceite o la manteca. Mantendremos la cocción durante una hora, aproximadamente.

Retiraremos un poco de caldo para la sopa y echaremos las patatas enteras previamente peladas y lavadas. Haremos la sopa con arroz o con fideos: si la hacemos de arroz calcularemos cuatro cucharadas, añadiremos perejil picado, un diente de ajo picado y unas tiritas de pimiento verde; pero si hacemos la sopa de fideos no es necesario poner nada.

La presentación la llevaremos a cabo sirviendo, en primer lugar, la sopa en una sopera, disponiendo después las verduras en una bandeja y en otra la carne, el tocino, los garbanzos y las patatas. En una ensaladera colocaremos la ensalada confeccionada así: la lechuga bien lavada hoja por hoja, muy picada, junto con la cebolla, también picada, y los tomates cortados en disco. En un tazón pondremos un poco de vinagre y le añadiremos abundante aceite, sal o ajos, o bien un diente de ajo muy picado. Todo esto lo batiremos hasta que quede cremoso y se lo echaremos a la ensalada de lechuga, de cebolla y de tomates.

Puchero valenciano

	4 personas		380 cal

500 g de garbanzos
un manojo de hierbas del caldo
200 g de tocino
1/4 de gallina
800 g de carne de cadera
un hueso de carne
un hueso fresco de cerdo
agua
sal gorda
4 patatas
200 g de chorizo
arroz o pasta para sopa
verdura de la estación

Los garbanzos estarán remojados previamente en agua (10 horas, como mínimo), poniéndolos en agua caliente con un buen puñado de sal gorda. En el puchero (mejor si es de barro) con mucha agua, iremos echando las hierbas del caldo (zanahoria, puerro, apio, nabo y chirivía) y el tocino, la gallina, así como los huesos (de carne y de cerdo). Cuando empiecen a hervir, añadiremos los garbanzos bien limpios y la carne, dejándolo cocer lentamente, pero sin parar, durante unas tres horas, quitándole repetidamente la espuma. Al cabo de este tiempo, echaremos la sal, las patatas y el chorizo.

Este cocido podemos hacerlo asimismo en la olla exprés. En tal caso, pondremos juntos todos los ingredientes, cerraremos la olla y dejaremos subir a la presión conveniente, no abriéndola hasta que haya pasado el tiempo prudencial.

Con el caldo del cocido haremos una buena sopa con pasta o con arroz y serviremos los garbanzos, los secos y enteros acompañando la verdura de la estación (acelgas, repollo, o judías verdes, cocidas aparte).

En otra fuente irá la carne, el tocino y la gallina.

Recao de Binéfar

4 personas	*340 cal*

300 g de judías blancas secas
100 g de arroz
250 g de patatas
un trozo de jamón
una taza llena de aceite
3 dientes de ajo
una cebolla pequeña
2 chorizos
una hoja de laurel
sal
un poco de pimentón rojo picante
agua

Pondremos a cocer las judías (previamente remojadas) en un puchero con agua fría, añadiendo el jamón, los chorizos, la taza de aceite, los ajos y la cebolla picados, el laurel y un poco de pimentón picante. Lo dejaremos cocer hasta que las judías estén casi hechas, momento en el que añadiremos las patatas peladas y en trozos, echaremos la sal y lo dejaremos en el fuego una media hora. Por último, añadiremos el arroz, dejándolo cocer hasta que esté todo en su punto. Lo serviremos en una fuente o cazuela de barro con los chorizos y el jamón partido en trozos sobre las judías, que estarán espesas, pero caldosas.

VERDURAS Y HORTALIZAS

Acelgas con pasas y piñones

	4 personas		*305 cal*

1.500 g de acelgas
100 g de tomates
100 g de cebollas
2 dientes de ajo
3/4 de vaso de aceite
100 g de piñones
4 rebanadas de pan tostado
sal
pimienta blanca en polvo
agua

Pondremos a remojar las pasas durante cuatro horas, escurriéndolas después de pasado dicho tiempo. Seguidamente, lavaremos bien las acelgas, cociéndolas con agua y sal. Cuando ya están hechas y escurridas, las picaremos ligeramente con un cuchillo. A su vez los tomates, las cebollas y los ajos, los trincharemos y rehogaremos en aceite.

Tras esta operación, colocaremos una cacerola al fuego, echando en ella el sofrito, así como el aceite que contiene la sartén, y añadiendo las acelgas (que saltearemos muy ligeramente) y, a continuación agregaremos las pasas y los piñones. Continuaremos guisando durante 5 minutos, y después añadiremos un poco de agua caliente, sazonando con sal y pimienta.

En el momento de servir, colocaremos las rebanadas de pan tostado en la base de una fuente honda y volcaremos todo junto con el líquido que conserve, con el objeto de que el pan lo embeba.

Acelgas rehogadas

	4 personas		*280 cal*

1 kg de acelgas
media cebolla
2 dientes de ajo
una cucharada sopera llena de pimentón rojo dulce
2 pimientos morrones de lata
nuez moscada
sal
una taza llena de aceite
agua

Después de haber quitado un poco los hilos de las acelgas, las cortaremos en trozos pequeños, lavándolas en abundante agua para que suelten la tierra.

Herviremos las acelgas con abundante agua sazonada con sal, y cuando estén a medio cocer las escurriremos completamente.

Seguidamente, echaremos el aceite en una cacerola y rehogaremos en él la cebolla y los dientes de ajo, ambos picados, hasta que empiecen a tomar color, en cuyo momento agregaremos las acelgas bien escurridas, añadiendo además el pimentón y los pimientos morrones cortados en tiras largas.

Bajaremos el fuego, para que se vaya cociendo lentamente, sazonaremos con sal y unas raspaduras de nuez moscada antes de dar por finalizada su cocción.

Alcachofas rellenas

4 personas	290 cal

1 o 2 alcachofas por comensal
2 cucharadas soperas llenas de aceite
pan rallado
agua
sal
picadillo de carne de jamón o de ave cocida
un diente de ajo
perejil fresco
un limón

Limpiaremos bien las alcachofas, dejándoles algunas hojas duras del exterior, y las coceremos en agua y sal con un trozo de limón. Mientras, rehogaremos el picadillo del relleno (que pueden ser sobras de carne, de jamón o de ave cocida). Quitaremos un poco el interior de las alcachofas y las llenaremos con el relleno mezclado con la carne de las mismas alcachofas, disponiéndolas de esta manera en una fuente de horno con un poco de aceite. Antes de ello espolvorearemos por encima ajo y perejil que habremos picado y cubriremos todo con el pan rallado para dorarlas en el horno.

Berenjenas rellenas

4 personas	300 cal

100 g de carne picada
50 g de jamón
una cebolla
un tomate grande
una cucharada sopera llena de harina
2 huevos crudos
pan rallado
un diente de ajo
1/4 de l de aceite
sal
un vaso de agua lleno de leche
4 berenjenas

Partiremos las berenjenas con su piel a lo largo y las vaciaremos inmediatamente con la punta de un cuchillo, reservando una parte, y pasándolas después por la sartén con aceite para reservarlas.

Los trozos de berenjenas que quedaron, los picaremos muy menudos y los mezclaremos con la carne picada y el diente de ajo bien majado, rehogándolo todo en una cazuela con aceite y añadiéndole la cebolla finamente picada, el jamón, partido en trozos pequeños, y el tomate limpio, pelado y partido.

En otra sartén o cazo, con un poco de aceite freiremos la harina, añadiremos un poco de leche, removeremos bien y le añadiremos el picadillo, uniéndolo perfectamente y formando una pasta. Freiremos todo y lo sazonaremos y, cuando esté en su punto, lo dejaremos enfriar durante un rato para añadirle un huevo batido. Haremos con ello una masa con la que rellenaremos las medias berenjenas, que después pasaremos por huevo batido y pan rallado, poniéndolas en un asador o fuente de horno y metiéndolas en el horno hasta que se doren.

Serviremos las berenjenas calientes.

Calabacines rellenos

4 personas	280 cal

4 calabacines
2 cebollas
50 g de manteca de cerdo
una cucharada sopera de mantequilla (puede ser margarina)
azúcar
canela en polvo
sal
3 huevos crudos
50 g de pan rallado
agua

Partiremos por la mitad, a lo largo, los calabacines y los herviremos hasta que estén blandos, pero sin que la piel se deshaga, pues la necesitaremos para rellenarlos. Retiraremos la pulpa, reservándola en un plato hondo para aplastarla con una cuchara de manera que suelte toda el agua y quede bien seca; después machacaremos las cebollas bien finas hasta convertirlas en una pasta. Seguidamente, pondremos la manteca de cerdo en una sartén, freiremos en ella la cebolla y le añadiremos la pulpa de los calabacines con la cebolla, la mantequilla y un poco de azúcar, la canela y la sal, cuando esté dorado rellenaremos con ello la piel para luego rebozarlo con los huevos batidos y el pan rallado y freírlos en manteca. Serviremos los calabacines muy calientes.

Calabaza con jamón y puerros

4 personas	240 cal

2 kg de calabaza
100 g de pan para sopa
6 puerros gordos
sal
azúcar
agua
2 cucharadas soperas llenas de aceite

En primer lugar, limpiaremos los puerros dándoles un corte por su mitad superior para quitarles la tierra y los pondremos a hervir en un puchero con agua y sal. Pasados 40 o 50 minutos, agregaremos la calabaza sin piel ni pepitas y partida a cuadrados y un poco de azúcar. Cuando hayan pasado 40 minutos de hervor (la calabaza debe estar hecha), quitaremos la mayor parte del agua del puchero, dejándolo casi seco, y añadiremos el aceite y el pan cortado a rebanadas. Cuando ya esté todo dentro revolveremos para que no se agarre hasta que se haga, poco a poco, justo el momento de servirlo en la mesa.

Coliflor entera con salsa

4 personas	230 cal

una coliflor de 1.700 g
salsa bechamel (véase «Salsas»)
2 yemas de huevo
agua
sal

Lavaremos la coliflor dejándola entera, y la colocaremos en una cazuela ancha cubierta de agua con sal. La herviremos hasta que esté hecha, pero entera, sacándola entonces con sumo cuidado a una fuente de horno, y cubriéndola con la salsa bechamel a la que habremos echado las yemas de huevo crudo bien batidas. Cuando esté lista la meteremos en el horno para que se dore.

Puede añadirse queso rallado sobre la salsa bechamel que cubre la coliflor.

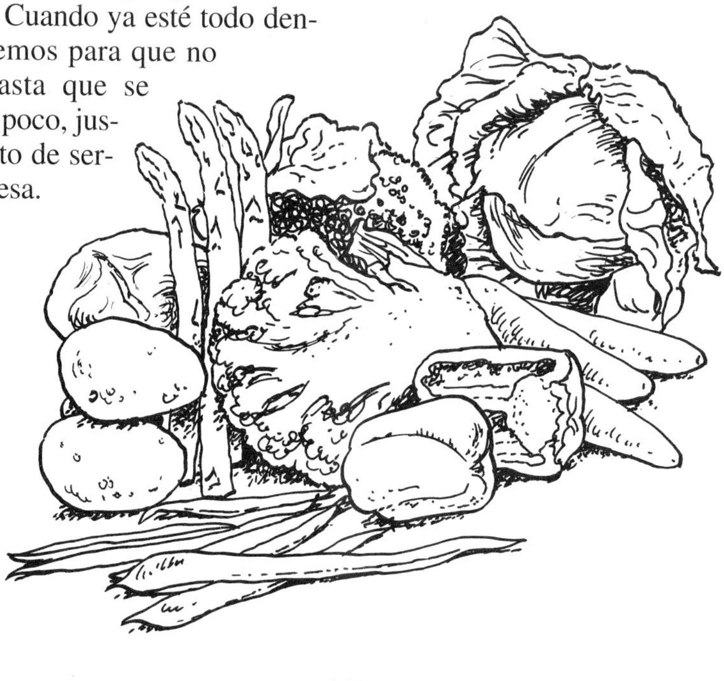

Coliflor guisada

4 personas	215 cal

1 kg de coliflor
2 cucharadas soperas llenas de aceite
un diente de ajo
una pizca de pimentón rojo dulce
agua
sal

En primer lugar, partiremos la coliflor en ramitos y pelaremos el tallo de estos, lavándolos bien y haciéndolos cocer en agua hirviendo con sal, los dejaremos hervir durante 15 minutos, transcurridos los cuales escurriremos la verdura. Después, freiremos en el aceite caliente el ajo y, cuando esté dorado, rehogaremos el pimentón, vertiéndolo todo rápidamente sobre la coliflor que habremos puesto en una tartera con un poco de agua.

Dejaremos que hierva la coliflor a fuego lento hasta su completa cocción.

Coliflor rehogada

4 personas	200 cal

una coliflor grande
4 dientes de ajo
3 cucharadas soperas con aceite
una cucharada sopera llena de vinagre
una cucharilla con pimentón rojo dulce
sal
agua
perejil fresco

Prepararemos la coliflor para que pueda cocerse al mismo tiempo que el tallo; para ello cortaremos con un cuchillo la piel de este, precisamente a partir del tronco, y una vez la coliflor haya sido separada de las ramas.

La pondremos a cocer en abundante agua y con suficiente sal cuando esté hirviendo a borbollones. Debe cocer destapada para que salga blanca. Cuando los tallos estén tiernos, retiraremos el recipiente del fuego y le añadiremos un poco de agua fría para que no siga cociendo. Entonces retiraremos las ramitas para que no se rompan y las dispondremos en una fuente refractaria. Después machacaremos en el mortero un diente de ajo y un poco de perejil, y le añadiremos un poco de caldo de la cocción de la verdura.

Seguidamente, doraremos el resto de los ajos en el aceite caliente, retiraremos la sartén del fuego y le añadiremos el pimentón y el vinagre, mezclándolo con el majado del mortero; cuando esté todo bien unido, lo verteremos sobre la coliflor, sirviéndola rápidamente a la mesa.

Corona de espinacas

4 personas	240 cal

1 kg de espinacas
20 g de queso rallado
1/4 de l de leche
50 g de mantequilla
2 huevos crudos
20 g de harina
20 g de pan rallado
sal
agua

Una vez limpias las espinacas y desprovistas de tronco, las coceremos durante 10 minutos en agua sazonada con sal; después de haberlas escurrido las exprimiremos con las manos, para extraer bien el agua, pasándolas por un tamiz, y le agregaremos los huevos, la leche y la mantequilla derretida; inmediatamente sazonaremos con sal, mezclando bien, y echaremos el preparado en un molde corona que tendremos previamente untado con mantequilla y espolvoreado con pan rallado, para cocerlo al baño María en el horno durante media hora.

Cuando haya terminado la cocción, y esté casi fría la corona de espinacas, la volcaremos sobre una fuente, cubriéndola con el queso rallado.

Empanadas rellenas

4 personas	310 cal

750 g de harina
100 g de manteca de cerdo
250 g de mantequilla
2 huevos crudos
un poco de levadura prensada
agua templada y salada
relleno de espinacas y chorizo al gusto a conveniencia de cada uno (pueden ser sobras que se deseen aprovechar)

Pondremos la harina en un mármol y formaremos un hoyo, agregando los huevos, la manteca de cerdo, la levadura y el agua salada. Trabajaremos todo bien hasta que la pasta no se pegue a los dedos. Luego la extenderemos con el rodillo y le agregaremos la mantequilla con la punta de los dedos en tres veces. La trabajaremos mucho (cuanto más mejor), hasta que la pasta esté muy fina. En un molde propio para empanadas extenderemos una lámina muy delgada de pasta y la rellenaremos al gusto de cada uno, cubriéndola con otra lámina fina de pasta. Pintaremos por encima con huevo batido y coceremos a horno regular hasta que la empanada esté muy doradita.

Espárragos en salsa

4 personas	190 cal

2 manojos de espárragos frescos
un limón
una yema de huevo cocido
2 cucharadas soperas llenas de aceite
2 cucharadas soperas con vinagre
un poco de mostaza
perejil fresco
una cucharada sopera llena de puré de tomate
agua
sal

En primer lugar, debemos cocer los espárragos bien limpios en agua y sal. Una vez escurrida el agua los colocaremos en una fuente, adornándolos con ruedas de limón y hojas de perejil. Seguidamente, los cubriremos con la siguiente salsa:

Una salsa fría que conseguiremos tras mezclar bien en un recipiente el puré de tomate, el aceite, el vinagre y la yema de huevo cocido pasada por el colador; a todo ello debemos añadir la mostaza.

Después de preparar esta salsa tan sólo queda echarla sobre los espárragos.

Este plato también podemos hacerlo con espárragos de lata; de esta forma es más rápida su preparación.

Fondos de alcachofa a la gitana

4 personas	180 cal

8 alcachofas tiernas
6 cucharadas soperas llenas de aceite de oliva
3 cucharadas soperas con vinagre
una ramita de estragón
un pimiento rojo fresco
un diente de ajo
4 aceitunas negras
un tomate
sal
pimienta blanca en polvo y agua

Debemos lavar las alcachofas, luego cortarles el tallo y separar las hojas exteriores, que colocaremos en agua con sal hirviendo durante 20 minutos.

Después, lavaremos el pimiento, lo secaremos y lo abriremos por la mitad, para eliminar las semillas, cortándolo en tres trozos pequeños, que calentaremos en una sartén con dos cucharadas soperas de aceite.

Seguidamente, pelaremos y picaremos el diente de ajo, echándolo junto con los trozos de pimiento cuando estos empiecen a dorarse; luego sazonaremos con sal y pimienta. Una vez hecho lo dejaremos enfriar.

Cuando las alcachofas estén cocidas y escurridas las apartaremos, y quitaremos las hojas y el corazón, redondeando bien los fondos y colocándolos sobre una bandeja. Aparte, prepararemos una salsa vinagreta con el resto de aceite y el vinagre, la sal y la pimienta, agregándole el estragón lavado y picado.

Colocaremos los trozos de pimiento sobre los fondos de alcachofa, cubriéndolos con la preparación anterior.

Tan sólo queda lavar y secar el tomate cortándolo después en cuatro rodajas, y después taparemos los fondos con una rodaja de tomate; cada una de ellas la adornaremos con una aceituna negra.

Este plato debemos servirlo frío.

Fritanga alicantina

4 personas	240 cal

4 pimientos frescos, pueden ser rojos o verdes
350 g de calabaza
300 g de atún
500 g de tomates frescos
una cebolla mediana
una cucharada sopera llena de pimentón dulce rojo
2 dientes de ajo
1/4 de l de caldo (que puede ser en cubitos)
una cucharadita de café llena de azúcar
2 tazas llenas de aceite
sal

En primer lugar, cortaremos los pimientos, quitándoles antes las semillas, en trozos pequeños; también cortaremos la calabaza en cuadrados y sin piel, y el atún en trozos de parecido tamaño; a su vez pelaremos la cebolla y la picaremos muy menuda, los tomates los dejaremos pelados y sin pepitas.

En una sartén al fuego con parte del aceite, procederemos a freír la calabaza, los pimientos y el atún, y, cuando estén tiernos, los pasaremos a una cazuela quitándoles todo el aceite y conservando dicha cazuela a fuego muy bajo.

En el aceite de freír las verduras, rehogaremos la cebolla, el tomate y los ajos pelados y picados, sazonaremos con sal y lo incorporaremos a la cazuela de las verduras y al atún. Agregaremos el pimentón rojo y el azúcar para matar la acidez del tomate, y también echaremos el caldo, dejándolo cocer, siempre a fuego lento y tapado, una hora más.

Guisantes al estilo valenciano

4 personas	270 cal

2 kg de guisantes desgranados
3 dientes de ajo
pimienta blanca en polvo
una cebolla
tomillo
un vasito de vino blanco
azafrán
perejil fresco
una hoja de laurel
una taza llena de aceite
sal
agua

En una cazuela con aceite rehogaremos la cebolla finamente picada y dos dientes de ajo igualmente picados; cuando comience a dorarse la cebolla, añadiremos los guisantes y lo seguiremos rehogando todo, incorporándole después el vasito de vino blanco y otro de agua, así como un atado preparado con el perejil, el laurel y el tomillo. Debemos dejarlo cocer a fuego lento.

Mientras, machacaremos en el mortero el otro diente de ajo con una pizca de azafrán y lo desleiremos con un poco de caldo o agua, echándole el resultado a los guisantes y sazonándolo con sal y pimienta. Seguiremos cociendo hasta que estén tiernos.

Quitaremos el atado de las hierbas aromáticas y serviremos los guisantes en una fuente, adornándolos, si así lo deseásemos, con tiras de pimiento o huevo cocido.

Guisantes en vino rancio

4 personas	260 cal

2 kg de guisantes sin vaina
agua
50 g de manteca de cerdo
una copita de vino llena de vino rancio
sal
4 huevos duros
una cucharada sopera llena de vinagre
pimienta blanca en polvo
una cucharada sopera llena de aceite

Para comenzar coceremos los guisantes en un puchero con agua y sal. Cuando estén tiernos, los rehogaremos en una sartén con la manteca de cerdo, añadiéndoles el vino rancio.

Seguidamente, los sazonaremos colocándolos en una fuente, donde habremos colocado de antemano los huevos duros cortados en discos, arreglados con el aceite y el vinagre, y sazonados con un poco de sal y de pimienta.

Habas a la catalana

4 personas	*280 cal*

4 kg de habas
100 g de tocino entreverado cortado en trozos largos y de 3 cm de altura
150 g de butifarra negra, especial para el guiso de las habas
150 g de butifarra catalana
50 g de costilla de cerdo
una cebolla mediana
un atadillo de hierbas aromáticas compuesto de tomillo, laurel, orégano y menta fresca
un paquetito de tela atado que contiene un trozo de palo de canela, un trocito de apio y 2 ajos pelados
3 tomates medianos pelados, sin semillas y picados
una copita de aguardiente seco
un vasito de vino rancio
una taza llena de caldo o agua
sal
pimienta blanca en polvo
perejil fresco

Antes de comenzar pondremos una olla de barro o una cazuela al fuego con la manteca de cerdo y el tocino entreverado. Cuando empiece a hervir incorporaremos la cebolla trinchada y el ramillete de hierbas. Una vez dorada la cebolla, añadiremos los tomates picados y, 5 minutos después, las habas desgranadas, el aguardiente y el vino rancio. Lo taparemos y lo dejaremos cocer durante 10 minutos, luego añadiremos las butifarras, sazonaremos con sal y pimienta, y agregaremos el caldo o el agua hasta que las cubra.

Taparemos con un papel de aluminio y su propia tapa encima, pero seguiremos con la cocción lentamente, hasta que las habas estén totalmente hechas.

En el momento de servirlas, retiraremos el atadillo y volcaremos las habas en una fuente honda, o legumbrera, de acero inoxidable. Por otro lado, cortaremos las butifarras en rodajas, colocándolas, junto con el tocino, encima de las habas, y, por último, espolvorearemos un poco de perejil picado por encima.

En lugar de tapadera puede también utilizarse un plato sopero lleno de agua hasta la mitad.

Habas al estilo de Mahón

4 personas	300 cal

3 kg de habas
500 g de patatas
un tomate
200 g de sobrasada
una cebolla mediana
un calabacín
una taza pequeña llena de aceite
sal
agua

En agua fría coceremos las habas desgranadas y, cuando estén casi cocidas, les añadiremos las patatas peladas y partidas en trozos, la cebolla pelada y cortada en pedazos, el tomate entero, el calabacín partido y una taza de aceite. Finalmente, echaremos la sal necesaria y lo dejaremos cocer poco a poco. Tan sólo queda servir las habas, con la sobrasada partida en pequeños trozos por encima y ya estará en su punto.

Pondremos la sobrasada sobre el guiso caliente para que esta desprenda su jugo.

Habas al estilo de Vitoria

4 personas	310 cal

4 kg de habas con calzón o vaina
250 g de jamón
250 g de tocino graso
agua
sal
200 g de chorizo

En un principio debemos desgranar las habas, que serán tiernas, para ponerlas a hervir en un puchero de barro, al que habremos echado el jamón y el tocino entero, o sea, el jamón en un pedazo y el tocino en otro.

Las habas hervirán poco a poco y sin parar durante 2 horas como mínimo.

A mitad de cocción incorporaremos el chorizo, también entero y la sal, dejándolas que sigan con su hervor. Es importante que las habas estén siempre cubiertas de agua.

Una vez se hayan hecho, les retiraremos el caldo de su cocción presentándolas en una fuente; después cortaremos el jamón, el tocino y el chorizo a trozos, y los serviremos sobre las habas.

Judías verdes salteadas con jamón y queso

4 personas	*270 cal*

1 kg de judías verdes
100 g de jamón para guisar
50 g de queso
2 cucharadas soperas llenas de mantequilla
sal
agua

Pelaremos y cortaremos las judías verdes, poniéndolas a cocer en agua y sal.

Una vez hechas y escurridas, las rehogaremos en la sartén con la mantequilla y el jamón, cortado a trozos pequeños. Las serviremos con el queso cortado a pedazos y desparramado por encima.

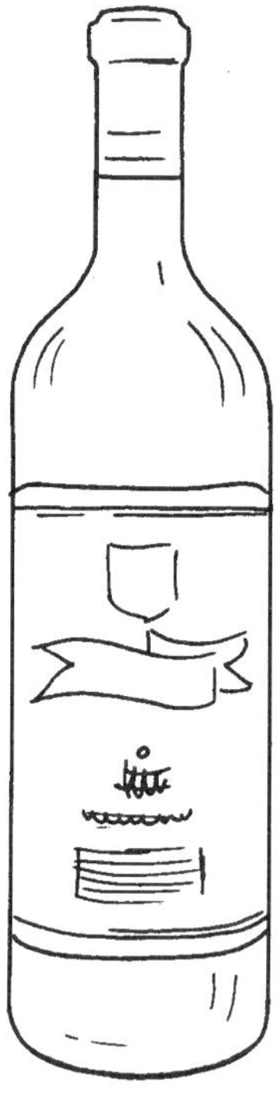

Judías verdes con tocino

4 personas	*290 cal*

1 kg de judías verdes
100 g de tocino
200 g de costilla fresca de cerdo
100 g de chorizo
una cebolla
3 dientes de ajo
2 cucharadas soperas llenas de harina
sal
pimienta blanca en polvo
agua
una taza llena de aceite

En un puchero sobre el fuego pondremos agua, le agregaremos el tocino, la costilla y el chorizo, dejándolo cocer. Limpiaremos las judías y las cortaremos a trozos, incorporándolas al puchero. (Calcularemos que será necesaria media hora de cocción antes de servirlas.)

Calentaremos el aceite y freiremos en él la cebolla pelada y picada muy fina, los dientes de ajo picados y la harina.

Seguidamente, añadiremos las judías bien escurridas (reservando el caldo) y, por último, los demás ingredientes que cocieron con ellas. Después añadiremos al guiso el caldo reservado y rectificaremos la sal. Por último colocaremos las judías cortadas en pedazos para servirlo a continuación.

Lombarda guisada

4 personas	190 cal

una lombarda de 1.500 g
agua
sal
150 g de manteca de vaca
perejil fresco
pimienta blanca en polvo

Antes de comenzar, cortaremos la lombarda muy fina y la lavaremos bien en agua fresca, para hervirla en agua y sal; una vez hecha, la escurriremos y la pondremos en una cacerola con la manteca de vaca, el perejil picado y la pimienta en polvo. Taparemos bien la cacerola, bajaremos el fuego y dejaremos que se haga lentamente durante media hora.

Menestra al estilo de la Rioja

4 personas	310 cal

500 g de habas desgranadas
200 g de guisantes también desgranados
6 alcachofas cortadas en trozos
50 g de tocino
50 g de jamón magro
2 huevos duros
una cebolla
un diente de ajo
2 tomates grandes
2 hojas de laurel
un vaso de vino clarete de la Rioja
picatostes de pan frito
azafrán
una taza llena de aceite o 50 g de manteca de cerdo
sal
pimienta en grano
agua

Herviremos las habas, los guisantes y las alcachofas. También, si son muy tiernas, podemos freírlo, y lo apartaremos hasta que llegue el momento de utilizarlo.

Rehogaremos en una cacerola, con el aceite o la manteca, la cebolla cortada menudamente, el tocino y el jamón cortado en trozos. Daremos a todo ello unas vueltas, habiéndole añadido antes las hojas de laurel.

Echaremos a continuación el vino, y cuando se haya reducido bastante, añadiremos los tomates, previamente picados y desprovistos de semillas, agitándolo bien con una cuchara de palo. Echaremos entonces las habas, los guisantes y las alcachofas que teníamos ya cocidas, procurando que todo quede bien entremezclado.

Majaremos en el mortero el ajo con unas hebras de azafrán y la pimienta, y lo desleiremos con un poco de agua, echándolo después sobre el guiso. Debe cocer hasta que queden bien tiernas las verduras.

Finalmente, serviremos la menestra en una fuente, adornándola con los huevos duros pelados y cortados en rodajas y los picatostes de pan frito.

Menestra de habas de Tudela

4 personas	*310 cal*

1 kg de habas tiernas
una cebolla
un limón
2 dientes de ajo
una corteza de pan
una papeleta de azafrán
hierbabuena
una hoja de laurel
20 almendras
una docena de alcachofas
2 huevos cocidos
perejil fresco
una copita llena de vino blanco
tomillo
1/4 de l de aceite
sal
agua

Limpiaremos las alcachofas de hojas verdes y las partiremos en dos o en cuatro trozos, frotándolas después con limón. Desgranaremos las habas y escaldaremos las almendras en agua hirviendo para pelarlas.

En una cazuela con aceite, pondremos a rehogar la cebolla picada y, a continuación, echaremos las habas, las alcachofas y el vino blanco; rehogando todo ello y añadiendo medio litro de agua, sal y un ramo compuesto por el laurel, la hierbabuena y el tomillo, para dejarlo cocer durante media hora.

Machacaremos los ajos en el mortero con perejil y azafrán, así como las almendras y la corteza de pan frita; añadiremos todo ello a las habas, rectificaremos de sal y dejaremos cocer 8 o 10 minutos.

Finalmente, serviremos las habas en una fuente con los huevos cocidos.

Menestra de verduras de Tudela

	4 personas		315 cal

500 g de guisantes ya desgranados
4 alcachofas tiernas
150 g de jamón propio para guisar
una lata de buenos espárragos navarros
perejil fresco
2 dientes de ajo
una papeleta de canela en polvo
3 huevos duros
agua o caldo de carne (puede ser en cubitos)
sal
100 g de manteca de cerdo

Para comenzar esta preparación debemos derretir en una cazuela la manteca y luego echar en ella la cebolla picada, los ajos, los pimientos (que serán muy tiernos), las alcachofas cortadas en trozos, los espárragos, el perejil picado, la sal, el jamón cortado en cuadrados, la canela y el caldo de carne para que todo hierva lentamente; en el último momento, o bien sobre la fuente de servir y con la menestra ya dispuesta sobre ella, completaremos la presentación con los huevos duros cortados en rodajas.

Molde de cardos

	4 personas		360 cal

1 kg de cardos
500 g de carne de ternera para guisar
50 g de jamón
un chorizo
una cebolla
3 huevos crudos
un vasito de vino blanco
2 cucharadas soperas llenas de aceite
sal
agua
un poco de mantequilla

Para el blanqueo
agua
un limón
sal
una cucharada sopera llena de harina

El blanqueo de los cardos consiste en cocerlos de una forma especial:

Debemos hervirlos, previamente pelados, en abundante agua caliente con sal, el zumo del limón y la cucharada de harina; esta harina quedará por encima de la verdura. Cocerán así hasta que estén tiernos.

Después de cocer el cardo, lo partiremos en trozos pequeños y lo uniremos con la carne, bien guisada, con cebolla picada y con el vino blanco. Seguidamente, incorporaremos el jamón y el chorizo, cortados ambos a trocitos y fritos en el aceite. Luego echaremos los tres huevos batidos y uniremos bien todo el conjunto en un molde untado con mantequilla, y lo meteremos en el horno hasta que los huevos estén cuajados.

Conviene que desmoldemos en frío sobre una fuente y calentarlo en el horno antes de servirlo a la mesa.

Nabos con jamón

4 personas	*280 cal*

500 g de nabos
150 g de jamón
3 cucharadas soperas llenas de harina
50 g de manteca de cerdo
sal
agua

Esta preparación comienza cuando echamos la manteca en una cacerola y salteamos en ella el jamón cortado a trozos, agregamos la harina, removiendo bien, y vertemos medio litro de agua. Seguidamente, debemos pelar los nabos y cortarlos a trozos, añadiéndolos al preparado anterior. Por último, sazonaremos y dejaremos cocer a fuego lento hasta que estén tiernos.

Pimientos mexicanos

4 personas	*260 cal*

4 pimientos gordos frescos
miga de pan
5 tomates frescos
100 g de piñones
50 g de pasas sin pepitas
50 g de pan rallado
2 huevos crudos
150 g de manteca de cerdo
8 fondos de alcachofas cocidas

Limpiaremos con un trapo los pimientos, haciéndoles una abertura por la que sacaremos las pepitas. Con la miga de pan, los tomates (pelados y reducidos a puré en crudo), los piñones y las pasas remojadas, haremos un relleno que introduciremos en los pimientos. Los rebozaremos con el pan rallado ligado con los dos huevos bien batidos y los freiremos en la manteca de cerdo, puesta en una sartén al fuego, para servirlos después con los fondos de alcachofas cocidas.

Pimientos rellenos

4 personas	220 cal

4 pimientos frescos gordos
100 g de carne picada de cerdo
una cebolla
3 huevos crudos
sal
1/4 de l de aceite
pimienta blanca en polvo
100 g de pan rallado

Con la carne picada y la cebolla trinchada muy menuda, haremos un sofrito en la sartén. Cuando ya esté fuera del fuego le incorporaremos un huevo batido, para unirlo todo bien, junto con la sal y un poco de pimienta.

Después asaremos los pimientos con sumo cuidado, les quitaremos la piel y las pepitas, dejando el rabo por fuera, y después los rellenaremos con la carne, y lo rebozaremos con los huevos batidos y el pan rallado. Finalmente, lo freiremos en aceite, tras lo cual los serviremos calientes a la mesa.

En el caso de no tener pimientos frescos, pueden utilizarse de lata.

Pimientos rellenos al estilo Avilés

4 personas	280 cal

8 pimientos frescos medianos (ni muy grandes ni muy pequeños), todos del mismo tamaño si es posible
2 pies de cerdo
250 g de cebolla picada
2 dientes de ajo picados
200 g de tomates maduros pelados, sin semillas y picados algo gruesos
un vasito de vino rancio seco
un vaso de aceite
pimienta blanca en polvo
sal
agua
un nabo
una zanahoria

Una vez limpios, en agua, con el nabo y la zanahoria pelados y enteros con un poco de sal, pondremos a cocer los pies de cerdo. Una vez cocidos los retiraremos.

Después, untaremos ligeramente los pimientos con aceite, asándolos en el horno o sobre las brasas. Una vez asados y pelados cuidadosamente, les quitaremos las semillas, sin romperlos. Los colocaremos en una fuente donde los salaremos, los sazonaremos ligeramente con pimienta y los rociaremos con un hilo de aceite. Esta maceración debe durar 3 minutos.

Mientras, freiremos la cebolla y los ajos en una sartén con aceite, y cuando empiecen a dorarse añadiremos los tomates y por último el vino. Espolvorearemos con un poco de pimienta y lo dejaremos reducir. Una vez reducido el vino, incorporaremos los pies de cerdo deshuesados y cortados en trozos. Mezclaremos bien, formando un conjunto más bien seco, que se rectificará de sal.

Con este preparado rellenaremos los pimientos asados colocándolos en una cazuela de barro, o bien en una fuente de vidrio refractario previamente untada en aceite.

Finalmente, echaremos un poco de aceite por encima y lo meteremos, durante 5 minutos, en el horno, sirviéndolo a la mesa en el mismo recipiente de cocción.

Pochas a la riojana

	4 personas		320 cal

500 g de judías blancas frescas
medio tomate
150 g de tocino fresco
100 g de chorizo magro
una papeleta de azafrán
300 g de rabo de carnero
un pimiento rojo fresco
1/2 l de agua
sal

Pondremos a hervir en un puchero de barro con agua el rabo de carnero (que sea bien graso), el tocino fresco, el pimiento rojo, el tomate y el chorizo, durante media hora. Transcurrido este tiempo, agregaremos las judías blancas frescas y la sal, que hervirán hasta que estén blandas, para lo cual tardará aproximadamente una hora y media. A media cocción, añadiremos el contenido de la papeleta de azafrán, tostada previamente.

Las pochas son las judías que no están granadas del todo que se desprenden fácilmente de su vaina. Se dan sólo por temporada y son muy tiernas.

Setas con pan frito

4 personas	110 cal

1 kg de setas frescas
50 g de manteca de cerdo
un diente de ajo
agua
pan
sal
un limón

En primer lugar, freiremos las setas, limpias y cortadas, en un poco de manteca, y después les echaremos un poco de sal, las especias que se quieran, el zumo de limón, el diente de ajo y un poco de agua tibia. Las dejaremos así, hirviendo durante 8 o 10 minutos. Mientras, prepararemos cortezas largas de pan fritas con manteca, para que cuando las setas estén cocidas y secas las incorporemos, aunque quitándole antes el ajo.

Tomatada

2 personas	170 cal

1 kg de tomates frescos
3 cucharadas soperas llenas de aceite
50 g de chorizo
2 pajaritos limpios o 100 g de ternera
2 pimientos frescos de la clase llamada cristal
100 g de jamón de buena clase

Este es un plato sabroso, típico de la cocina navarra y muy poco conocido que prepararemos vertiendo el aceite en la sartén y echando en él los tomates sin pelar y cortados, así como el jamón cortado a trozos, los chorizos, los pajaritos a trozos o la carne de ternera.

Seguidamente, asaremos los pimientos, les quitaremos la piel y los cortaremos en tiras.

Debemos comerlos remojándolos en la salsa de la sartén, a la vez que el jamón, los pajaritos o la ternera, el chorizo, etc.

Este plato, aunque parezca mentira, no lleva sal. El jamón desprende la suficiente para dar buen punto de sal al guiso.

Tomates rellenos

5 personas	190 cal

5 tomates todos iguales
4 quesitos de ración
4 huevos crudos
2 cucharadas soperas llenas de salsa de tomate
4 anchoas en aceite
perejil
8 aceitunas negras
hojas de lechuga
2 cucharadas soperas llenas de alcaparras
una cucharada sopera llena de mantequilla
sal

Al iniciar la preparación, cortaremos el tercio superior de los tomates y los vaciaremos con una cucharilla, sazonándolos ligeramente con sal.

En el interior de cada tomate pondremos media anchoa y unas cuantas alcaparras.

Aparte, derretiremos la mantequilla al baño María, añadiéndole los huevos batidos, los quesitos troceados y la salsa de tomate, dejándolo cocer hasta que los huevos estén cuajados; después sazonaremos con sal.

Finalmente, rellenaremos los tomates con esta preparación y los decoraremos con una aceituna negra, con hojas de lechuga y con perejil.

Tumbet balear

4 personas	220 cal

500 g de patatas
500 g de cebollas
4 huevos crudos
50 g de pan rallado
500 g de tomates
2 calabacines
2 pimientos
1/4 de l de aceite
sal

Pelaremos las patatas y las partiremos en finas láminas, como si fuesen para tortilla, y las freiremos en aceite. El calabacín lo pelaremos y también lo freiremos. Aparte haremos la misma operación con la cebolla. A su vez, asaremos los pimientos, los pelaremos y limpiaremos las semillas, partiéndolos después en tiras. Con el tomate prepararemos una salsa. Cuando ya esté todo frito y sazonado con sal, lo pondremos en una fuente de horno con un poco de aceite y espolvorearemos el pan rallado.

Seguidamente, colocaremos diferentes capas alternando patatas y un huevo batido, calabacín y otro huevo, pimientos y huevo y, por último, tomate y la última capa de huevo batido.

Finalmente, lo meteremos en el horno para que se dore y lo serviremos caliente en la misma fuente. En muchos lugares de las islas añaden también berenjenas.

ALCACHOFAS A LA ITALIANA

12 alcachofas - 1 bote de tomate tamizado Solís - 50 g de aceitunas negras - 1 manojo de puerros - 1 cebolla - 1 copita de vino blanco - 1 limón - aceite - sal - albahaca fresca

Retiraremos las hojas duras de las alcachofas, cortaremos su tercio superior, las partiremos en 4 trozos y las frotaremos con medio limón. Seguidamente, rehogaremos en un poco de aceite la cebolla picada y los puerros en rodajas; añadiremos el tomate y coceremos durante 10 minutos. Agregaremos las alcachofas y las aceitunas, verteremos el vino y dejaremos cocer hasta que las alcachofas estén tiernas; sazonaremos con sal y un poco de albahaca trinchada.

DELICIA DE JAMÓN Y QUESO

4 rebanadas de pan de molde - 150 g de queso Camembert - 2 lonchas de jamón curado - 2 huevos - 200 ml (1 vaso) de leche evaporada Ideal - mantequilla - sal y pimienta

Se unta una fuente de horno con mantequilla, y se colocan en ella las rebanadas de pan. Se reparte por encima el queso cortado en láminas y el jamón en trocitos. Se baten los huevos, se mezclan con la leche y se sazonan con sal y pimienta; se vierte este batido sobre el pan, el jamón y el queso, y se cuece en el horno hasta que esté cuajado y dorado.

CHULETAS DE CERDO A LA NARANJA

4 chuletas de cerdo - 1 vasito de vino de Oporto - 2 naranjas - 2 dl de crema de leche - perejil - aceite - sal y pimienta

Después de salpimentar las chuletas, las freiremos en la sartén con un poco de aceite y las reservaremos. En la misma sartén verteremos la crema de leche, el vino, un poco de raspadura de naranja, unas gotas de zumo y el perejil trinchado, y dejaremos que cueza durante unos minutos. Colocaremos las chuletas en el plato, con una rodaja de naranja sobre cada una, y cubriremos con la salsa.

ROLLITOS DE JAMÓN COCIDO

8 lonchas de jamón cocido - carne o pollo asados - salsa bechamel - azúcar

Ligaremos en una sartén la salsa bechamel y los trozos de carne o pollo asados y finamente trinchados. Una vez fría la masa, la repartiremos sobre las lonchas de jamón y enrollaremos estas como si fueran canelones. Dispondremos los rollitos sobre una bandeja, espolvorearemos con un poco de azúcar y gratinaremos hasta que este comience a fundir.

Segundos platos

Las aves y la caza, junto a los pescados y la carne, pueden ser un buen segundo plato para la comida principal.

La caza sólo podemos conseguirla en la temporada, excepto si es de criadero. Las piezas de caza, tan sabrosas y agradecidas a la hora de cocinarlas, requieren una esmerada preparación y un buen punto de cocción para obtener el mejor resultado.

Las recetas de aves, tiernas y ricas por su carne blanda y apetitosa, son muy aptas para poder ofrecer variadas preparaciones.

Por otro lado, la carne de ternera, de buey, de cordero o de cerdo es el plato por excelencia que debemos consumir preparado de una o de otra manera, por ello, conocer las recetas clásicas junto con las más modernas, es de gran utilidad para todos los amantes de la buena cocina.

Hígados, riñones, callos, asaduras, corazón, cabeza, hocico, lengua, morros, patas, sesos, mollejas, criadillas, etc., permiten preparar un sinfín de platos sabrosos y exquisitos que son muy ricos en principios nutritivos, y que nos dan además la posibilidad de presentar un plato de carne de ternera, de buey, de cordero o de cerdo, que se diferencia no sólo por su forma (muy peculiar), sino por su sabor muy marcado y característico.

Nuestra cocina tradicional de pescado, tanto si es de mar como si es de río, es muy rica y extensa. Los mariscos por su parte, requieren una buena intervención para darles en la cocina el punto justo y exacto. Recordemos que hay que elegir siempre el marisco muy fresco y en buenas condiciones.

Los huevos han sido siempre un gran recurso en la cocina, aunque no los vamos a ver simplemente como tal recurso, sino que hemos escogido las recetas más características y más sabrosas para poder realizar esos platos tan sabrosos, en sus diversas modalidades, que preparaban nuestras queridísimas abuelas, como son los huevos, los revueltos y las tortillas.

El trabajo de selección para ofrecer a nuestros lectores estas recetas que a continuación detallamos ha sido exhaustivo y hemos procurado buscar en ellas, no sólo lo apetitoso, sino también la facilidad en la preparación.

AVES Y CAZA

Capón asado

4 personas	460 cal

un capón de 2 kg de peso
250 g de oreja de cerdo
250 g de salchichas
250 g de lomo de cerdo fresco
200 g de judías blancas ya cocidas
200 g de orejones
200 g de manteca de cerdo
50 g de piñones sin cáscara
un vaso de agua lleno de vino rancio
canela en polvo
sal
agua

Prepararemos el capón entero, bien limpio por fuera y por dentro, sazonándolo con sal y espolvoreándolo con canela en polvo. Herviremos en agua los orejones (también se ablandan si están en remojo en agua tibia durante 12 horas) y, aparte, la oreja de cerdo en agua salada.

Picaremos los orejones, la oreja de cerdo, el lomo y las salchichas, rehogando todo en un poco de manteca de cerdo y añadiendo las judías cocidas. Rellenaremos con todo ello el capón, atándolo o cosiéndolo, y poniéndolo después en una asadora especial con la manteca; lo dejaremos cocer tapado, primero a fuego vivo y reduciendo después el calor para que se haga poco a poco. A mitad de su cocción, añadiremos el vino rancio y los piñones picados en el mortero.

Serviremos el capón, troceado, con el relleno y cubierto con su propia salsa colada.

Codornices asadas de Santo Domingo

2 personas	400 cal

4 codornices
4 hojas de viña
4 albardillas finas de tocino
4 rebanadas de pan de molde
100 g de mantequilla
un limón
5 cucharadas soperas llenas de coñac
sal
pimienta blanca en polvo

La codorniz es una pieza de caza que aconsejamos cocinarla rápidamente, una vez haya sido cobrada. Desplumaremos las aves en el último momento, las vaciaremos y las chamuscaremos con llama de alcohol (indispensable por cuanto, de otro modo, la carne resultaría aceitosa). Sazonaremos con sal y pimienta y las envolveremos en primer lugar con una hoja de viña, engrasada con mantequilla, y luego con una albardilla de tocino, atándolas con un bramante. Las meteremos al horno unos 10 minutos. Retiraremos la albardilla y la hoja de viña y dispondremos las codornices sobre costrones de pan de molde, fritos con mantequilla. Adornaremos la fuente, que debe estar caliente, con unas rodajas de limón.

Codornices con pochas

👤	*4 personas*	⚖	*380 cal*

400 g de pochas (judías granadas recién separadas de la vaina)
4 codornices
un hueso de jamón semirrancio
una taza llena de aceite
una cebolla
4 dientes de ajo
2 tomates maduros
sal
agua

En una olla con un litro y medio de agua herviremos las pochas. A media cocción, agregaremos las codornices, limpias y chamuscadas, la cebolla, los dientes de ajo, los tomates, el hueso de jamón, la sal necesaria y el aceite.

Dejaremos hervir a fuego lento hasta que todo esté bien cocido. El caldo debe quedar bastante reducido y para espesarlo un poco podemos añadir una cucharada de harina diluida con aceite caliente.

Conejo guisado

👤	*4 personas*	⚖	*440 cal*

un conejo casero de 1.500 g de peso
200 g de tocino entreverado
100 g de tocino graso
100 g de médula de vaca
1/2 l de leche
un vaso de vino blanco
500 g de cebollas
una taza llena de miga de pan
un clavo de especias
perejil fresco
sal
pimienta blanca en polvo
agua

Limpiaremos bien el conejo y prepararemos el relleno de la siguiente manera: empaparemos la miga de pan en la leche, le añadiremos el tocino graso picado menudamente y la médula de vaca, echándole además perejil, también picado, y una pizca de pimienta; cuando esté todo bien mezclado lo introduciremos en el conejo, el cual coseremos. Lo pondremos a asar en una fuente grande, en la que colocaremos un lecho de tocino entreverado (que tendremos cortado en tiras). Bañaremos el conejo con el vino blanco y, mientras se asa, le daremos vueltas de vez en cuando.

Coceremos las cebollas con algún clavito de especia, haciendo después con ellas un puré.

En el momento de servir el conejo relleno, lo haremos junto con el puré y sin el cosido que pusimos para que el relleno no se saliese.

Faisán a la baztanesa

4 personas	420 cal

2 faisanes de 1 kg de peso cada uno
150 g de manteca
sal
1 kg de castañas asadas
150 g de ternera
150 g de tocino
un vasito de vino rancio o dulce
6 criadillas

En primer lugar, asaremos los faisanes ya limpios y enteros con tres criadillas. Saltearemos las otras tres en manteca y las sazonaremos, retirándolas al cabo de un rato, dejándolas enfriar y añadiendo las castañas asadas. Rehogaremos los faisanes con todo esto, cubriéndolos con rodajas hechas del tocino y de la ternera. Puestos en una cacerola, echaremos el vino rancio o dulce, retirándolos cuando estén cocidos. Desengrasaremos y añadiremos las criadillas retiradas, cortadas ya en rebanadas.

Espesaremos la salsa con algunas castañas machacadas y los serviremos.

Faisán a la moda de Alcántara

4 personas	430 cal

un faisán tierno de 1.500 g de peso
5 hígados de pato o de pollo
12 trufas enteras y lo más iguales posibles
125 g de trufas cortadas en pedazos grandes para el relleno
200 g de manteca de vaca
una botella de vino de Oporto
sal
pimienta blanca en polvo

Si compramos el faisán ya listo, procederemos a soflamarlo separándole el cuello y dejándole un trozo de piel algo largo para que al coserlo pueda retener bien el relleno. Quitaremos también el hueso de la horquilla y el del esternón o hueso de la pechuga, y lo espolvorearemos interiormente con un poco de sal, rellenándolo con los higadillos de pato o pollo cortados en trozos, sazonados con sal y pimienta, y estofados (lentamente) con un poco de manteca; una vez cocidos los pasaremos por el tamiz. Al puré resultante le añadiremos las trufas cortadas en pedazos grandes y cocidas de antemano en parte del vino de Oporto.

Ya relleno, lo coseremos con bramante para sujetarlo bien, sin descuidarnos del orificio posterior con el fin de que el relleno no se salga. Lo mantendremos durante tres días en maceración en un recipiente cubierto con el resto del vino de Oporto y en un lugar fresco.

Pasado dicho tiempo lo asaremos en una cazuela sazonado con sal y manteca, vigilándolo y dándole vueltas a medida que vaya tomando color. Mientras se cuece, reduciremos el vino de la maceración junto con las trufas enteras, uniéndolas al faisán una vez asado y dejándolo cocer todavía durante 8 o 10 minutos.

En el momento de servir retiraremos el cosido colocando el ave en una fuente y cubriéndola seguidamente con la salsa y las trufas.

Si el faisán es de caza lo destriparemos y, sin desplumarlo, lo colgaremos en un sitio fresco y aireado durante tres días (hay quien lo tiene más días) para que su carne entre en sazón o madurez, con lo que ganará en ternura y jugosidad. Pasado dicho tiempo, debemos proceder según lo indicado anteriormente.

Gallina con arroz

4 personas | *420 cal*

una gallina joven de 1.700 g de peso
agua
una zanahoria
2 nabos
un puerro
tomillo
una hoja de laurel
un poco de apio
un diente de ajo
una cebolla
2 clavos
sal
250 g de arroz

Ataremos la gallina bien limpia y entera, poniéndola en una olla al fuego con el agua, la zanahoria, los nabos, el puerro, un poco de tomillo, el laurel, el apio, el diente de ajo, la cebolla, los clavos de especia y la sal, para que se vaya haciendo lentamente. Media hora antes de terminar su cocción, le añadiremos el arroz escaldado. Para servirla, escurriremos la gallina, desatándola y disponiéndola en trozos sobre el arroz, y presentándola en una gran fuente honda.

Con parte del caldo prepararemos una salsa, que serviremos al mismo tiempo. Esta salsa la haremos tostando harina en manteca, y después la mojaremos con el caldo y dejaremos reducir. Seguidamente, debemos ligar esta salsa con una yema de huevo crudo y nata; luego añadir un poco de manteca fresca de vaca, pasar por un tamiz fino y servir en salsera aparte.

Gallina a la caitraca

4 personas	420 cal

una gallina mediana
1 l de caldo del puchero
60 g de manteca de cerdo
2 vasos de agua llenos de vino blanco
un trozo de canela en rama
6 ramitas de perejil
una cabeza de ajos
8 granos de pimienta
una hoja de laurel
un bizcocho reducido a polvo (que dé una cucharada sopera)
sal
pimienta blanca en polvo

Antes de comenzar, limpiaremos y vaciaremos la gallina, atándole las patas y las alas con un hilo fuerte.

Pondremos en una olla al fuego el caldo del puchero y, cuando hierva, añadiremos la gallina, dejándola cocer fuertemente durante 3 minutos; enseguida la retiraremos, escurriéndola y reservando el caldo. En una cazuela, con la manteca de cerdo doraremos el ave, agregándole el vino, la canela y el perejil, que previamente habremos trinchado, la cabeza de ajos, la pimienta, el laurel y el bizcocho pulverizado. Taparemos la cazuela y dejaremos que se vaya haciendo lentamente. Diez minutos más tarde sazonaremos con sal y pimienta, añadiendo un cazo del caldo reservado y pasado por el colador, volviéndolo de nuevo al fuego para que se reduzca a su mitad y rodeando la gallina con la citada reducción. Serviremos la gallina troceada y con su propio jugo.

El caldo podemos hacerlo con los desperdicios de la misma gallina y con verduras.

Jabalí o ciervo en salsa

6/8 personas	510 cal

2 kg de jabalí
agua
azúcar moreno
sal
una zanahoria
2 chalotes
un puerro
tomillo
perejil fresco
un clavo
pimienta negra
una hoja de laurel
dos copitas de licor llenas de Oporto
200 g de tocino
12 cebolletas
24 champiñones
300 g de jamón
una cebolla
un vaso de agua lleno de vino blanco
pan frito
salsa española (véase «Salsas»)

Lavaremos y desengrasaremos el jabalí. Prepararemos un adobo especial con un litro de agua, un puñado de azúcar moreno, otro de sal, la zanahoria partida en rodajas, las chalotes, el puerro, un poco de tomillo, perejil, un clavo, los granos de pimienta negra y una hoja de laurel. Esto debe hervir durante 10 minutos y después lo dejaremos enfriar. Una vez frío le añadiremos las dos copitas de vino de Oporto y, en ese adobo, meteremos el pedazo de jabalí durante 48 horas.

Una vez transcurrido este tiempo, retiraremos el jabalí y lo secaremos con una servilleta.

Prepararemos una cacerola con el tocino y, una vez frito, rehogaremos en él el jamón, las cebolletas y los champiñones, añadiremos el jabalí y lo rehogaremos lentamente. Después echaremos la cebolla picada, el puerro, las zanahorias y las verduras que han estado en adobo. Cuando esté todo dorado, quitaremos la grasa y añadiremos el vino blanco; cuando se reduzca, retiraremos el jabalí.

Echaremos un par de cucharadas de salsa española en la cacerola donde hemos cocido el jabalí y, cuando haya dado unos hervores, pasaremos la salsa por el chino para colocar en ella el jabalí troceado, los champiñones, las cebolletas y el jamón, para que vaya cociendo todo lentamente hasta que la salsa esté espesa y el jabalí tierno.

Lo serviremos adornándolo con los triángulos de pan frito.

Liebre estofada

	4 personas		*430 cal*

una liebre de buen tamaño,
100 g de tocino fresco
un poco de tomillo
perejil fresco
una hoja de laurel
sal
pimienta blanca en polvo

Pelaremos, limpiaremos y cortaremos la liebre en trozos. Pondremos una cacerola al fuego con el tocino derretido, la sal, la pimienta en polvo, el laurel, el tomillo y el perejil. Dejaremos que el conjunto tome buen color y taparemos herméticamente la cacerola, que se hará lentamente. Para servir, suprimiremos el tocino, quitaremos asimismo las hierbas y desengrasaremos la salsa.

Liebre guisada con chocolate

4 personas	450 cal

una liebre de 1.500 g de peso
1/2 l de vino blanco
100 g de manteca de cerdo
100 g de tocino
2 porciones de chocolate
pimienta blanca en polvo
nuez moscada
2 dientes de ajo
sal
una cebolla

Pondremos a remojar la liebre (partida en trozos) en el vino blanco durante una hora, pasada la cual la escurriremos y la secaremos, friéndola cuidadosamente en manteca y en tocino, y echándola en un puchero junto con el chocolate rallado, la pimienta, la nuez moscada rallada y los ajos machacados (pondremos sal).

Freiremos la cebolla picada muy menuda con la grasa que quedó y la añadiremos al puchero con el vino del remojo de la liebre, dejándola cocer durante 2 horas y sirviéndola después.

Mole poblano a la costarricense

4 personas	410 cal

un pavo de 750 g de peso
1 kg de cebollas peladas y picadas
100 g de manteca de cerdo
500 g de pimientos rojos
500 g de tomates frescos
sal

Una vez vaciado y preparado el pavo, lo cortaremos a trozos en crudo. En parte de la manteca de cerdo doraremos las cebollas, los tomates y los pimientos rojos, machacados previamente. Añadiremos los trozos de pavo, la sal y los coceremos a fuego suave en la salsa o mole. La cocción debe durar entre una hora y cuarenta y cinco minutos a dos horas, sirviéndolo a continuación.

Es mejor que el pavo se haya sacrificado 24 horas antes.

Pato al estilo de Ribadeo

4 personas	480 cal

un pato de 2 kg de peso
18 cebolletas
200 g de nabos pelados y cortados en forma de gajos de naranja
200 g de zanahorias partidas de la misma forma,
24 castañas cocidas
200 g de tocino entreverado
150 g de manteca de cerdo o de vaca
un vaso de vino blanco
una copita de licor llena de anís seco
un atadillo de hierbas con laurel, tomillo, orégano, un diente de ajo grande y perejil
sal
1/2 l, o menos, de caldo (puede ser en cubitos)

La primera operación consiste en limpiar y vaciar el pato, después lo ataremos o lo coseremos (sazonándolo con sal, por dentro y fuera). En una brasera o cacerola algo honda, puesta sobre el fuego con la manteca y el tocino cortado en trozos delgados, pondremos el pato, dorándolo bien por todos los lados.

En este punto, añadiremos los nabos, las cebolletas, las zanahorias y el atadillo de hierbas. Taparemos la brasera y la meteremos en el horno para que se brasee la guarnición y se haga el pato, que vigilaremos a menudo. A media cocción, escurriremos algo de grasa (si la hubiera en exceso) y añadiremos el vino y el anís.

De nuevo taparemos la brasera y, cuando el vino se haya reducido a la mitad, incorporaremos las castañas y el caldo con el fin de que tenga suficiente jugo. Dejaremos que pasen 10 minutos más de cocción.

Serviremos el pato entero o cortado (con la guarnición de hortalizas alrededor) y cubierto por su jugo, dejando aparte, como ornamento, el atadillo de hierbas.

Pato a la naranja

👤	*4 personas*	⚖	*470 cal*

un pato de 1.500 g de peso
una taza llena de aceite
6 naranjas
dos copas de licor llenas de licor de naranja
2 cebollas
2 zanahorias
dos tazas llenas de caldo de carne (puede ser en cubitos)
sal
pimienta blanca en polvo
agua

En primer lugar, limpiaremos el pato, sazonándolo con sal y pimienta por dentro y por fuera, y rellenándolo después con una naranja entera, tras lo cual coseremos la abertura.

Dispondremos una fuente de horno y en ella, con el aceite (podemos echar manteca de cerdo) pondremos el pato, que doraremos al horno, agregándole las cebollas y las zanahorias peladas y partidas cuando haya tomado color, así como el jugo de tres de las naranjas, dejándolo a horno regular para que se haga.

Aparte, y a la vez, pelaremos las dos naranjas que nos quedan y cortaremos finamente su piel, que coceremos en un poco de agua. Todo ello se incorporará al pato durante su cocción y también el licor de naranja y el caldo. Una vez hecho, lo cortaremos en cuartos y lo presentaremos en una fuente con las naranjas, dispuestas en gajos y sin piel, junto con su salsa y las pieles de la naranja. Hay quien cuela la salsa por el pasapurés (o lo pasa por la batidora) y así no se notan las pieles de naranja.

Hay que servirlo muy caliente.

Pato con nabos

👤	*4 personas*	⚖	*430 cal*

un pato de 1.500 g
6 nabos tiernos
100 g de manteca de cerdo
una cucharada sopera llena de harina
agua
sal
pimienta blanca en polvo
una cucharadita de café llena de azúcar

En una cazuela con la manteca de cerdo y el azúcar, doraremos los nabos tiernos, retirándolos y poniendo entonces el pato cortado en trozos; le daremos unas vueltas para que tome color y lo retiraremos también, colocándolo en otro recipiente que conservaremos al calor.

En la cazuela haremos una salsa con la cucharada de harina, dejando que tome color; un poco de manteca, agua y sal. Volveremos a poner el pato, con sal y pimienta, y añadiremos los nabos. Coceremos todo junto a fuego moderado hasta que esté muy tierno.

Pavo relleno

4 personas	500 cal

un pavo grande de 250 g de peso
8 salchichas medianas
300 g de ciruelas negras secas
200 g de orejones remojados
75 g de piñones
16 castañas medio asadas y peladas
200 g de tocino
150 g de jamón
3 trufas
un vaso de vino rancio
sal
pimienta blanca en polvo
canela en polvo
perejil fresco
un ramito de hierbas secas compuesto de una hoja de laurel, orégano, albahaca, tomillo atado con un poco de hilo
una taza llena de caldo de carne (debe ser buen caldo de carne, de verduras y de huesos)
150 g de manteca de cerdo
guarnición al gusto

Es conveniente preparar el relleno con antelación suficiente para que esté frío en el momento de introducirlo en el pavo. Lo haremos en una sartén a fuego vivo, con una cucharada de manteca de cerdo, freiremos el jamón y el hígado de pavo cortado en dados. Echaremos después las salchichas, retirándolas enseguida de la sartén para hacerlas trozos; añadiremos los orejones en pedazos, las ciruelas, las castañas, los piñones, las trufas, un poco de pimienta blanca en polvo, el perejil y la canela en polvo; unirles las salchichas y añadir parte del vino rancio. Dejaremos que se haga y, cuando por medio de la cocción quede el vino bastante reducido, lo retiraremos dejándolo enfriar. (Cortaremos las trufas en rodajas.)

Vaciaremos y cortaremos las patas y el cuello del pavo, dejando abundante piel en el buche para que también se pueda rellenar. Una vez vaciado el pavo y sazonado en el interior con sal, lo rociaremos con vino rancio, rellenándolo con todo lo anteriormente preparado, apretando un poco el relleno y cosiendo después la abertura. La parte del buche se rellena bien, doblando la piel por encima del relleno hacia la parte del cuello y cosiéndola también para que quede sujeta.

Terminado el relleno y cosido el pavo, atravesaremos sus muslos con la aguja y el hilo, pasándolo por los alones para sujetarlo bien y dándole una forma abombada. Terminada esta operación, lo envolveremos con una hoja delgada de tocino, que también ataremos.

Asaremos el pavo dentro de un recipiente adecuado, incorporaremos el ramito de hierbas aromáticas, espolvoreando el conjunto con un poquito de sal y poniendo la manteca en un horno a fuego vivo durante 2 horas.

Mientras dure la cocción en el horno le iremos dando la vuelta, rociándolo con su propio jugo y añadiéndole el caldo y el resto del vino rancio.

Cuando esté bien asado, dorado y tierno, retiraremos el pavo de su recipiente, desengrasaremos el jugo y lo pasaremos por un colador fino, tras lo cual lo trincharemos.

El jugo lo serviremos caliente en una salsera aparte. Al mismo tiempo presentaremos una ensalada del tiempo, una ensalada rusa u otra ensalada compuesta. (Véase las ensaladas en el capítulo «Entrantes».)

Pechugas de ave en fritura

4 personas	380 cal

4 pechugas de pollo o de gallina tierna
dos tazas llenas de salsa bechamel espesa (véase «Salsas»)
sal fina
100 g de mantequilla
100 g de pan rallado
3 huevos crudos
1/4 de l de aceite

Quitaremos los huesos de las pechugas (si los tienen) y formaremos tiras o cuadraditos, sazonándolos con sal y salteándolos en la mantequilla sin estropearlos al saltear. Prepararemos también unos cuadraditos con el jamón y los saltearemos igual que las pechugas. Todos los pedacitos los bañaremos, uno por uno, en la salsa bechamel, dejándolos enfriar y rebozándolos en el pan rallado y los huevos batidos, y otra vez en pan rallado. Por último, los freiremos en el aceite sirviéndolos calientes.

Perdices con repollo

4 personas	370 cal

4 perdices
100 g de tocino magro
2 zanahorias
2 cebollas
un ramillete con orégano
tomillo y laurel
un repollo pequeño
100 g de manteca de cerdo
agua
una taza llena de caldo de carne (puede ser en cubitos)

Mecharemos con un poco de tocino las perdices bien limpias y vaciadas, les echaremos sal, asándolas en el horno con la manteca hasta que tengan un bonito color dorado. Después, las pasaremos a una cazuela con el trozo de tocino magro, las zanahorias y las cebollas peladas y cortadas en cuartos, y el ramillete compuesto atado. Añadiremos el repollo dividido en cuartos y previamente blanqueado, o sea, dando un hervor ligero en agua salada. Mojaremos con el caldo las perdices, que cocerán en el horno durante 2 horas.

Una vez las hayamos retirado del horno, las serviremos sobre el repollo, guarnecidas con el tocino cortado en lonchas.

Perdices con sardinas

4 personas	360 cal

4 perdices jóvenes
4 sardinas
una taza llena de salsa de tomate (véase «Salsas»)
un ramito de perejil
150 g de manteca de cerdo ahumada
pimienta blanca en polvo
sal

Limpiaremos las perdices, las vaciaremos y rellenaremos cada una con una sardina perfectamente limpia, dorándolas en una cazuela con la manteca y añadiéndoles la salsa de tomate, un poco de pimienta, el perejil y la sal necesaria. Una vez hechas quitaremos la sardina y las serviremos.

Perdices al vino blanco

4 personas	350 cal

4 perdices bien sentadas
un vaso de vino blanco seco
dos cucharadas soperas llenas de harina
una hoja de laurel
sal
3 dientes de ajo
nuez moscada
2 granos de pimienta
3 cucharadas soperas llenas de aceite
una cebolla
agua

Cuando las perdices estén bien limpias y enteras las salaremos por dentro y por fuera, luego las pasaremos por la harina y las dejaremos en una cazuela de barro. Seguidamente, les añadiremos la cebolla pelada y picada, un poco de nuez moscada, los dientes de ajo pelados y enteros, la hoja de laurel, los granos de pimienta, el vino blanco y un vaso de agua, así como el aceite. Taparemos la cazuela colocándola sobre el fuego de forma que se hagan poco a poco, dándoles la vuelta de vez en cuando. Cuando ya estén tiernas las retiraremos y colaremos la salsa que echaremos sobre ellas justo en el momento de servirlas a la mesa.

Las perdices deben haberse cazado 48 horas antes, por lo menos.

Perdiz a la catalana

1 personas	360 cal

una perdiz
una taza llena de aceite
8 cebollitas muy pequeñas
2 dientes de ajo
una rebanada de pan del día anterior
pimentón rojo dulce
perejil fresco
una cucharada sopera llena de vinagre
un cucharón de caldo (puede ser en cubitos)
sal
pimienta blanca en polvo
una cucharada sopera llena de pimentón rojo dulce

En una cazuela honda de barro con su tapadera, prepararemos la perdiz entera y limpia, y le echaremos sal y pimienta, por dentro y por fuera.

En una cazuela con aceite, que tendremos sobre el fuego, freiremos los ajos, retirándolos cuando estén dorados y guardándolos. Después añadiremos las perdices, rehogando y añadiendo el pimentón rojo, el vinagre y el caldo, y taparemos para dejar que se haga a fuego lento.

Agregaremos las cebollitas ya peladas a la cazuela, pero recordando que deben quedar enteras. Freiremos en aceite la rebanada de pan y la machacaremos en el mortero con los ajos que hemos guardado y unas ramitas de perejil, incorporando esto a la cazuela.

Una vez que la perdiz esté hecha, la presentaremos en una fuente con las cebollitas y la salsa.

Pichones con champiñones

4 personas	370 cal

4 pichones
sal
100 g de manteca de cerdo
250 g de champiñones
perejil fresco
2 dientes de ajo
media copa de vino rancio

En una cazuela al fuego con la manteca de cerdo, pondremos los pichones, limpios y partidos en trozos. Cuando hayan tomado color y estén medio hechos, echaremos los champiñones, limpios y cortados en trozos, el perejil y los ajos picados, además de la media copa de vino rancio. Dejaremos que se hagan hasta que estén muy tiernos, sirviéndolos en su propio jugo.

Pichones muy ricos

4 personas	360 cal

8 pichones
150 g de tocino entreverado
sal
una zanahoria
media cebolla
2 cucharadas soperas de manteca de cerdo
un vaso de vino de jerez seco

Los pichones estarán muy limpios y enteros. A partir de ahí, los salaremos por dentro y por fuera. Seguidamente, cortaremos el tocino en ocho tiras y cada una envolverá un pichón (podemos sujetarla con un palillo).

En una cazuela echaremos la manteca y pondremos los pichones junto con la zanahoria pelada y cortada en rodajas y la cebolla picada: deben tomar color por todos los lados. En ese punto añadiremos el jerez seco, se harán poco a poco.

Los serviremos tal como están y muy calientes.

Plato de perdigones

4 personas	360 cal

8 perdigones (pajaritos)
100 g de jamón
50 g de manteca fresca de vaca
sal
pimienta blanca en polvo
un limón
2 clavos
una copa de licor llena de coñac
una hoja de laurel
un vaso de agua lleno de caldo de carne (puede ser en cubitos)
un poco de tomillo
una cucharada sopera llena de harina

Forraremos el fondo de una cazuela con el jamón cortado en lonchas, le añadiremos la manteca, la sal, la pimienta y el jugo del limón, y, sobre todo ello, colocaremos los perdigones, limpios, enteros y atados, con las patas hacia arriba. Los haremos a fuego lento, echando en la cazuela el caldo, el coñac, el laurel, los clavos de especia y el tomillo. Media hora será suficiente para su cocción. Finalmente, serviremos los perdigones desatados y cubiertos con su propia salsa, espesándola antes con la harina tostada y disuelta en un poco de salsa.

Pollo asado

4 personas	340 cal

1 pollo de un peso de 1.500 g o de 1.700 g
100 de manteca de cerdo
sal
un vaso de agua lleno de caldo (puede ser en cubitos)
una copita de licor llena de jerez seco fuerte
una lechuga
un tomate gordo
media cebolla
una zanahoria

Limpiaremos bien el pollo y lo dejaremos entero, dándole sal por dentro y por fuera y armándolo con las alas recogidas hacia atrás.

Lo asaremos en el horno o en una cazuela, con la manteca, la cebolla y las zanahorias peladas y cortadas en rodajas. Dorándolo bien por fuera, añadiéndole el jerez y el caldo, y bajando el calor del horno o del fuego para que continúe su cocción más lentamente.

Una vez hecho, lo presentaremos en una fuente sobre un lecho de hojas de lechuga y con el tomate cortado en cuatro trozos. Su salsa, caliente, irá aparte en una salsera.

Pollo flamenco

4 personas	350 cal

un pollo de 1.500 g de peso
2 cebolletas
un diente de ajo
50 g de manteca de cerdo
perejil fresco
una cucharada sopera llena de harina
sal
pimienta blanca en polvo
un vaso de agua lleno de vino blanco
una taza llena de caldo de carne (puede ser en cubitos)

Limpiaremos, vaciaremos y soflamaremos el pollo, abriéndolo por el centro y poniéndolo a dorar en una cacerola con la manteca, las cebolletas peladas, el perejil y el ajo, todo muy picado. Espolvorearemos con la cucharada de harina, echaremos el vino blanco, el caldo, la sal y la pimienta, y lo dejaremos cocer lentamente, sirviéndolo cortado en trozos.

Pollo frito

4 personas	360 cal

un pollo de 1.700 g de peso cortado en trozos pequeños
2 cebollas
2 pimientos de lata
2 tomates
2 dientes de ajo
media guindilla
1/2 l o un poco menos de aceite
sal

Los trozos de pollo serán pequeños, de unos 20 o 30 g cada uno, les quitaremos los huesos, echándolos y friéndolos en aceite no muy caliente hasta dorarlos. Verteremos sobre ellos una fritura hecha con las cebollas, los pimientos, el tomate y el ajo, rehogando el conjunto durante 5 minutos y añadiéndole la guindilla cortada en trozos.

Pollo con langosta

4 personas	415 cal

un pollo de 600 g de peso que, una vez limpio, cortaremos en 12 trozos
una langosta viva de 1 kg, cortándole las patas
una cebolla grande trinchada
un ramillete de hierbas (compuesto de laurel, tomillo, orégano, colas de puerro y perejil, todo envuelto en un trocito de lienzo y atado con hilo fuerte)
3 tomates grandes y maduros pelados, exprimidos y picados
1/4 de l de vino rancio seco
50 g de harina
un diente de ajo grande
un papelito de azafrán seco
50 g de almendras y avellanas tostadas y peladas
40 g de chocolate
sal
pimienta blanca en polvo
un vaso y medio de aceite
100 g de manteca de cerdo
perejil fresco picado
canela en polvo
10 costrones de pan de molde cortados en forma triangular, algo grandes y fritos en aceite

Una vez está limpio el pollo, le daremos sal, pimienta y un poco de canela en polvo, rehogándolo en una cacerola o cazuela de barro a fuego vivo con aceite, o mitad aceite y mitad manteca de cerdo, añadiendo la cebolla trinchada y el ramillete de hierbas. Mezclaremos los tomates picados con el pollo y freiremos bien luego añadiremos el vino rancio y el aguardiente, dejando que con la cacerola tapada se reduzca a la mitad.

Seguidamente, cortaremos la langosta en 6 trozos, desde la cola hasta la cabeza, les echaremos sal, salteándolos en la sartén a fuego vivo e incorporándolos a la cazuela del pollo. (Guardaremos el caldo que suelta.)

Haremos una picada de la siguiente manera: machacaremos el azafrán ligeramente tostado, el ajo, las almendras y las avellanas, unas hojitas de perejil fresco, el hígado de la langosta y el chocolate (rallado) o simplemente calentado para que esté blando.

Con todos estos ingredientes machacados formaremos una pasta muy fina que disolveremos con el caldo que habíamos reservado de la langosta, añadiéndole un poco de salsa de la cazuela y vertiendo este preparado sobre el pollo y la langosta, que continuaremos guisando a fuego muy lento hasta su total cocción.

Pollo a la levantina

4 personas	*385 cal*

un pollo de 1.700 g de peso
una taza llena de aceite
100 g de tocino
una taza llena de caldo de carne
un ramillete compuesto por perejil, apio y laurel
sal
pimienta blanca en polvo
16 cebollitas pequeñas

Prepararemos el pollo entero, rehogándolo en una cazuela con el aceite y el tocino cortado en trozos hasta que tome buen color; le echaremos el caldo, agregaremos el ramito compuesto, la sal y la pimienta y lo dejaremos cocer lentamente durante 30 minutos, dándole la vuelta de vez en cuando; añadiremos las cebollitas salteadas en aceite para que sigan cociendo con el pollo durante otra media hora. Una vez hecho, lo trocearemos y lo presentaremos en una fuente, rodeándolo con las cebollas y rociando el conjunto con su propio jugo pasado por un colador.

Pollo al vino blanco

4 personas	390 cal

un pollo de 1.500 g de peso
60 g de mantequilla
2 cucharadas soperas llenas de aceite
una cucharada sopera llena de harina
medio vaso de vino blanco seco
100 g de cebolla picada
un limón partido en cuatro
sal
pimienta blanca en polvo

Limpiaremos el pollo, flambeándolo con la llama del alcohol y descuartizándolo. Pondremos una cazuela al fuego con la mantequilla y el aceite, cuando esté caliente le echaremos la cebolla trinchada y lo rehogaremos. Luego añadiremos los trozos de pollo y haremos que tomen color. Sazonaremos con sal y pimienta, echaremos la harina dentro del utensilio, removiendo bien; agregaremos el vino blanco, dándole un hervor de 40 minutos, pasados los cuales lo serviremos.

Pollos entomatados

4 personas	390 cal

2 pollos de 700 g de peso cada uno
1/2 l de aceite
un diente de ajo
100 g de jamón
una cebolla
2 kg de tomates
4 granos de pimienta
una cucharadita de café llena de azúcar
sal

Prepararemos los tomates sin piel y trinchados en una cazuela con aceite y el diente de ajo picado, el azúcar, la sal y los granos de pimienta machacados. Dejaremos que se haga hasta que tenga la consistencia de una salsa espesa. Freiremos en aceite la cebolla picada y el jamón cortado a trocitos, echándolos sobre el tomate y colocando este (sin pasar) en una cazuela de barro.

Partiremos a trozos los pollos bien limpios, salándolos y friéndolos en aceite, pero poco a poco, para que tomen color por fuera y, a la vez se hagan por dentro. Les daremos después un hervor con la salsa de tomate para que se impregnen bien de ella y estén sabrosos.

Salpicón de ave

	4 personas		420 cal

1/4 por persona de pavo, pollo o gallina hervida en la cantidad que se quiera
4 patatas hervidas
4 zanahorias hervidas
100 g de guisantes
una ramita de apio
2 tomates
4 hojas de lechuga
2 huevos duros
un pimiento verde
6 cucharadas de aceite
una cucharada de vinagre
mostaza

Cortaremos en tiritas la carne de ave, las patatas, zanahorias, apio, algunos tomates, la lechuga en fina juliana y los huevos en rodajas. Mezclaremos la carne de ave con las patatas, guisantes, zanahorias, apio y pimiento verde, condimentando con sal, aceite, vinagre y mostaza, y colocándolo todo en medio de una fuente, alrededor de la cual pondremos la lechuga finamente cortada, y decorando con los huevos y un tomate cortado en redondeles.

Si deseamos poner mayonesa, también se puede sazonar agregándole además un poco de *ketchup*.

Este salpicón se hace para el número de personas que se desee, siempre contando con que las cantidades se correspondan.

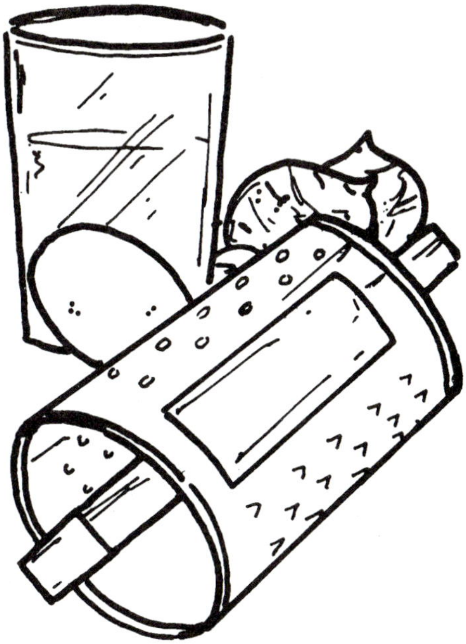

CARNES

Albóndigas a mi estilo

4 personas	400 cal

400 g de carne picada de ternera
100 g de miga de pan atrasado (sin corteza)
un diente de ajo
perejil fresco
un huevo crudo
50 g de harina
media cebolla picada
un vasito de vino blanco
1/4 de l o más de caldo de carne (puede ser en cubitos)
sal
un vasito de vino lleno de leche
medio vaso de aceite

Pondremos la carne picada en un recipiente hondo y le echaremos el ajo y el perejil finamente picados, la sal, el huevo batido y la miga de pan, remojada previamente en la leche. Lo uniremos con las manos formando bolas que pasaremos por la harina y que freiremos en el aceite caliente. Estas bolas las iremos dejando en una cazuela de barro.

En la grasa sobrante prepararemos la salsa, friendo la cebolla y agregando una cucharada de harina, el vino blanco y el caldo. Esta salsa, pasada por el chino, la verteremos sobre las albóndigas con las que darán un ligero hervor.

Podemos añadir unos guisantes de lata o patatas frita en cuadraditos.

Hay quien las pone en salsa de tomate en vez de la salsa citada.

Alpargate

4 personas	430 cal

600 g de carne de ternera
150 g de jamón
un diente de ajo
perejil fresco
20 g de pan rallado
3 huevos crudos
4 cebollas
1/4 de l de aceite o más
1/4 de l de caldo de carne (puede ser en cubitos)
un vasito de vino blanco
un poco de canela en rama
media hoja de laurel

Picaremos la carne de ternera y el jamón. A este picadillo le uniremos el diente de ajo, el perejil, el pan rallado y las yemas de los dos huevos, reservando las claras. Batiremos todo ello y lo amasaremos muy bien, colocándolo en una vasija donde lo freiremos en aceite. Cuando esté frito, lo colocaremos en forma alargada que recuerde a una alpargata, rebozándolo con las claras de los huevos y lo freiremos de nuevo, cuidando mucho que no se deshaga.

Tan pronto esté dorado el alpargate lo retiraremos del aceite y, por otro lado, freiremos en una cazuela las cebollas, después de peladas y picadas, además echaremos el caldo y el vino blanco, la canela y la media hoja de laurel, dejándolo cocer todo hasta que se forme una salsa fina.

Esta receta no precisa sal.

Asado de carne regental

4 personas	415 cal

800 g de contrafilete de ternera
100 g de manteca de cerdo
2 dientes de ajo
una cucharadita de café llena de vinagre
una copa de licor con vino blanco o rosado
una taza llena de caldo de carne (puede ser en cubitos)
sal
pimienta blanca en polvo

En primer lugar, ataremos el trozo de carne entero con un hilo fuerte y le echaremos sal y pimienta, poniéndolo en una cazuela junto con la manteca de cerdo para dorarla por todos los lados.

Majaremos en el mortero los ajos con un poco de sal y los desleiremos con el vinagre, echando el majado dentro de la cazuela de la carne; seguidamente, agregaremos el vino y el caldo o agua, continuando la cocción. A mitad del guiso pincharemos la carne con un tenedor y rectificaremos el sazonado. Cuando esté bien asada la dejaremos enfriar y le quitaremos el hilo, colocándola en una fuente y regándola con el jugo de su propia cocción.

En el momento de servirla, la cortaremos en rodajas en la propia mesa, no antes.

Asado de ternera

4 personas	350 cal

600 g de ternera para asar
1 zanahoria pequeña
1 cebolla mediana
2 tomates
20 g de harina
1 vasito de agua
Salvia
Romero
Sal y pimienta

Se ata la pieza para que tenga una forma bonita. Se funde la margarina a fuego medio. Se salpimenta la carne y se deja dorar.

Cuando haya cambiado de color, reduciendo el fuego, se añaden la cebolla y la zanahoria, cortadas finas y los tomates pelados, sin semillas y en trocitos. Se rehoga todo unos minutos, sin dejar de remover, y se espolvorean la salvia y el romero. Se continúa la cocción 3 minutos.

Transcurrido este tiempo, se retira la carne, se mantiene caliente y se tritura el sofrito de cocción que servirá para la salsa.

Triturado el sofrito, se echa en la cacerola y se liga la salsa con un vasito de agua y la harina, removiendo con una cuchara de madera. Se rectifica de sal y se mantiene a fuego medio un par de minutos más.

Se retira el hilo de la carne y se trincha, se dispone en una fuente y se rocía la salsa.

Asadura al ajillo-pastor

	4 personas		*440 cal*

500 gr de asadura (hígado y bofes) de cordero
200 g de tomates
4 dientes de ajo
media cucharada sopera de cominos
dos cucharadas soperas llenas de perejil picado
3/4 de vaso de aceite
sal
pimienta blanca en polvo
agua

Una vez lavada la asadura, la secaremos, cortándola en trozos pequeños que se sazonarán con sal y pimienta, y la espolvorearemos con perejil picado. Saltearemos la asadura en aceite caliente puesto en una sartén; retirados de la sartén, los dejaremos en una cazuela de barro. En la misma grasa freiremos los tomates, que ya se habrán pelado y cortado en trozos.

Majaremos en el mortero los ajos con los cominos, sazonando el majado con sal y pimienta y, seguidamente, lo echaremos en la cazuela, que pondremos sobre el fuego. Prosiguiendo el guisado y añadiéndole dos cucharones de agua caliente durante 10 minutos, pasados los cuales podemos dar ya por terminada la cocción de la asadura.

Asadura de cordero con guisantes

	4 personas		*450 cal*

2 asaduras (pueden ser de cerdo o de cordero) completas con hígado
una cebolla
2 tomates
1/4 de l de aceite
un diente de ajo
400 g de guisantes frescos hervidos o en lata
un vaso de vino blanco
agua
sal

Picaremos perfectamente las asaduras haciendo unos trozos irregulares más bien pequeños. Prepararemos una cazuela de barro con el aceite, echaremos la cebolla picada y los tomates también picados, rehogando y añadiendo la carne de las asaduras; después salaremos y daremos unas vueltas con una cuchara de madera, tras lo cual añadiremos el vino blanco, los guisantes y un vaso grande de agua. Finalmente, taparemos y dejaremos que hierva lentamente para que se haga, pero procurando que, a la vez, salga jugoso.

Bollos de las comadres

4 personas	*410 cal*

900 g de harina
400 g de mantequilla
una taza llena de agua
4 chorizos
10 g de levadura prensada
una taza llena de leche
un huevo crudo
sal

Mezclaremos la leche y el agua poniendo ambos en un recipiente al fuego hasta que esté templado; entonces, en un poco de la mezcla, desleiremos la levadura y la sal necesaria.

Extenderemos la harina sobre la mesa y le agregaremos la mezcla con la levadura, comenzando a amasar y agregando, poco a poco, la leche y el agua templada hasta lograr una masa fina de pan. Trabajaremos un buen rato, colocándola en forma de bola sobre un plato y espolvoreándola con harina, haremos una cruz en la masa con un cuchillo y la cubriremos con un paño, dejándola en reposo una hora en un sitio templado para que fermente hasta que desaparezca la cruz.

Pasado ese tiempo, dividiremos la masa en cuatro partes y la mantequilla en otras cuatro. Tomaremos una parte de la masa e introduciremos en ella la parte de manteca que le corresponde; aplanaremos y colocaremos en el centro el chorizo, doblando la masa que cubra el embutido. Preparados todos los bollos de la misma forma, los coceremos a horno moderado; a media cocción los pintaremos con huevo batido y con leche, dejándolos cocer de nuevo hasta que los veamos dorados.

Borrego al estilo típico

6/8 personas	*460 cal*

un lechal tierno
sal
1 l de aceite
una cucharada sopera llena de pimentón rojo picante
una hoja de laurel
8 dientes de ajo
agua
patatas
un vaso de vino blanco

Cuando hayamos descuartizado el borrego, lo separaremos en cuartos traseros y paletillas. La cabeza y el resto del cuerpo lo cortaremos en trozos pequeños. Pondremos en una sartén grande una buena cantidad de aceite y, cuando esté caliente, echaremos en ella la carne que hemos partido en trozos, a la que daremos vueltas hasta que quede bien frita, sazonándola con sal, pimentón, una hoja de laurel y cuatro dientes de ajo crudos y majados. Incorporaremos un poco de agua, dejándolo cocer hasta que se consuma y quede sólo la grasa; entonces agregaremos las patatas peladas y cortadas en cuadrados, y ya está hecho el frito.

Las paletillas y los cuartos traseros los dispondremos en una cacerola grande, para rehogarlo en aceite, luego lo sazonaremos con sal y echaremos el resto de los ajos majados. Seguidamente, añadiremos agua y lo dejaremos dorar, cociéndolo hasta que esté tierno. A última hora añadiremos el vaso de vino y lo dejaremos cocer hasta que este se consuma y quede sólo la grasa. Finalmente, agregaremos el frito de la sartén y lo mezclaremos para que tome bien la sustancia, después si es necesario lo sazonaremos.

Lo serviremos en la cacerola de cocción.

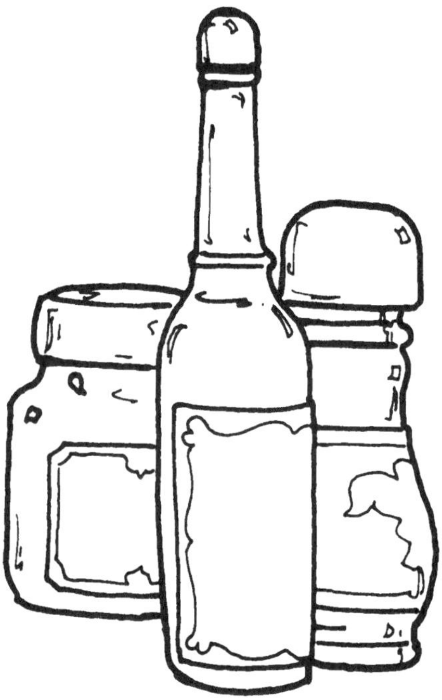

Buey asado al estilo de Ecuador

4 personas	*430 cal*

de 500 a 600 g de carne de buey ahumada
agua
una zanahoria
un nabo
una cebolla
2 granos de especia
hierbas aromáticas
sal
2 tazas llenas de salsa morena
200 g de espinacas cocidas
100 g de jamón cortado en dados

Escogeremos un buen pedazo de buey ahumado y lo tendremos en remojo con agua fría durante 8 horas. Lo escurriremos bien, cortando las pieles si es necesario, y lo pondremos en agua fría sobre el fuego para que hierva. Escurrido, lo pondremos en agua tibia. Añadiremos las verduras (zanahorias, nabos y cebolla), especias en grano, sal, hierbas aromáticas, sin laurel, y, cuando hierva la cazuela, bajaremos el fuego para que continúe la ebullición lentamente durante 8 horas; el agua no debe hacer más que moverse un poco. Escurriremos la carne, colocándola encima de una fuente, la cubriremos con la salsa morena ligera reducida, a la que habremos echado dos cucharadas soperas de vino de Madeira. Acompañaremos el plato con las espinacas y el jamón cortado.

Buey a la Bourguignonne

4 personas	460 cal

700 g de carne de buey cortada en dados
200 g de cebollitas
100 g de champiñones
100 g de tocino magro
50 g de mantequilla
una cucharada de harina
media botella de vino de Borgoña
2 pastillas de caldo concentrado
un ramito de hierbas (laurel, tomillo, perejil)
sal
pimienta

Antes de comenzar debemos disolver las pastillas de caldo en un litro de agua caliente. Seguidamente, sazonaremos la carne con sal y pimienta. Aparte, rehoguaremos las cebollitas y el tocino cortado en trocitos en la mantequilla; cuando estén listos los retiraremos y en la misma grasa doraremos la carne tras haberla espolvoreado con la harina, removiendo hasta que tome color, tras lo cual verteremos el caldo caliente, el vino, el tocino, las cebollitas y las hierbas.

Finalmente, lo taparemos y lo dejaremos cocer a fuego suave, durante 2 horas aproximadamente, pero cuando falten 30 minutos para terminar la cocción, agregaremos los champiñones cortados en láminas y rectificaremos la sal si es necesario.

Cabeza de cerdo

4 personas	450 cal

media cabeza de cerdo
una oreja de cerdo
una lengua de cerdo
una cebolla
2 puerros
2 zanahorias
agua
sal
pimienta blanca en polvo
codillo de jamón
medio vaso de vino de jerez seco
16 piñones
10 granos de pimienta negra

Antes de comenzar, limpiaremos las partes del cerdo muy bien, y escaldaremos y pelaremos la lengua. Además pondremos a cocer el resto de ingredientes partidos en un puchero de agua hirviendo: los puerros, las zanahorias, un trozo de cebolla, tres ramas de perejil, la sal necesaria, un pellizco de pimienta y el trozo de codillo de jamón.

Una vez cocido y escurrido, lo deshuesaremos y lo cortaremos en pequeños trozos, volviéndolo a colocar en seco en una cacerola y añadiéndole el medio vasito de jerez. Le daremos vueltas con una cuchara hasta que absorba el vino, agregando entonces los piñones y la pimienta y lo colocaremos en un colador grande poniendo encima un plato y algo que pese para que haga presión y pueda salir el líquido sobrante por los agujeros del colador.

Una vez frío, podemos retirarlo del colador, poniendo el pastel sobre una fuente y cortándolo a rodajas.

Lo serviremos en frío como entremés o merienda en el campo.

Cabezas de cabrito al horno

4 personas	430 cal

2 cabezas de cabrito
2 dientes de ajo
perejil fresco
pimienta negra
sal
un limón
2 cucharadas soperas llenas de pan rallado
3 cucharadas soperas llenas de manteca de cerdo

Las cabezas, bien lavadas y partidas por la mitad, sin quitar el seso ni la lengua (esta la rasparemos bien), las colocaremos en una tartera, untada previamente con manteca. Cubriremos las cabezas con ajo, perejil bien picado, pimienta negra, sal, limón y pan rallado, y las meteremos en el horno hasta que estén hechas.

Las serviremos en la misma tartera en que hemos hecho el guiso.

Cabezas de cordero asadas

4 personas	450 cal

2 cabezas de cordero
150 gramos de carne de cerdo
50 g de manteca de cerdo
una ramita de perejil
3 dientes de ajo
un poco de zumo de limón
pimienta blanca en polvo
sal
un huevo crudo

Empezaremos por preparar el siguiente picadillo: después de picar la carne de cerdo, a la que habremos añadido el perejil y el ajo (picados), la pimienta y la sal, freiremos todo con la manteca. A continuación le añadiremos la yema de huevo, revolviendo la mezcla con una cuchara de madera con el fin de que quede bien unida.

Inmediatamente después rellenaremos las cabezas con el picadillo preparado anteriormente y, a continuación, las ataremos de modo que parezcan estar unidas.

Echaremos unas gotas de zumo de limón y rociaremos con la manteca fundida que nos haya quedado del picadillo. Envueltas en un papel poroso o engrasado las meteremos en el horno hasta que estén en su punto.

Cabrito en adobo

4 personas	420 cal

1 kg de cabrito de la parte de la pierna
125 g de tocino
125 g de cebollas
75 g de manteca de cerdo
3/4 de l de vino blanco ajerezado
3/4 de l de agua
24 cebollitas
3 zanahorias
3 dientes de ajo
perejil fresco
una hoja de laurel
tomillo
comino
clavillo
sal
un grano de pimienta negra
2 cucharadas soperas llenas de harina

En primer lugar, cortaremos el cabrito en trozos regulares que mecharemos con el tocino. Lo pondremos en una vasija de loza o de barro, añadiéndole el vino blanco, la cebolla y la zanahoria cortada a trozos, los dientes de ajo, el perejil, el tomillo, el laurel, el comino, el clavillo y la pimienta en grano, dejándolo así durante 24 horas y moviendo los trozos dos o tres veces durante este tiempo.

Una vez escurridos y secados bien con un paño, los doraremos en la manteca, añadiéndoles las cebollitas y el otro diente de ajo picado; cuando esté todo dorado, echaremos la harina, removiendo un poco, desleiremos con el vino del adobo y, si es necesario, con un poco de agua, agregándole el resto del agua y rectificando de sal. Lo presentaremos en una fuente honda espolvoreado con perejil picado finamente.

Cabrito al salmorejo

6/8 personas	415 cal

un buen cabrito
2 pimientos secos
3 dientes de ajo
orégano
tomillo
una cucharada sopera llena de pimentón rojo picante
pimienta blanca en polvo
sal
un vaso de agua lleno de vinagre
1 l de aceite de oliva
500 g de patatas
250 g de sal gorda

Antes de comenzar limpiaremos, lavaremos y cortaremos el cabrito en pedazos por sus articulaciones, colocándolo en un puchero de barro hondo.

Echaremos los pimientos en remojo en un poco de agua caliente; ya blandos, les retiraremos toda su carne, echándolo en el mortero junto con los ajos y demás ingredientes antes indicados y haremos con todo un majado, que se desleirá con el vinagre; comprobar que esté sabroso, bien de sal y muy picante. Con ello untaremos el cabrito, dejándolo en maceración hasta el día siguiente. Ya impregnado, lo escurriremos. En una sartén pondremos el aceite. Así esté caliente, colocaremos los pedazos de cabrito, tapándolo y dejándolo a fuego suave con el objeto de que la carne se pase y no quede cruda. Los pedazos ya dorados irán a parar a un puchero de barro hondo. Cuando todo esté frito, y en el aceite sobrante, incorporaremos el salmorejo (el jugo de la maceración) dándole un hervor; revolveremos de nuevo, comprobando el punto de sal, y lo esparciremos sobre el cabrito.

Serviremos el cabrito en el mismo puchero, acompañado de las patatas hervidas al vapor.

En Canarias, donde es típica esta preparación, las patatas se hacen «arrugadas».

Cachuela de Logroño

4 personas	*460 cal*

500 g de hígado de cerdo
50 g de manteca de cerdo
2 dientes de ajo
clavo
pimienta negra
nuez moscada en palo
comino
una taza llena de sangre de cerdo
sal
agua

Derretiremos la manteca en una cazuela; cuando esté caliente, echaremos el hígado de cerdo picado menudamente y los ajos machacados, con la sal necesaria.

Cuando esté rehogado, añadiremos las especias (clavo, pimienta negra, unas raspaduras de nuez moscada, canela y comino, todo ello bien molido), un poco de agua y dejaremos que se haga durante unos momentos. Incorporaremos entonces la sangre líquida de cerdo y lo pondremos nuevamente al fuego con el fin de que la sangre cuaje.

Lo mantendremos 5 u 8 minutos y lo serviremos rápidamente.

Callos al estilo gallego

	4 personas		*470 cal*

1 kg de callos
un limón
vinagre
agua
2 manos de ternera
3 cebollas
2 cabezas de ajo
perejil fresco
50 g de tocino
miga de pan reciente
150 g de chorizo cortado en trozos
250 g de garbanzos ya cocidos
pimienta blanca en polvo
nuez moscada
clavo
4 cominos
una cucharada sopera llena de pimentón rojo picante

En primer lugar, lavaremos perfectamente los callos en varias aguas y los frotaremos con limón y vinagre, cortándolos en trozos, los herviremos con agua junto con las manos de ternera (sólo un hervor). Seguidamente, quitaremos el agua, poniendo otra y agregándole a esta las cebollas, peladas y cortadas, y las cabezas de ajos enteras, así como el tocino, la sal y unas ramitas de perejil.

Una vez todo cocido, separaremos las cebollas, los ajos, el perejil y el tocino, machacándolo al mortero con la miga de pan.

Después, uniremos en una cazuela los garbanzos cocidos, el chorizo, los callos y las manos, cubriéndola con la majada del mortero y sazonando con pimienta, nuez moscada rallada, clavo, cominos y pimentón. Daremos un hervor de 15 minutos (echaremos algo del caldo en que cocieron), sirviéndolos a continuación.

Callos picantes

4 personas	490 cal

callos, panza, cuajar o libro, morro y pata con un total de un kilo y medio de peso
100 g de harina
3 huevos crudos
50 g de pan rallado
sal
agua
2 cebollas
1/2 l de aceite
una cabeza de ajo
tomillo
una hoja de laurel
un clavo
3 granos de pimienta negra
pimienta blanca en polvo
4 tomates
salsa picante preparada

Coceremos en agua fría los callos, la panza, el cuajar, el libro, el morro y la pata, dejándolos hervir durante 10 minutos.

Escurridos, los refrescaremos y los volveremos a poner a cocer en agua fría salada, con las cebollas partidas, la cabeza de ajo entera, un poco de tomillo, el laurel, el clavo y los granos de pimienta negra. Estos cocerán moderadamente durante 45 minutos.

Una vez hechos y escurridos los cortaremos en trozos, los secaremos y los rebozaremos con harina, con huevos batidos y con pan rallado, friéndolos en abundante aceite caliente. Haremos con los tomates una salsa y añadiremos a esta una cucharada de salsa picante, que ya venden preparada. Pondremos los callos en una cazuela, cubiertos con la salsa, en la que darán un ligero hervor.

Caracoles guisados

4 personas	380 cal

4 docenas de caracoles (puede aumentarse el número de caracoles prudencialmente si así se desea, sin modificar lo demás)
un diente de ajo
50 g de jamón
perejil fresco
un pimiento rojo de lata
sal
pimienta blanca en polvo
un clavo
comino
una taza llena de salsa de tomate
1/4 de l de aceite
2 cucharadas soperas de pan rallado
una hoja de laurel
tomillo
1 l de caldo

En una cazuela de horno con el aceite dispondremos la cebolla bien picada, el ajo y el perejil, también picado, e incorporaremos los caracoles ya limpios y cocidos. Añadiremos el jamón y el pimiento cortados ambos en trocitos. Una vez bien removido, echaremos el pan rallado, la sal, la pimienta, el laurel, el tomillo, el comino, el clavo, la salsa de tomate y el caldo necesario, dejándolos cocer al horno. Los serviremos en la misma cazuela de cocción.

Caracoles a la maña

4 personas	350 cal

4 docenas de caracoles (puede aumentarse el número de caracoles prudencialmente si así se desea, sin modificar lo demás)
una cebolla
un diente de ajo
abundante perejil fresco picado
una taza llena de salsa de tomate
una cebolla
2 cucharadas soperas con pimentón rojo dulce o picante
2 cucharadas soperas llenas de harina
una taza con aceite
caldo de carne o de pollo
una hoja de laurel
agua
sal

Empezaremos por limpiar perfectamente los caracoles en tantas aguas como sea preciso, con el objeto de que suelten bien las babas. Después los coceremos en agua con sal. Mientras hierven haremos una fritura en aceite con la cebolla, el ajo y el perejil, todo bien picado. Sazonaremos este sofrito con un poco de pimentón rojo dulce o picante, según agrade más, y le echaremos también la harina, dando una vuelta con la cuchara y añadiendo los caracoles, ya cocidos y escurridos: deben impregnar bien de la fritura. Añadiremos también la hoja de laurel. Antes de servirlos a la mesa incorporaremos la salsa de tomate.

Caracoles con sobrasada

4 personas	370 cal

12 docenas de caracoles (puede aumentarse el número de caracoles prudencialmente si así se desea, sin modificar lo demás)
150 g de jamón cortado en cuadrados
2 cebollas medianas trinchadas
4 tomates también medianos pelados y picados
2 dientes de ajo
250 g de sobrasada
3/4 de vaso de aceite
1/4 de l de leche
una cucharada sopera llena de harina
2 copas de licor llenas de coñac
un vasito de vino blanco
pimienta blanca en polvo
sal
agua o caldo
verdura al gusto

Cocer los caracoles, previamente ayunados y limpios según es costumbre, con agua y hierbas, no olvidando el hinojo, la mejorana y la hierbabuena.

Freiremos en una olla o en una cazuela con el aceite, el jamón, la cebolla y los ajos; cuando esté dorada la cebolla, añadiremos el tomate, que dejaremos freír también, e incorporaremos seguidamente el coñac y el vino blanco; reduciremos el líquido encendiendo el coñac para la evaporación del alcohol, y espolvorearemos con la harina, dejando que se rehogue un poco.

Removeremos el conjunto con la espumadera; en este momento echaremos la leche, la sobrasada y los caracoles, ya cocidos y bien escurridos; cubriremos con caldo o con agua y lo coceremos todo, añadiendo alguna verdura o tubérculo, como patatas cortadas en cuadrados, judías verdes, ramas de coliflor, etc.

Rectificaremos de sal. Cuando la verdura esté cocida, podremos servir el plato, que no tendrá demasiada salsa, sino la precisa para cocer la verdura.

Si deseamos que los caracoles salgan picantes, añadiremos guindilla en el agua de su cocción. Los serviremos muy calientes.

Carbonada

4 personas	*440 cal*

500 g de carne de vaca
150 g de tocino
una taza llena de aceite
4 cebollas
una hoja de laurel
tomillo
perejil fresco
2 dientes de ajo
sal
pimienta blanca en polvo
un vaso de agua lleno de cerveza negra
2 cucharadas soperas llenas de harina
4 patatas
agua

La carne de vaca la cortaremos en trozos de igual tamaño. Cortaremos asimismo el tocino y lo escaldaremos en agua caliente. Rehogaremos todo en una sartén honda con aceite y le añadiremos las cebollas cortadas en cuadrados, un ramillete compuesto por el laurel, el tomillo, el perejil y los dientes de ajo machacados, la sal y la pimienta. Seguidamente, espolvorearemos con la harina y mojaremos con el vaso de cerveza negra, dejándolo cocer a fuego lento durante 2 o 3 horas.

Desengrasaremos la salsa y serviremos la carne con las patatas cocidas al vapor.

Carne almendrada

👤	*4 personas*	⚖	*460 cal*

800 g de solomillo de buey en un trozo
100 g de almendras
un huevo duro
pimienta blanca en polvo
dos cucharadas soperas llenas de leche
20 g de harina
sal
100 g de manteca de cerdo
un vaso lleno de vino tinto
un vaso lleno de agua

En primer lugar, dispondremos el trozo de solomillo sobre una tabla haciéndole unos cortes profundos, pero sin que lleguen al fondo de la pieza de carne.

Seguidamente, tostaremos en el horno las almendras crudas y sin cáscara, machacándolas o triturándolas, les añadiremos la yema de huevo duro, un poco de pimienta, sal y las cucharadas de leche cruda. Con esta pasta, rellenaremos los cortes de la carne; cerrándola y atándola, la pasaremos por harina, friéndola en parte de la manteca, después terminaremos de cocerla al horno con el resto de la manteca, el vino y el agua, hasta que esté totalmente hecha.

Carne de vaca con ciruelas

👤	*4 personas*	⚖	*430 cal*

780 g de carne
400 g de ciruelas claudias secas
agua
sal
pimienta blanca en polvo
una cebolla
100 g de manteca de cerdo
20 g de harina

Pondremos en una cazuela con manteca la carne, cortada en trocitos, con sal y pimienta en polvo. Cuando esté un poco dorada, añadiremos la cebolla muy picada, dejando que se dore con la carne. Las ciruelas deben tenerse en agua caliente durante 15 minutos para que se ablanden y, una vez bien exprimidas, las incorporaremos a la carne. Cuando todo adquiera un color dorado, tostaremos en la sartén la harina con manteca de cerdo, añadiéndole agua (o caldo) e incorporando esto a la carne, sazonándola y poniéndola a hervir hasta que esté en su punto.

Si queremos poner patatas, habrá que echarlas antes que las ciruelas.

Cerdo en adobo

4 personas	425 cal

800 g de carne de cerdo
1/2 l de vinagre
orégano
pimienta negra en polvo
tomillo
una cucharada sopera llena de pimentón rojo dulce o picante
enebro
patatas cocidas

Sencillamente, se trata de preparar la carne de cerdo grasa troceada en pequeños pedazos y puesta a adobar durante varios días en salsa de vinagre fuerte con las especias y mucho orégano. Antes de servirla, la freiremos en la sartén con la misma grasa de la carne. Finalmente, presentaremos muy caliente y con las patatas hervidas.

Este es el plato favorito en las fiestas y romerías canarias.

Chanfaina de menudillos

4 personas	485 cal

400 g de callos de cordero
4 manitas de cordero
150 g de tocino entreverado
3 cebollas
3 tomates
2 dientes de ajo
4 almendras tostadas
10 piñones
2 papelinas de azafrán de hebra
2 pimientos rojos de lata
200 g de guisantes frescos
una hoja de laurel
perejil fresco
tomillo
una cucharada sopera llena de pimentón rojo picante
un vaso de vino lleno de vino blanco seco
agua
sal
pimienta blanca en polvo

Cuando los callos estén limpios, los pondremos en una olla junto con las manitas de cordero y 2 litros de agua, cociéndolo todo durante 10 o 15 minutos, pasados los cuales lo escurriremos y lo partiremos a trozos.

En una cazuela pondremos el tocino entreverado, cortado previamente a trocitos, y lo freiremos un poco sin que llegue a deshacerse, añadiendo el pimentón rojo, el tomate mondado y picado, y el vino. Después agregaremos los callos y las manos, el agua o el caldo de carne y un manojo compuesto por laurel, perejil y tomillo atado. Seguidamente, lo sazonaremos con sal y con pimienta y lo dejaremos cocer a fuego muy lento durante 2 o 3 horas.

A mitad de la cocción le añadiremos el ajo picado, los piñones y las almendras, todo unido y picado. Por último, media hora antes de dar por finalizado el guiso, incorporaremos los guisantes desgranados, los pimientos cortados a cuadrados y retiraremos el ramito.

Serviremos la chanfaina en una fuente y siempre muy caliente.

Chilindrón

4 personas	*460 cal*

una pierna de cordero
2 cebollas
100 g de manteca de cerdo
una cucharada sopera llena de harina
un pimiento fresco
2 cucharadas soperas con vinagre
una taza llena de coñac
una cucharada sopera con pimentón rojo
un diente de ajo
sal

Dividiremos el cordero en trozos y lo salaremos. Después picaremos las cebollas echándolas en la manteca puesta en una cazuela de barro y, cuando estén casi doradas, añadiremos los trozos de cordero y la cucharada de harina. Aparte, en otra cazuela, pondremos la taza de coñac, el pimentón rojo, el diente de ajo cortado en trozos, el pimiento troceado y el vinagre; dejándolo hacer y pasando esta salsa por un colador, la verteremos sobre el cordero, que deberemos seguir haciendo hasta que esté tierno para servirlo a la mesa en la misma cazuela de cocción.

Chuletas a la barbacoa

4 personas	440 cal

6 chuletas de cerdo
2 cucharaditas de café soluble
4 cucharadas de vinagre
4 cucharadas de azúcar
una cucharadita de mostaza
una cucharadita de salsa picante inglesa
unas gotas de tabasco
menta fresca
sal
pimienta

En primer lugar, debemos disolver el café en medio vaso de agua, luego le mezclaremos el vinagre, la mostaza, el azúcar, la salsa inglesa, el tabasco y 2 o 3 hojas de menta trinchadas. Durante 2 o 3 horas debemos macerar las chuletas en esta preparación.

Cuando haya pasado este tiempo las asaremos en la barbacoa, rociándolas a menudo con la salsa.

En el último momento las sazonaremos con sal y con pimienta.

Chuletas de cordero a la cazuela

4 personas	400 cal

3 o 4 chuletas de cordero por comensal
4 cucharadas soperas llenas de aceite
una cebolla de tamaño mediano
100 g de jamón en un trozo
un tomate maduro
un pimiento morrón de lata
50 g de chorizo de Pamplona en un trozo
sal

En primer lugar, limpiaremos las chuletas de nervios y les echaremos sal. Pondremos encima de la lumbre una cazuela con la manteca de cerdo y el aceite (mitad y mitad) y, cuando esté muy caliente, echaremos las chuletitas que hemos preparado, rehogándolas. Una vez doradas por ambas caras, las dejaremos en otra cazuela de barro, manteniéndolas cerca del fuego para que no se enfríen.

Trincharemos la cebolla y dividiremos en dados el trozo de jamón. Ambas cosas las freiremos en la cazuela que contiene la grasa en que se han dorado las chuletas.

Picaremos el tomate y el pimiento morrón, agregando el trinchado a la cazuela y prosiguiendo el rehogado. Mientras se acaban de guisar, cortaremos el chorizo a rodajas bastante gruesas a las que quitaremos la piel.

Apartaremos la cazuela del fuego y pondremos por encima las rodajas de chorizo despellejadas, después la taparemos para que suden, manteniéndolo sólo durante 5 minutos a fuego muy bajo y sirviéndolas a continuación.

Chuletas de cordero con bechamel

4 personas	430 cal

8 chuletas de cordero
2 tazas llenas de salsa bechamel espesa (véase «Salsas»)
4 huevos crudos
100 g de pan rallado
1/4 de l o más de aceite
sal

Prepararemos las chuletas aplastándolas un poco y echándoles sal. En parte del aceite, puesto ya en una sartén al fuego, las rehogaremos ligeramente dejándolas enfriar en una fuente. Cuando estas estén listas ya tendremos hecha la salsa bechamel, un poco espesa, y pasaremos ambas caras de las chuletas por ella para que se impregnen bien. Batiremos los huevos y empanaremos las chuletas pasándolas primero por los huevos batidos, después por el pan rallado y friéndolas en el resto del aceite caliente.

Quedan como hinchadas y son muy sabrosas.

Podemos acompañarlas de lechuga en ensalada o de patatas fritas.

Chuletas de ternera a la antigua

4 personas	480 cal

4 chuletas de ternera
100 g de miga de pan
una taza llena de jugo de carne asada (de no tener jugo de carne asada podemos echar una cucharada de jugo concentrado de carne diluido en una taza de agua)
50 g de champiñones
2 cebollas pequeñas
un diente de ajo
50 g de mantequilla
una copa de vino blanco
sal
pimienta blanca en polvo

Los champiñones los cortaremos en ruedas muy delgadas y trincharemos el ajo y las cebollas después de peladas. En un recipiente pondremos las chuletas y sobre ellas los champiñones y el trinchado anterior, sazonaremos con sal y pimienta y regaremos con la mantequilla, que previamente habremos ablandado hasta dejar líquida. Cuando estén listas colocaremos la bandeja en lugar templado (el horno, por ejemplo) para que se mantenga tibio, conservándolo allí durante media hora.

Transcurrido este tiempo, retiraremos las chuletas empanándolas con la miga del pan rallado y pondremos esta falsa marinada al fuego, añadiéndole el vino blanco y calentándola hasta que se reduzca un poco; luego agregaremos el jugo de asado y lo pasaremos todo por el colador chino.

Engrasaremos la parrilla y asaremos las chuletas y, mientras se van haciendo, condimentaremos con un goteado de la salsa preparada.

Presentaremos las chuletas a la mesa acompañadas de una salsera con su propia salsa.

Chuletas de ternera en salsa de vino

4 personas	*470 cal*

4 chuletas de 200 g cada una
2 dientes de ajo
perejil fresco
25 g de miga de pan
una taza llena de caldo de carne (puede ser en cubitos)
un vaso de agua lleno de buen vino tinto
100 g de manteca de cerdo
sal

Con el mazo aplastaremos las chuletas y les echaremos sal. En el mortero reduciremos a pasta los dientes de ajo, unas ramitas de perejil y la miga de pan; alargando la pasta con el caldo y el vino tinto, coceremos esta salsa pasándola después por el tamiz.

Freiremos las chuletas todas juntas en una sartén grande con la manteca de cerdo y, cuando estén doradas, agregaremos la salsa a la sartén, poniendo todo en la fuente a los 2 o 3 minutos de haber dado un ligero hervor.

Cochifrito

4 personas	450 cal

1/4 de cordero lechal de los llamados en Navarra de «tres madres»
1/4 de l de aceite o 150 g de manteca de cerdo
una cebolla
un diente de ajo
una cucharada sopera llena de pimentón picante o dulce según guste
2 granos de pimienta
perejil fresco
un limón
sal

La carne del cordero la cortaremos en trozos menudos y les echaremos sal, friéndolos en una cazuela de barro, puesta sobre el fuego con abundante aceite o manteca de cerdo. Cuando esté un poco frito, añadiremos la cebolla, el ajo machacado, el pimentón, los granos de pimienta machacados, el perejil picado y el jugo del limón colado.

Serviremos el cochifrito en la misma cazuela.

Cochinillo asado

4 personas	430 cal

un cochinillo pequeño entero
una cabeza de ajo
100 g de manteca
sal
una nuez
150 g de tocino tierno

El cochinillo que utilizaremos para este plato será bien tierno, y lo escaldaremos para quitarle el poco pelo que tenga, también vaciaremos su vientre de todas las vísceras, introduciendo en el interior la cabeza de ajos. Lo untaremos con la manteca por toda la superficie exterior, sazonándolo con sal y colocándolo en el asador, atravesando su cuerpo a lo largo. Las patas traseras se atan, estiradas, al asador y los brazos irán recogidos sobre los lados. En la boca le pondremos la nuez entera, con el objeto de que permanezca abierta y penetre el calor. Untaremos la corteza de vez en cuando con el tocino.

En el momento que esté dorado, lo serviremos entero. Va bien acompañarlo con una buena ensalada de lechuga fresca.

Cochinillo asado a lo guajiro

10 personas	*435 cal*

un cochinillo
150 g de manteca de cerdo
100 g de perejil picado
4 cebolletas frescas picadas
2 escaloñas

Para la salsa
una cucharada sopera llena de perejil fresco picado
una cebolla picada
2 dientes de ajo
el zumo de un limón
10 plátanos verdes fritos

Meteremos el cochinillo en un caldero de agua tibia; después de haberle roto los colmillos, lo frotaremos para quitarle las cerdas, metiéndolo y sacándolo del agua varias veces hasta que desaparezca todo el pelo; luego se le quitan las pezuñas y se le saca el vientre, sin quitarle los riñones. Haremos unos cortes en el pescuezo y cuatro en el lomo, y le introduciremos el rabo entre cuero y carne. Recogeremos las manos y las patas con dos pasadores de hierro, que pasaremos el uno por los muslos y el otro por el pecho. Por último, lo pondremos 24 horas en agua fría, pasadas las cuales lo colgaremos y lo dejaremos secar. Meteremos en el interior del cuerpo la manteca de cerdo amasada con el perejil y las cebolletas picadas, a las cuales se añaden las escaloñas (ajo chalote) también picadas.

Así preparado el cochinillo, lo pondremos en el asador bañándolo con una salsa compuesta por el perejil, la cebolla, los ajos picados y el zumo de limón. Cuando esté en su punto lo serviremos con los plátanos verdes fritos. También podemos tostarlo al horno, pero es necesario ponerle la salsa poco a poco para que no se queme.

Contrafilete de ternera con manzanas

	10 personas		480 cal

1 kg de contrafilete de ternera en una sola pieza
3 manzanas reinetas
1 cebolla
1 zanahoria
un vaso de vino blanco seco
2 yemas de huevo crudo
1/2 l de aceite,
100 g de mantequilla
6 cucharadas soperas llenas de harina
2 dientes de ajo
2 ramitas de perejil
sal
pimienta blanca en polvo
tomillo

Con una cuerda fina ataremos la carne, echándole sal y pimienta, y pasándola por harina. Pondremos las cebollas y las zanahorias cortadas finamente en una placa de horno, añadiéndole la pieza de contrafilete, el perejil partido en trozos, un poco de tomillo y el aceite. A continuación, lo asaremos en el horno a fuego lento para que no adquiera demasiado color. A los 30 minutos de cocción daremos la vuelta a la carne y después echaremos el vino, prosiguiendo el guiso hasta que alcance su punto. En este momento se retirará la carne de la placa y se conservará en un lugar caliente. En un cazo asaremos con mantequilla las manzanas, a las que previamente habremos quitado el corazón y la piel, y las habremos cortado en rodajas gruesas.

El fondo de la cocción lo pasaremos por el colador chino, recogiendo el producto en un recipiente; echaremos las yemas de huevo ayudándonos de un batidor y ligaremos la salsa. Esta salsa la conservaremos al baño María para que no se enfríe.

El contrafilete lo cortaremos en lonchas que dispondremos en el centro de una fuente ovalada y caliente; a un lado de la carne colocaremos las rodajas de manzana y regaremos la carne con la salsa muy caliente después de haberla rectificado de sal.

Corazón guisado

4 personas	470 cal

750 g de corazón de ternera
sal
100 g de manteca de cerdo
una cebolla
3 tomates
un vasito de vino lleno de jerez seco
agua
6 patatas
1/4 de l de aceite

En primer lugar, cortaremos en filetes el corazón. Picaremos la cebolla, friéndola en la manteca que estará puesta en una cazuela de barro. Cuando tome color, incorporaremos los tomates sin piel y trinchados, dándoles unas vueltas, y añadiremos también el corazón; después salaremos, echaremos el jerez, un poco de agua y ya puede hervir durante 15 minutos. Pelaremos las patatas, friéndolas en cuadraditos y añadiéndolos a la cazuela del corazón, que dará un hervor. Finalmente, serviremos el corazón en la misma cazuela.

Cordero asado al estilo de la Rioja

4 personas	490 cal

1 kg de cordero de la parte de la pierna o de la paletilla
50 g de manteca de cerdo
2 dientes de ajo
2 rodajas de cebolla
perejil fresco
pimienta en grano
sal
una cucharada sopera llena de vinagre
un vasito de vino blanco
una hoja de laurel
un vaso de agua o de caldo de carne
guarnición de lechugas o patatas

En el fondo de una cazuela de barro colocaremos las rodajas de cebolla, el laurel y los granos de pimienta, disponiendo encima el cordero entero, ya espolvoreado con sal y recubierto con la manteca de cerdo. Lo meteremos en el horno para que se ase bien y quede muy dorado por todos los lados, rociándolo con vino blanco durante su cocción.

Desengrasaremos entonces el cordero, tomaremos un poco de esta grasa y, en una sartén pequeña, freiremos una cucharada de perejil picado con los ajos, asimismo picados menudamente, agregándoles el vinagre antes de que empiecen a tomar color. Dejaremos cocer todo ello un poco y le añadiremos luego el jugo que ha soltado el cordero mientras se asaba; sumaremos a esto el agua (y, mejor aún, el caldo de carne), dejándolo cocer otro poco.

Retiraremos el laurel y los granos de pimienta, y rociaremos el cordero con esta salsa, sirviéndolo con ensalada de lechuga fresca o patatas fritas.

Cordero con hierbas

4 personas	420 cal

1/4 de cordero lechal
2 cucharadas soperas llenas de manteca de cerdo
sal
pimienta blanca en polvo
una cebolla
6 tomates
un diente de ajo
un ramillete compuesto por tomillo y laurel
un limón
una yema de huevo cruda

Debemos cortar en trozos regulares el corderito, rehogándolo en una cazuela con la manteca y sazonándolo con sal y pimienta. Lo haremos hasta que los trozos se doren. Retiraremos después la carne, pondremos en la cazuela la cebolla picada y, cuando esté ligeramente dorada, añadiremos los tomates pelados machacados y sin semillas, el diente de ajo majado y el ramillete compuesto. Volveremos a poner la carne en la cazuela, incorporando el jugo del limón batido con la yema de huevo. Coceremos el corderito al horno durante 40 minutos, pasados los cuales lo serviremos.

Costillar de ternera

8 personas	430 cal

2 kg de costillar
1 cebolla,
1 diente de ajo
1 zanahoria
hierbas aromáticas (compuestas por laurel, perejil y perifollo)
3 tomates
1/4 de l de aceite
100 g de manteca de cerdo
un vaso de agua lleno de jerez seco
un vaso de agua lleno de caldo de carne o agua (debe ser un buen caldo de carne, verduras y huesos)
guarnición de verduras frescas

Antes de comenzar, limpiaremos el doble costillar trasero de ternera de puntas y lo ataremos para darle forma, echándole sal y poniéndolo en una placa de asar sobre un buen fondo de cebollas con ajo, con zanahoria, con un manojo de hierbas aromáticas y con unos trozos de tomate, sazonando todo esto con una mezcla de aceite y manteca, y lo meteremos en el horno, el cual deberá estar programado previamente, para que la carne no pierda su jugo. Pasada una hora, aproximadamente, le daremos la vuelta y le añadiremos el jerez seco y el caldo o agua.

Una vez terminado el asado, retiraremos la carne, los jugos y los aderezos, lo pasaremos por el chino, rectificaremos de sal y lo reservaremos. Para acabar con la preparación, deshuesaremos y cortaremos la carne en lonchas gruesas, poniéndolas sobre el mismo costillar en una fuente muy grande, acompañándola con verduras frescas y vertiendo un poco de la salsa, muy caliente, sobre la ternera. Serviremos más salsa en salsera aparte.

Costillas de cerdo adobadas

	4 personas		450 cal

1 kg de costillas de cerdo
puré de patata
un vaso de vino lleno de vino blanco
aceite
sal
una hoja de laurel
un diente de ajo
perejil fresco
una cucharada sopera llena de pimentón rojo dulce
200 g de arroz hervido en blanco

Adobaremos las costillas con ajo, perejil picado, aceite, vino, laurel y sal durante 2 horas. Transcurrido este tiempo, las escurriremos y las pondremos en una fuente para meterlas en el horno, donde cada 10 minutos las rociaremos con su jugo hasta que estén las costillas cocidas y doradas.

Cuando ya estén listas les quitaremos el hueso y pondremos la carne en forma de corona en una fuente de servir.

En el centro de la fuente colocaremos el puré de patata y el arroz hervido en blanco.

Creulat

4 personas	420 cal

750 g de carne (mitad de ternera y mitad de cerdo) ambas picadas
perejil fresco
2 dientes de ajo
hojas de col blanca
agua
sal
6 lonchas de tocino
50 g de manteca de cerdo
salsa al gusto

Daremos un hervor a las hojas de col con agua y sal; una vez escurridas, las reservaremos. Mientras, uniremos la carne picada de cerdo y la de ternera con el perejil y los ajos picados.

Seguidamente, en un molde pequeño, que no tenga dibujos, pondremos el tocino cruzado. Sobre este cruzado de tocino colocaremos una hoja de col untada con manteca, encima de esta una cantidad de carne picada, luego otra hoja de col también untada con manteca, otra vez el picado de carne, hasta terminar con dos hojas de col en lugar de una.

Lo meteremos al horno y, en el momento de servirlo, lo retiraremos del molde con cuidado para que quede entero y echaremos por encima una salsa al gusto (véase «Salsas»).

Criadillas rebozadas

4 personas	415 cal

4 criadillas de 100 g cada una
sal
1/4 de l de aceite o más
3 huevos crudos
50 g de pan rallado

En primer lugar, limpiaremos las criadillas de su piel, cortándolas después en rodajas finas a las que echaremos sal. Cuando esto está listo, prepararemos una sartén al fuego con el aceite, y, mientras, rebozaremos las criadillas en el huevo batido y en el pan rallado para freírlas en el aceite.

Las serviremos escurridas de su grasa y muy calientes, e incluso podemos acompañarlas con patatas fritas.

Croquetas a la española

4 personas	380 cal

50 g de jamón
150 g de carne de cerdo
1/2 l de buen caldo (debe ser buen caldo, de desperdicios de pollo y huesos, no vale en cubitos)
una cucharada sopera llena de manteca de cerdo
50 g de harina
un huevo crudo
una cucharadita de café llena de cebolla picada
sal
nuez moscada
100 g de pan rallado
3 huevos más crudos
1/4 de l de aceite
canela en polvo

Freiremos la carne y después la picaremos muy finamente, picaremos también el jamón y, en una sartén, con la manteca derretida, echaremos la cebolla picada y la dejaremos freír un poco, añadiendo la harina y el caldo hirviendo, y removiendo rápidamente con el batidor. Sazonaremos con sal y nuez moscada y una pizca de canela y lo dejaremos cocer 15 minutos sin parar de moverlo.

Ya retirado del fuego, le mezclaremos un huevo batido, dejaremos dar un hervor a fuego muy lento y verteremos la pasta en una fuente, dejándola enfriar.

Para moldearlas y freírlas lo haremos con los huevos batidos y pan rallado, dorándolas en el aceite caliente y sirviéndolas en una bandeja.

Croquetas mallorquinas

4 personas	390 cal

400 g de carne asada o cocida
una cebolla
sal
pimienta blanca en polvo
1/4 de l de aceite
2 huevos crudos
100 g de pan rallado
pan
3 huevos crudos más para rebozar
2 cucharadas soperas llenas de manteca de cerdo

Picaremos la carne (valen las sobras del cocido) con la cebolla y la rehogaremos en la sartén con la manteca de cerdo; una vez frita, batiremos dos claras de huevo y echaremos las yemas y las claras a la carne, sazonando con sal y pimienta. Tomaremos una cucharada de la carne y formaremos una croqueta. Si queda clara y no liga, añadiremos un poco de miga de pan mojada y exprimida; unida con la carne antes de hacer las croquetas, envolveremos estas en pan rallado y huevos batidos, y las freiremos en la sartén con el aceite muy caliente.

Croquetas de pollo

4 personas	370 cal

4 cucharadas soperas llenas de harina
1 l de leche
nuez moscada
una pechuga de pollo
agua
sal
50 g de mantequilla
20 g de jamón
100 g de pan rallado
3 huevos crudos
1/4 de l de aceite

Coceremos la pechuga de pollo, y cuando ya esté lista, le quitaremos la piel y todas las grasas, picándola finamente. Para una pechuga pondremos 50 g de mantequilla en una sartén y rehogaremos en ella el jamón, picándolo finamente.

La preparación de la bechamel para todas las croquetas y frituras se realiza mediante la siguiente fórmula: a la harina añadiremos la leche y batiremos con un batidor para que no forme grumos, añadiendo un poco de nuez moscada rallada. Los 50 g de mantequilla que se hayan frito con el jamón los volveremos a poner al fuego, y con una cuchara de palo revolveremos todo. Cuando se vea que está bien cocida y fina la masa, le añadiremos el jamón que está preparado, haciendo lo mismo con la pechuga.

Sazonaremos con sal, teniendo en cuenta la salazón del jamón. Retiraremos la masa a una fuente para que se enfríe. Una vez frío tomaremos trozos con una cuchara y los pondremos sobre el pan rallado, dándoles la forma característica. La primera capa de pan rallado debe ser muy fina; luego se pasan por los huevos bien batidos y otra vez por el pan rallado, friéndolos en el aceite muy caliente.

Las croquetas se pueden servir calientes, recién hechas, o bien frías.

Empanada compostelana

4 personas	400 cal

400 g de pasta de panadería
500 g de lomo de cerdo
6 cucharadas soperas llenas de puré de tomate
3 dientes de ajo
media cucharadita de café llena de pimentón rojo dulce
2 pimientos frescos del tiempo
una cebolla
una taza llena de aceite
sal
una yema de huevo

En el aceite rehogaremos la cebolla pelada y picada, los pimientos cortados en trozos y los ajos picados; cuando esté todo hecho, sazonaremos con la sal y el pimentón, agregando el puré de tomate y el lomo cortado en laminillas muy finas; freírlo hasta que el lomo esté tierno. Aplastaremos la pasta con las manos, rociándola con un poco del aceite de freír el lomo y trabajándola hasta que la pasta haya absorbido toda la grasa. La extenderemos con el rodillo y cortaremos las empanadas.

Pondremos un papel blanco engrasado encima de la placa del horno y sobre él un redondel de masa, cubriéndola con el lomo y la salsa. Humedeceremos los extremos con agua y presionaremos con los dedos. La coceremos a horno moderado y, cuando esté a media cocción, la pintaremos con la yema del huevo mezclada con un poco de agua.

Ya en su punto, la retiraremos del horno y la serviremos caliente o fría, como más guste.

Empanada mallorquina

4 personas	415 cal

500 g de cordero de la parte de la pierna (sin hueso)
200 g de sobrasada
una cebolla mediana
un diente de ajo
un vasito lleno de vino blanco
un poco de azafrán molido
pimienta blanca en polvo

Pasta
700 g de harina de flor
250 g de manteca de cerdo
una cucharadita de levadura prensada
una copita de licor llena de aguardiente
agua templada

Para hacer la pasta, prepararemos sobre la mesa o sobre el mármol 600 g de harina y haremos un hueco en su centro, echando en él la manteca derretida, la levadura prensada y desmenuzada, el aguardiente y algo menos de un cuarto de litro de agua. Amasaremos hasta obtener una pasta bien dura, que se suelte fácilmente de las manos, y la dejaremos reposar en lugar templado, cubierta con un paño para que fermente durante 2 horas (hasta que haya crecido el doble).

Para el relleno, cortaremos la carne de cordero sin hueso alguno en trozos pequeños que sazonaremos con sal, un poco de pimienta y un poco de azafrán pulverizado, friéndola después en la sartén, junto con el tocino cortado en cuadrados. Cuando estén fritos, añadiremos la cebolla y el ajo pelados y picados, que se rehogarán con los anteriores ingredientes. Escurriremos un poco la grasa si la hubiese en demasía y echaremos el vino blanco; cuando este se haya reducido a la mitad, mezclaremos la sobrasada desmenuzada en trozos de tamaño de un garbanzo y lo dejaremos enfriar.

Sobre la mesa o el mármol, espolvoreado de harina, estiraremos la masa con el rodillo y cortaremos los redondeles grandes, uno un poco mayor que el otro. El más grande, y también un poco más espeso, se pone sobre una placa de pastelero, untada de manteca y en su centro colocaremos el relleno de cordero y sobrasada; este se cubre con el otro redondel de pasta, juntando bien los bordes, que se habrán untado con un poco de huevo batido y formando un reborde con los dedos, o bien pasando la espátula por la línea de unión.

Adornaremos la empanada con algunas tiras delgadas de los restos de masa, después pintaremos la superficie con huevo, la pincharemos con un tenedor y finalmente la coceremos en el horno.

Esta receta no lleva sal ya que la sobrasada, con su sabor fuerte, impregna al resto de los ingredientes.

Empanada de raxo

👤	*4 personas*	⚖	*430 cal*

400 g de pasta de panadería (en las panaderías u hornos es fácil comprar pasta de este tipo)
500 g de raxo (lomo de cerdo fresco)
2 pimientos
2 tomates
un vaso de agua lleno de aceite
sal
50 g de grasa de cerdo
una cebolla

Esta empanada, muy típica de Galicia, es muy fácil de hacer.

Prepararemos la pasta trabajándola con un poco de manteca, la grasa de cerdo y el aceite. Haremos un sofrito con el lomo de cerdo para el relleno, echando en él los tomates, la cebolla y los pimientos fritos (o de lata). Preparado ya el sofrito, sobaremos la masa con el aceite del mismo. En general, en Galicia se soban con el aceite del relleno la mayoría de las masas.

Cortaremos o dividiremos en dos la pasta y, forrando con una de las partes el molde, echaremos el relleno tapándola y metiéndola al horno hasta que se dore.

Empanadas con jamón

4 personas	370 cal

250 g de jamón (puede ser cocido)
pan candeal (pan candeal es el clásico pan de Castilla, se llama también de máquina, pero puede hacerse con pan normal atrasado de un día)
1/4 de l de leche
50 g de mantequilla (margarina no)
50 g de harina
4 huevos crudos
150 g de manteca de cerdo

Prepararemos unos cuadraditos con el jamón, cortándolos del mismo tamaño que el pan candeal. Pondremos a remojar en leche los panes. Esto lo prepararemos con un par de horas de antelación. En el momento de hacerlos exprimiremos bien los pedazos de pan y, por el interior, les untaremos mantequilla. Entre dos panes pondremos un pedacito de jamón, los rebozaremos ligeramente con la harina y los huevos batidos, y los freiremos en la manteca muy caliente.

Aconsejamos que el pan y el jamón tengan 5 cm de espesor aproximadamente.

Empanadillas

4 personas	360 cal

Pasta o masa
300 g de harina
150 g de manteca de cerdo o mantequilla
3 cucharadas soperas llenas de vino blanco
3 cucharadas soperas con caldo de carne (pueden ser en cubitos)
sal
un huevo crudo batido

Prepararemos sobre el mármol la harina como si fuésemos a hacer hojaldre, echaremos el huevo batido, el caldo y el vino blanco, trabajando todo junto con el mazo y volviéndolo cuando esté unido, volviendo a trabajarlo y añadiéndole un poco de harina, la menos posible. Seguidamente, cogemos el mazo y lo iremos extendiendo; lo volveremos a unir y a doblar, y lo dejaremos descansar media hora. Transcurrido este tiempo volveremos a trabajarlo con el mazo, extendiendo la pasta bien fina y, una vez bien hecho esto, pondremos con una cuchara cualquier relleno de fritura que tengamos preparado, bien sea pasta de croquetas o un relleno de menudillos de pollo, bacalao, riñones o mollejas guisadas (lo que guste).

Cortaremos las empanadas resultantes con un cuchillo y uniremos los bordes con un poco de huevo batido, y después ya pueden freírse en aceite y en manteca, siempre cubiertas con la grasa, acompañado de una espumadera y haciéndolas lentamente. La manteca no debe estar tan caliente como lo está para freír croquetas.

Emparedado de jamón

	4 personas		370 cal

2 panes de fote (el pan de fote es un pan típico del País Vasco, caso de no tenerlo podemos utilizar pan de molde o incluso pan normal, sin corteza y atrasado, de dos días)
150 g de jamón (no utilizar jamón en dulce)
4 huevos crudos
1/4 de l de leche
1/2 l de aceite

Cortaremos el pan en rebanadas finas y cortaremos también el jamón, poniendo todo ello a remojo en la leche durante 30 minutos, pasados los cuales exprimiremos el pan y, colocando dos trozos de jamón entre cada dos rebanadas de pan, los rebozaremos en los huevos bien batidos y los freiremos en aceite abundante, sirviéndolo caliente.

Embozado habanero

	4 personas		440 cal

1 kg de carne de ternera o vaca
500 g de carne de cerdo (lomo)
100 g de jamón
un vaso de vino lleno de vinagre
un poco de orégano
3 clavos
pimienta blanca en polvo
un trozo de canela en rama
sal
4 cucharadas soperas llenas de manteca de cerdo
400 g de cebollas cortadas en rebanadas

Prepararemos una fuente ancha y en ella echaremos capas de medio dedo de grueso, de la carne cortada de ternera o de vaca y de la de cerdo. Picaremos el jamón. Todo esto lo adobaremos, con vinagre, orégano, clavillos, pimienta, canela y la sal suficiente.

Lo dejaremos un buen rato hasta que tome bien el adobo. Pondremos una cazuela en el fuego y en ella echaremos la carne por capas, poniendo entre unas y otras el picadillo, el cual, para que no se caiga, sujetaremos con unas hebras de hilo. Echaremos el adobo que hicimos y le añadiremos la manteca, dejándolo hervir hasta que calculemos que está medio cocido y, entonces, añadiremos las cebollas cortadas en rebanadas, volviendo a dejar que se haga lo suficiente para que esté totalmente tierno y podamos servirlo.

Envueltillos de ternera

4 personas	410 cal

8 tajadas finas de carne de ternera
100 g de jamón
perejil fresco
2 huevos cocidos
50 g de harina
1 cebolla
100 g de manteca o aceite
una taza llena de caldo de carne (puede ser en cubitos)
un vasito de vino lleno de vino blanco

Cuando ya estén preparadas las tajadas de ternera, las cubriremos con el jamón picado, con unas ramitas de perejil y con huevo cocido (también picado), las enrollaremos bien y las ataremos con hilo fuerte.

Estos envueltillos los rehogaremos en manteca (o en aceite) bien caliente, después de haberlas rebozado en harina. Añadiremos el caldo, el vino blanco y la cebolla picada. Coceremos durante medida hora, agregándole de vez en cuando un poco más de caldo (o de agua) para que no queden muy secas.

Las serviremos en una fuente.

Escalopes de ternera al queso

4 personas	450 cal

500 g de lomo de ternera
180 g de queso gruyère
25 g de harina
2 huevos crudos
100 g de pan rallado
1/4 de l de aceite
sal
una lechuga
vinagre

Cortaremos cuatro escalopes de forma bien regular, aplastándolos y sazonándolos seguidamente.

Dentro de cada escalope colocaremos un rectángulo de queso de aproximadamente 45 g y doblándolo como un papel, apretaremos sobre todo en los bordes para que el queso quede bien apresado dentro.

Rebozaremos los escalopes por harina y por los huevos batidos, y los empanaremos también con pan rallado; seguidamente los freiremos con aceite muy caliente.

Los serviremos con una ensalada de lechuga aliñada con sal, aceite y un poco de vinagre.

Espalda de cordero a la jardinera

4 personas	430 cal

una espalda de cordero de 750 g de peso deshuesada
150 g de mantequilla
3 cebollas
una cucharada sopera llena de azúcar lustre
un vasito de vino blanco
sal
pimienta blanca en polvo
tomillo
una hoja de laurel
agua
verduras varias para macedonia
2 zanahorias

Echaremos en una sartén o en una cacerola la mantequilla y las cebollas, cortadas finitas, e incorporaremos la carne dejándola en el fuego hasta que se dore por los dos lados. Taparemos la cacerola dejándola cocer lentamente durante un cuarto de hora. Retiraremos entonces la carne, quitando también la salsa que quede en la cacerola, pero sin limpiarla. Volveremos a colocar dentro la carne y la espolvorearemos con la cucharada de azúcar en polvo, dejándola hacer unos minutos para que lo tome. A continuación, verteremos el vino blanco para que se haga lentamente hasta que reduzca. Añadiremos sal, pimienta en polvo, un poco de tomillo, la hoja de laurel y, por último, tres cuartos de litro de agua tibia, poniéndola al fuego hasta que hierva y entonces la meteremos al horno durante cuarenta y cinco minutos o una hora aproximadamente, teniendo cuidado de «regarlo» de vez en cuando con su propio jugo.

Mientras se cuece, prepararemos una buena macedonia de verduras. Cuando esté todo, colocaremos las verduras rodeando la espalda de cordero, adornándola además con unas rodajas de zanahoria cocida.

La serviremos muy caliente.

Estofado catalán de vaca

4 personas	470 cal

1 kg de carne para estofar
100 g de tocino con hebra
50 g de manteca de cerdo
3 cebollas
un vaso de vino tinto
2 granos de pimienta
sal
una taza llena de agua

Si hacemos el estofado de carne de vaca en puchero o en cazuela, precisaremos por lo menos 3 horas de cocción lenta y continua, pero en una olla exprés el tiempo será mucho más corto.

Pondremos unas tiras de tocino en el fondo del recipiente junto con la manteca de cerdo y sobre la grasa de carne partida en lonchas de un dedo de grosor; después las cebollas cortadas, la sal y así sucesivamente, añadiendo unos granos de pimienta, el vaso de vino tinto y el agua, poniendo todo a fuego moderado y tapándolo o siguiendo las instrucciones para el uso de la olla.

Cuando la carne esté tierna, la serviremos con su propio jugo.

Estofado de buey o vaca

4 personas	485 cal

1 kg de pierna de vaca o buey en un solo pedazo
8 cebollas
100 g de tocino
3 cucharadas soperas llenas de manteca de cerdo
media mano de ternera
2 zanahorias
2 nabos
un manojito de chirivías
1/4 de l de vino tinto
una taza llena de vinagre
perejil fresco
un atadito de hierbas aromáticas
pimienta blanca en polvo
sal

En una cazuela echaremos la manteca y luego la carne, la cual rehogaremos hasta que quede bien dorada, le añadiremos las cebollas cortadas en rodajas, el tocino cortado en trozos, la media mano de ternera, la pimienta, la sal, el perejil picado finamente, el atadillo de hierbas aromáticas, las zanahorias, las chirivías y los nabos (zanahorias y nabos pelados, y cortados en rodajas).

Este plato, al ser un estofado, no lleva agua, tan sólo la que desprenden las cebollas; cuando veamos que estas empiecen a espesarse, le añadiremos el vino y el vinagre, dejando que se haga todo sobre fuego lento durante una hora, con lo que habremos logrado reducir la salsa; a partir de este momento, el guiso debe seguir a fuego más bajo todavía durante unas 2 horas más por lo menos.

Recordemos que durante todo el proceso de cocción la cazuela permanecerá herméticamente cerrada.

Estofado de carnero

4 personas	510 cal

una pierna de carnero de 1.700 g
150 g de tocino cortado en tiras
3 cebollas
3 zanahorias
un ramillete de hierbas aromáticas
sal
pimienta blanca en polvo
una taza llena de caldo de carne (puede ser en cubitos)

Deshuesaremos bien la pierna mechándola con las tiras de tocino y sujetándola con un hilo fuerte para que no se deforme. La pondremos en una cazuela en la que quepa holgadamente, añadiéndole las cebollas y las zanahorias cortadas en trozos, la sal, la pimienta, el ramillete de hierbas y el caldo necesario tan sólo para que la carne no se pegue al fondo de la cazuela.

Daremos vueltas a la carne mientras se hace para que la pierna reciba el calor por igual, y teniendo mucho cuidado de que la cazuela esté siempre tapada con un papel de aluminio o de barba además de su tapadera.

La serviremos con el poco jugo que quede, no obstante, estará muy sabrosa.

Estofado de ternera

4 personas	460 cal

1 kg de espaldilla de ternera
100 g de tocino magro
una lata de puré de tomate
12 aceitunas deshuesadas
un vaso y medio de vino blanco
sal
150 g de manteca de cerdo
4 patatas
150 g de guisantes de lata

La carne la cortaremos en trozos que tendremos en maceración con una marinada a base de vino blanco, donde deben permanecer de 2 a 3 horas.

Pondremos una sartén grande al fuego, rehogando en ella los trozos de carne con la manteca de cerdo muy caliente. Taparemos después y la dejaremos cocer suavemente durante 25 minutos. Después retiraremos la carne y la colocaremos en una cazuela de barro con el tocino magro y las patatas cortadas a trozos. Colocaremos el vino que ha servido para la maceración, y le añadiremos la grasa que se utilizó para rehogar la carne, echando todo a la cazuela y tapando bien. Lo dejaremos cocer entonces durante una hora.

En el momento de servir, retiraremos el tocino, añadiremos los guisantes y verteremos encima el puré de tomate y las aceitunas picadas finamente, dando un ligero hervor de no más de 5 minutos.

Serviremos la carne caliente.

Filetes de vaca a las finas hierbas

4 personas	405 cal

un filete de solomillo de vaca, de un grueso que no exceda 3 centímetros
romero
tomillo
mejorana
enebro
anises machacados
2 cucharadas soperas llenas de aceite
sal
pimienta blanca en polvo
salsa al gusto

Perfumaremos el filete con las hierbas (romero, tomillo, mejorana, enebro y anises machacados) presionando con los dedos para que penetren bien en la carne. A continuación, rociaremos con el aceite la carne y la pondremos sobre una parrilla muy caliente, seca y limpia. El tiempo de cocción varía según se desee más o menos cruda. Sólo hay que darle una vuelta a la carne y no ponerle sal ni pimienta hasta que se haya terminado la cocción.

Como salsas se pueden utilizar las que se venden preparadas o una hecha en casa. (Véase «Salsas».)

Frito de cabrito

6/8 personas	390 cal

un cabrito joven y tierno
1/2 l de vino blanco
20 g de pimentón rojo dulce
2 hojas de laurel
una cabeza de ajos
1/2 l o más de aceite

Descuartizaremos y partiremos en trozos regulares el cabrito, echándolo en una cazuela con bastante aceite, friéndolo luego con el laurel y cubriéndolo con pimentón molido. Seguidamente, echaremos el medio litro de vino blanco corriente, machacaremos la cabeza de ajos y la incorporaremos al cabrito, dejándolo cocer hasta que se consuma el vino.

Hay que servirlo muy caliente.

Gachas con tropezones

4 personas	370 cal

3 dientes de ajo
1/4 de l de aceite
250 g de papada de cerdo
pan
100 g de jamón con grasa
3 cucharadas soperas llenas de harina de guisantes
una cucharada llena de pimentón rojo
pimienta blanca en polvo
agua
sal

En una sartén con el aceite al fuego, freiremos los tres dientes de ajo, que retiraremos y guardaremos.

Freiremos la papada de cerdo cortada a trocitos y, al mismo tiempo, trocitos de pan cortado a cuadraditos, que serán los tropezones; ya fritos, los retiraremos del aceite. Machacaremos bien los ajos fritos anteriormente y los echaremos a la sartén con el jamón cortado a trozos.

Agregaremos tres cucharadas de harina de guisantes (o de maíz), una pizca de pimienta, el pimentón rojo y sal, removiéndolo bien para que se dore la harina y echando agua hirviendo hasta conseguir un puré espeso.

Removeremos las gachas sin descanso, rectificaremos la sal y, acto seguido, mezclaremos los tropezones de pan y la papada de cerdo. Estas gachas debemos servirlas en cuanto las saquemos del fuego, pues el plato se come muy caliente.

Guisado de carnero con berenjenas

4 personas	360 cal

800 g de espalda de carnero cortada en trozos
2 cebollas
4 berenjenas
100 g de manteca de cerdo
300 g de tomates
4 dientes de ajo
una hoja de laurel
tomillo
perejil fresco
un vasito de vino lleno de vino blanco
100 g de harina
1/4 de l de aceite
orégano
agua
nuez moscada

En una cacerola al fuego vivo pondremos la manteca y, cuando esté caliente, añadiremos la carne para rehogarla. Pasados 10 minutos echaremos la cebolla trinchada fina, y seguiremos rehogando hasta que tome un color dorado; seguidamente, incorporaremos los ajos picados, una cucharadita de harina, el vino blanco y el tomate mondado y trinchado, añadiendo un cuarto de litro de agua; sazonaremos con sal, pimienta y nuez moscada rallada, añadiendo un ramito atado compuesto por laurel, tomillo, perejil y orégano.

Lo coceremos tapado, y a fuego lento, hasta que la carne esté tierna.

Las berenjenas las cortaremos en cuadrados, las salaremos y las pasaremos por harina. Después las freíremos hasta que se doren. Cuando estén escurridas las incorporaremos a la carne 20 minutos antes de terminar esta su cocción.

Guisado de cordero con patatas y cebollitas

4 personas	360 cal

750 g de espalda de cordero cortada en trozos regulares
16 cebollitas
una cebolla
200 g de tomates
medio vaso de vino blanco
100 g de manteca de cerdo
400 g de patatas pequeñas
una hoja de laurel
un ramito de tomillo
sal
perejil fresco
pimienta blanca en polvo
nuez moscada
agua

Pondremos al fuego una cacerola con la carne y la manteca, rehogando hasta que tome un fuerte color dorado; seguidamente añadiremos la cebolla trinchada fina y seguiremos rehogando para que dicha cebolla se coloree, luego escurriremos la mitad de la manteca y agregaremos a la carne el vino. Pasados 5 minutos, echaremos los tomates mondados y picados y mojaremos con un cuarto de litro de agua, sazonando con sal, pimienta y nuez moscada rallada, añadiendo un manojo atado compuesto por laurel, tomillo y perejil, y lo coceremos tapado durante 3 horas.

A media cocción, incorporaremos las patatas mondadas y torneadas en forma de bolitas, y las cebollitas peladas y fritas con la manteca de rehogar la carne.

Cuando la cocción esté terminada serviremos el cordero en una fuente, retirando el manojo. Lo serviremos caliente.

Guisado de costillar de ternera

4 personas	390 cal

500 g de carne de ternera de la parte del costillar
60 g de manteca de cerdo
1/4 de vaso de aceite
4 zanahorias
2 dientes de ajo
una hoja de laurel
un poco de tomillo
2 g de patatas
12 cebollitas
100 g de guisantes desgranados
4 tomates
4 pimientos rojos
un tazón lleno de caldo
sal
pimienta blanca en polvo

Caldo corto
una cebolla mediana
una zanahoria
medio limón
una copa de vino llena de vino blanco
agua

Limpiaremos la carne y la partiremos en trozos un poco mayores que el tamaño de una nuez, apropiadas para el estofado. Pelaremos y cortaremos las patatas en trozos, cortaremos las zanahorias en rodajas y pelaremos los ajos. A los tomates les quitaremos la piel y separaremos las semillas, cortándolos en trozos grandes; quitaremos a los pimientos las pepitas, y los cortaremos en pedazos.

Pondremos una sartén al fuego con la manteca y el aceite. Cuando esté muy caliente, doraremos en ella los trozos de carne, después los retiraremos y los dejaremos en una cazuela. En la misma grasa doraremos las patatas, seguidamente las retiraremos conservándolas para más tarde. La grasa de la sartén la pasaremos a la cazuela que contiene la ternera, dejando cocer la cazuela a fuego muy lento, durante media hora tras añadir la taza de caldo. Cuando la salsa esté reducida, añadiremos las zanahorias, los guisantes, los ajos, las cebollas, los tomates y los pimientos, el laurel y el tomillo. En cuanto rompa a hervir, incorporaremos las patatas y un poco más de caldo o de agua.

Proseguiremos la cocción a fuego lento, vigilando que el guiso no se seque demasiado, pues debe quedar más bien caldoso. En cuanto los elementos del salteado aparezcan tiernos, los apartaremos del calor dejándolo enfriar.

Media hora antes de servir la carne la calentaremos para que, con mucha lentitud, vaya hirviendo un poco.

Con esta última operación, la confección resulta mucho mejor que comer la carne recién hecha, pues se le ha brindado la ocasión de iniciar el confitado.

Guisado santiagueño de criadillas

	4 personas		*370 cal*

3 criadillas gordas
70 g de manteca de cerdo
sal
2 ajíes dulces
3 tomates
3 dientes de ajo
un poco de perejil fresco
una taza llena de caldo de carne
azafrán
un poco de vinagre
pimienta en polvo
un limón

Pelaremos las criadillas, partiéndolas en lonchas con el grueso de un dedo, y poniéndolas en el fuego en una cazuela con la manteca, la sal, los ajíes dulces, los tomates, los ajos y un poco de perejil, procurando picarlo todo muy bien.

Una vez rehogado, le mezclaremos el caldo, añadiendo al mismo tiempo las yemas con un poco de azafrán, un poco de vinagre, un polvito de pimienta y unas gotas del limón, dejándolo cocer media hora y sirviéndolo cuando esté bien hecho.

Higadillos de pollo en salsa

4 personas	380 cal

16 higadillos de pollo
300 g de patatas
un diente de ajo
perejil fresco
una taza llena de aceite
sal
una cucharada sopera llena de pan rallado
un vasito de vino lleno de jerez seco
agua

Para comenzar, limpiaremos bien los higadillos y los picaremos o trocearemos en tres o cuatro trozos cada uno, y los freiremos en el aceite puesto en una cazuela de barro. Los moveremos con una cuchara de palo y les añadiremos las patatas peladas y cortadas a cuadrados muy pequeños, el ajo picado, junto con perejil también picado, un poco de sal, el jerez, el pan rallado y un vaso de agua. Sacudiremos la cazuela para que no se peguen y los dejaremos hervir lentamente hasta que estén hechos, sirviéndolos en la misma cazuela.

Hígado con cebolla

4 personas	380 cal

500 g de hígado (el hígado puede ser de cerdo, de ternera o de cordero)
300 g de cebollas
2 tazas llenas de aceite
sal fina

Cortaremos el hígado a trozos pequeños, lo más iguales posibles.

Las cebollas, después de pelarlas, las trincharemos finamente y las freiremos en el aceite puesto al fuego en una cazuela. El calor del fuego debe ser lento, con el objeto de que la cebolla se haga sin dorarse y mucho menos quemarse. Añadiremos el hígado de forma que este se haga a la vez que la cebolla, pero sin que tome gusto a cebolla cruda.

Finalmente salaremos y serviremos el hígado recién hecho.

Hígado a la porteña

4 personas	400 cal

800 g de hígado de ternera
50 g de manteca
2 cebollas y media
media taza de aceite
8 tomates
medio vaso de vino con vino blanco
sal
pimienta blanca en polvo
una hoja de laurel
orégano
una cucharada sopera llena de harina
una cucharada sopera con perejil picado
una zanahoria
500 g de patatas
7 tiras de tocino ahumado
agua
1/2 l de caldo en cubitos

Lavaremos y pondremos a hervir en un litro de agua con media cebolla, una zanahoria, una hoja de laurel, un poco de orégano, sal, pimienta y el hígado de ternera durante una hora. Una vez hervido el hígado lo retiraremos del agua quitándole la película que lo cubre y, atándolo con un hilo, lo dejaremos enfriar y lo untaremos bien con la manteca. Envolviéndolo en las tiras de tocino ahumado y colocándolo en una fuente, lo doraremos al horno durante 20 minutos.

Prepararemos una salsa dorando en aceite (media taza) una cebolla, un tomate, una cucharada de harina, nuez moscada, el vino y el caldo.

Serviremos el hígado con la salsa y alrededor colocaremos los tomates, los guisantes y las patatas salteadas en manteca y salpicadas con perejil picado.

Hocico de vaca

4 personas	370 cal

un hocico de vaca de 600 g
agua
1/4 de l de vinagre
50 g de harina
2 zanahorias
2 cebollas
un clavo de especias
una hoja de laurel
tomillo
perejil fresco
sal
pimienta blanca en polvo
2 dientes de ajo
100 g de manteca de cerdo

En primer lugar, quemaremos el hocico a la llama, poniéndolo a remojar en agua fría con vinagre durante 6 horas. Pasado ese tiempo lo pasaremos por agua hirviendo durante 10 minutos, con el fin de poder rasparlo y quitarle la piel.

Desleiremos en agua un poco de harina, añadiéndole las zanahorias, las cebollas, el clavo de especia, el laurel, el tomillo, el perejil, la sal y la pimienta, y con todo ello calentaremos la mezcla hasta que comience su ebullición. En ese punto echaremos el hocico de vaca, dejándolo cocer durante 2 horas en una olla normal.

Echaremos en manteca un poco de harina y mezclaremos hasta que se dore, añadiendo entonces caldo del cocido del hocico y un chorrito de vinagre, y rápidamente los ajos picados, la sal y la pimienta. Cuando todo esté bien mezclado, añadiremos el hocico de vaca cortado en trozos y dejaremos que hierva durante 15 minutos antes de servirlo.

Jamón asado a la parrilla con guarnición

4 personas	330 cal

8 lonchas de jamón (que no sea en dulce)
4 pimientos frescos
30 g de mantequilla
2 dientes de ajo picados
medio vaso de aceite

Antes de comenzar, limpiaremos los pimientos y les quitaremos el rabo y las pepitas, dividiéndolos en dos. Los freiremos en aceite. Momentos antes de retirarlos de la sartén, los cubriremos con los dientes de ajo picados. Al mismo tiempo, asaremos a la plancha o a la parrilla, las lonchas de jamón embadurnadas con mantequilla.

Colocaremos los pimientos en la fuente de servir (o bien en los cuatro platos), el aceite en que aquellos se han frito se calienta intensamente, escaldándolos con él. Presentaremos el jamón y los pimientos juntos en la mesa.

Jamón en salsa

4 personas	340 cal

8 lonchas de buen jamón (que no sea en dulce)
2 cucharadas soperas llenas de manteca de cerdo
medio vaso de agua de vinagre
un vaso de agua lleno de agua
una cucharada sopera llena de harina

Las lonchas de jamón las freiremos en la manteca de cerdo; les escurriremos la grasa y las colocaremos en una tartera con un vaso de agua y el medio vaso de vinagre, y reservándolos.

Mientras, doramos la cucharada de harina en la manteca que sobró de freír el jamón y, una vez que haya tomado color, incorporaremos en la sartén el agua, el vinagre y el jamón, sirviéndolo cuando rompa a hervir.

TERNERA FRÍA CON SALSA DE ALCAPARRAS

600 g de carne de ternera - 1 ramita de apio - 1 zanahoria - 1 cebolla - 1 diente de ajo - 1 ramito de perejil
Para la salsa: *8 yemas - 1 cucharadita de alcaparras - 1 escalonia - 1 vasito de vino blanco - 1 vasito de vermú blanco - 4 tallos de cebollinos - sal y pimienta*

Se pela la zanahoria, el apio, la cebolla y el ajo, y se pone en una cazuela con la carne y el perejil. Se añade agua fría en abundancia, y se deja que cueza todo a fuego medio durante 60 minutos. Transcurrido este tiempo, se retira la cazuela del fuego, se reservan 3 dl del caldo y se deja que se enfríe la carne en el caldo sobrante; luego, antes de comenzar a preparar la salsa, se corta en rodajas y se coloca en la fuente de servir.
Se pica bien la escalonia y se pone en una cazuela con el vino y el vermú. Se remueve y se reduce a fuego vivo. Se retira del fuego y se incorporan las yemas una a una. Se deja que se haga a baño María, removiendo e incorporando el caldo necesario. Finalmente, se agregan los cebollinos y las alcaparras, se cubre la carne con la salsa y se sirve.

HUEVOS REVUELTOS CON JAMÓN Y CHAMPIÑONES

5 huevos - 200 g de champiñones - 100 g de jamón cocido - 1/2 vaso de vino blanco - 4 cucharadas de nata para cocinar La Lechera - 2 tomates - 1 cebolla - 50 g de mantequilla - sal y pimienta

Doraremos la cebolla picada en la mantequilla; añadiremos los tomates rallados y sazonaremos con sal y pimienta, dejando cocer unos 20 minutos. Añadiremos los champiñones laminados y el vino, y coceremos hasta que este se reduzca. Agregaremos los huevos batidos y mezclados con la nata y el jamón cortado en tiritas; coceremos, removiendo continuamente, hasta que los huevos estén cuajados; rectificaremos el sazonado. Serviremos el plato inmediatamente, acompañado con unas tostadas.

PASTEL DE TORTILLAS

4 platillos de queso fresco - 6 huevos - 1 manojo de hierbas aromáticas - 4 flores de calabaza - mantequilla - sal y pimienta

Se limpian bien las hierbas y se trituran. Se pelan las flores, eliminando los pistilos, y se cortan en tiras. Se baten los huevos con una pizca de sal y pimienta, se dividen en dos recipientes y se mezclan con las hierbas y con las flores de calabaza respectivamente. Se unta una sartén con mantequilla y se cuajan 4 tortillitas de flores y 4 de hierbas. Finalmente, se ponen en un fuente una sobre otra, alternándolas y combinándolas con el queso fresco.

SEPIA A LA PLANCHA

4 sepias - aceite - sal - ajo - perejil - salsa mayonesa

Después de limpiar las sepias, las colocaremos sobre la plancha a fuego vivo, rociándolas con un poco de aceite. Cuando estén casi listas las sazonaremos con sal, ajo y perejil picados. Al servirlas podemos acompañarlas con salsa mayonesa.

Si espolvoreamos la plancha con un poco de sal antes de empezar a cocinar la sepia, evitaremos que esta se pegue.

Jamón con tomate

4 personas	330 cal

400 g de jamón cortado en lonchas o tajadas delgadas
500 g de tomates frescos
un vaso de agua lleno de leche
2 cucharadas soperas llenas de manteca
agua
sal
una cucharadita de café llena de azúcar

Desalaremos el jamón en la leche durante una hora. En una sartén sobre el fuego con la manteca, después de haber secado bien el jamón, le daremos a este una ligerísima vuelta por la manteca caliente, retirándolo a una tartera. En la misma manteca freiremos, pelado y muy reducido, el tomate, le echaremos sal y azúcar, pasándolo por el pasapuré y volviendo a ponerlo al fuego; le añadiremos el jamón y lo dejaremos hervir durante unos instantes.

También pondremos a freír el tomate en la manteca, pasándolo por el pasapuré y echando en él el jamón crudo, dejándolo hervir durante un rato; en ocasiones, el jamón resulta así más sabroso.

Lechal asado

4 personas	380 cal

1/4 de lechal que pese 1.500 g, aproximadamente
150 g de manteca de cerdo
sal
agua

Empezaremos por untar bien la carne del lechal con manteca de cerdo y le añadiremos abundante sal; hecho esto, lo colocaremos en un plato de barro y lo meteremos en el horno durante 2 horas (una hora por cada lado). Es importante que previamente pongamos un poco de agua en el plato para que no se rompa el barro. El horno debe estar muy caliente durante todo el tiempo de la cocción.

Son ideales los hornos de panadero, pues el lechal debe recibir idéntico calor por arriba y por abajo.

Lengua escarlata

4 personas	380 cal

una lengua de vaca bien limpia
media taza de sal fina
500 g de sal gruesa
una cucharadita de salitre
una cucharadita de azúcar

Antes de comenzar, limpiaremos la lengua quitándole la grasa y los huesecitos, luego la untaremos primero con el azúcar, después con el salitre y por último con toda la sal fina.

Colocaremos en un recipiente de barro o enlozado, un buen puñado de sal gruesa y sobre ella acomodaremos la lengua, tapándola con el resto de la sal gruesa. La dejaremos en esta preparación, en lugar fresco o en el frigorífico, bien tapada, de 4 a 5 días. Tras haber cumplido este requisito, retiraremos la lengua de la sal y la meteremos en agua hirviendo, dejándola hervir durante 15 minutos.

Retiraremos la lengua del agua cuando aún esté caliente, pelándola y quitándole toda la piel blanca que la cubre, y colocándola luego en el agua hasta que esté en su punto (una hora más o menos).

Una vez fría se corta para servirla a modo de fiambre.

Lengua estofada

4 personas	430 cal

una lengua de vaca o de ternera de 1.000 g de peso
una cebolla grande
4 zanahorias
media cabeza de ajo
2 tomates
un cucharón lleno de aceite
perejil fresco
una ramita de tomillo
un clavo de especia
una onza de chocolate
2 pimientos verdes
sal
pimienta blanca en polvo
agua

En primer lugar, lavaremos la lengua, metiéndola durante una hora y media en agua hirviendo; una vez retirada, la refrescaremos, pasando a continuación a quitar la piel, que es durísima, con un cuchillo muy afilado. Pondremos la lengua en una cazuela con aceite y la rehogaremos un poco, después añadiremos los demás ingredientes (con excepción de los pimientos verdes, que se pondrán casi al final de la cocción). Taparemos herméticamente la cacerola y la dejaremos cocer a fuego lento durante 3 horas, y mientras de vez en cuando la destaparemos y le daremos una vuelta. Tras el período marcado echaremos los pimientos verdes sin piel. Cortaremos en rodajas la lengua cuando esté tierna y la pondremos en una fuente, adornándola con las zanahorias hervidas y cortadas en rodajas.

Pasaremos la salsa por un colador y la verteremos sobre la lengua.

Lengua en salsa

4 personas	440 cal

una lengua de 1 kg o más de peso
agua
sal
100 g de harina
3 huevos crudos
100 g de manteca de cerdo
una cebolla
una zanahoria
perejil fresco
un diente de ajo
1/2 l de caldo de carne (puede ser en cubitos)
un vasito de vino blanco

En primer lugar, coceremos la lengua en agua con sal y cuando esté tierna, la retiraremos partiéndola en pedazos que, empanados con harina y huevos batidos, freiremos en manteca.

Haremos una salsa con manteca, cebolla, zanahorias, perejil y ajo (todo picado), la harina, el caldo y el vino blanco. Esta salsa, pasada por el pasador, la echaremos sobre la lengua puesta en una cazuela de barro, y hervirá en ella durante 10 o 15 minutos.

Lenguas de cordero con puré

4 personas	390 cal

2 lenguas de cordero
una zanahoria
un nabo
2 cebollas
perejil fresco
mastuerzo
hierbabuena
un vaso de agua lleno de vino blanco
sal
agua
puré de patata
1/4 de l de aceite
apio
200 g de setas

En una cazuela al fuego con aceite rehogaremos las cebollas, las zanahorias y los nabos, todo pelado y cortado en ruedas. Seguidamente, añadiremos las setas y un poco de apio, y llenaremos la cazuela de agua. A media cocción incorporaremos un ramillete compuesto por perejil, mastuerzo y hierbabuena, sal, el vaso de vino blanco y las lenguas de cordero.

Una vez cocidas, las retiraremos a una fuente, despellejándolas y cortándolas en rodajas. Pasaremos el cocido por un colador fino y rociaremos con él las lenguas, que acompañaremos además con un puré de patata espeso.

Liadillos de carne

4 personas	290 cal

una docena de hojas de col blanca
100 g de carne picada
50 g de tocino
50 g de jamón
1/2 l de aceite o 100 g de manteca de cerdo
nuez moscada
10 aceitunas negras
2 huevos
pan rallado
sal
agua

Una vez lavadas las hojas de col, las coceremos en agua caliente y sal durante 5 minutos; tras haberlas escurrido bien, las dejaremos enfriar.

Rehogaremos la carne en una sartén con aceite; añadiéndole un poco de nuez moscada y sal, las retiraremos a un plato, añadiendo a la sartén el tocino y el jamón cortados ambos en trozos, así como las aceitunas negras sin hueso. Con este picadillo rellenaremos las hojas de col; para que no se salga el relleno pondremos un palillo, o bien las ataremos con un cordel muy fino, rebozándolas con huevo batido y pan rallado, y friéndolas en abundante aceite o manteca de cerdo.

Quitaremos el cordel (si se trata de palillos podemos dejarlos) y colocaremos la carne en una fuente, sirviéndola caliente.

Magras fritas

4 personas	310 cal

500 g de magro de cerdo
sal
pimienta blanca en polvo
un vaso de agua lleno de aceite
guarnición al gusto

Partiremos en trozos pequeños al magro, que aplastaremos y sazonaremos con sal y pimienta, y freiremos justo en el momento de ir a servirlo en el aceite caliente. Acompañaremos las magras con patatas fritas, rebanadas de pan frito o una salsa picante, al gusto.

Manos de cerdo con nabos

4 personas	330 cal

8 manos de cerdo
4 nabos
2 dientes de ajo
2 cebollas
2 cucharadas soperas llenas de puré de tomate
100 g de cerdo
5 avellanas tostadas
18 piñones
una hoja de laurel
tomillo
perejil
sal
agua
una copita de licor llena de jerez seco
pimienta blanca en polvo

Después de chamuscadas y partidas por la mitad a lo largo, juntaremos las manos de cerdo y ataremos con hilo, poniéndolas en una cacerola con 2 litros de agua, sal, laurel, tomillo y una cebolla, cociéndolas a fuego lento durante 2 horas. (Una vez tiernas reservaremos el caldo.)

Rehogaremos con la mitad de la manteca una cebolla picada fina y, cuando empiece a tomar color, añadiremos el ajo picado, el tomate, el jerez y las manos de cerdo, desprovistas al máximo de los huesos y cortadas en trozos; las mojaremos con medio vaso del caldo en el que las cocimos, y sazonaremos con sal y pimienta, agregando un ramito atado compuesto de laurel, de tomillo y de perejil, y las almendras y los piñones, esto último machacado en el mortero.

Una vez mondados los nabos, los tornearemos en forma de gajos de mandarinas, salteándolos con el resto de la manteca y, cuando obtengan un color dorado, los echaremos a la cacerola dejando que cueza todo, bien tapado y lentamente durante 2 horas.

Manos de cerdo con puré

4 personas	350 cal

4 manos de cerdo
2 zanahorias
un nabo
un ramito de hierbas del caldo (apio, chirivía y puerro)
una copita de licor llena de jerez seco
agua
sal
1/2 l de aceite
100 g de harina
un diente de ajo
perejil fresco
2 tomates
8 pimientos morrones gordos
puré de lentejas y puré de castañas
pan frito

Herviremos en agua las manos de cerdo frescas, después de haberlas partido por la mitad, con las zanahorias, los nabos y las hierbas del caldo, echando el jerez seco. Ya cocidas y retiradas del caldo, las deshuesaremos y las cortaremos en trozos regulares, pasándolas por harina, friéndolas ligeramente en aceite y dejándolas en un plato. (Reservaremos parte del agua de cocción.)

Aparte, en una cazuela con aceite, freiremos las cebollas picadas en trocitos, el ajo, el perejil y los tomates trinchados; añadiremos a esta salsa un poco del caldo de la misma cocción de las manos de cerdo. Una vez hecha la salsa, la pasaremos por un tamiz y volveremos a ponerla sobre el fuego. A continuación, rellenaremos los pimientos de lata con la carne de las manos de cerdo y, ya rellenos, los pasaremos por harina y freiremos, poniéndolos a continuación en un plato refractario y cubriéndolos con la salsa.

Tendremos ya preparado un puré de lentejas y otro de castañas (más bien secos, no caldosos) bien sazonados y, en el momento de servir, pondremos cada pimiento relleno encima de un costrón de pan frito y guarneceremos el plato con los purés.

Medallones de ternera

4 personas	370 cal

500 g de tajo de redondo de ternera
300 g de tomates
una cebolla
2 dientes de ajo
400 g de guisantes
200 g de pan
medio vaso de aceite
25 g de harina
sal
agua

Una vez cortada la carne en rodajas de un centímetro y medio de grueso, las aplanaremos ligeramente, haciéndoles tres o cuatro cortes, todo alrededor para partir los nervios, los sazonaremos con sal, pasándolas por la harina.

En una cazuela al fuego, echaremos el aceite y, cuando esté caliente, freiremos la carne; una vez haya tomado un color dorado, le añadiremos la cebolla trinchada fina y los ajos picados y, cuando empiece todo a colorearse, añadiremos los guisantes mondados y medio vaso de agua, sazonando con sal y cociendo lentamente durante 2 horas; conservando la cazuela bien tapada.

La serviremos en una fuente rodeada con el pan, cortado en forma de triángulo y frito en aceite.

Menestra de cordero

4 personas	380 cal

500 g de cordero sin hueso
500 g de patatas nuevas
1 kg de guisantes desgranados
6 alcachofas
tallos de acelga
medio vaso de blanco
1/2 l de aceite
una lechuga
una cebolla grande
un diente de ajo
una zanahoria
sal
una taza o más de caldo de carne o de agua
100 g de harina
3 huevos crudos

Partiremos el cordero en trozos más bien pequeños, que adobaremos con sal y ajo picado muy menudo, dejándolo así durante 15 minutos. Rebozaremos en harina los pedazos y los rehogaremos en una cazuela con aceite, reservando los trozos en el mismo recipiente.

Freiremos en una sartén la cebolla picada fina y pelada, y la zanahoria pelada y cortada en trozos; cuando ya estén fritos pondremos una cucharada de harina, rehogando y añadiendo el vino blanco y una taza de caldo. Pasaremos todo ello por un colador fino y lo echaremos sobre el cordero. Pondremos la cazuela a cocer, añadiendo, cuando ya esté bien tierno, los guisantes cocidos y las patatas fritas, pero sin que lleguen a dorarse. Las patatas deben ser del tamaño de avellanas o poco más; si no hay nuevas las tornearemos con el aparato especial. Seguiremos cociendo para que se haga bien y, en caso necesario, añadiremos un poco más de caldo o de agua.

Coceremos la lechuga, los tallos de las acelgas y las alcachofas, todo limpio; después de hecho, lo escurriremos bien, partiendo en pedazos iguales los tallos, las alcachofas en cuatro (si fuesen muy pequeñas) los corazones sólo por el medio y de la lechuga se enrollan las hojas; rebozaremos todo ello por la harina y los huevos batidos, y lo freiremos en aceite.

Serviremos la menestra en una fuente, poniendo sobre el cordero las verduras preparadas tal como hemos indicado.

Menestra de cordero lechal

4 personas	*390 cal*

800 g de cordero
sal
una cucharada sopera llena de harina
1/2 l de aceite
una cebolla
una zanahoria
perejil fresco
un diente de ajo
un vaso de vino lleno de vino blanco
1/2 l de caldo de carne (puede ser en cubitos)
2 lechugas
500 g de pencas de acelgas
puntas de espárragos
500 g de alcachofas
200 g de guisantes verdes
100 g de habas cocidas
4 patatas hervidas
agua
2 huevos crudos
sal
3 huevos duros

El cordero lo tendremos cortado a trozos, a los que echaremos sal y pasaremos por harina para freírlos en aceite caliente.

En la grasa que nos quede freiremos la cebolla y la zanahoria, ambas peladas y picadas, añadiremos perejil, la harina, el diente de ajo, el vino blanco y el caldo para que se vaya cociendo todo como una salsa. Dispondremos el cordero en una cazuela grande de barro, vertiéndole la salsa (pasada por un colador) por encima, y añadiendo los cogollos de las lechugas hervidas, las pencas cocidas y rebozadas por harina y los huevos, los espárragos y las alcachofas, también cocidas y rebozadas. Por último, añadiremos los guisantes, las habas y los huevos duros, pelados y cortados cada uno en cuatro.

Cocerá todo junto y cuando esté listo lo serviremos en la misma cazuela.

Menudillos de cordero

4 personas	*380 cal*

8 manos de cordero
600 g de mollejas de cordero
una cebolla
sal
agua
100 g de harina
3 huevos
1/2 l de aceite
2 cucharadas soperas llenas de puré de tomate
pimienta blanca en polvo
una zanahoria
perejil fresco
agua

Limpiaremos muy bien las manos de cordero, cociéndolas en agua con un casquito de cebolla, sal, la zanahoria pelada y entera, y un ramito de perejil.

Ya cocidas, las retiraremos del agua, conservando esta para la salsa, las deshuesaremos, rebozándolas con harina y los huevos batidos y, friéndolas en aceite, las dejaremos en una cazuela.

Las mollejas, crudas y partidas por su mitad, las envolveremos asimismo en harina y huevos batidos, friéndolas y añadiéndolas a la cazuela de las manos de cordero.

En tres cucharadas de grasa de la fritura anterior freiremos la cebolla muy picada, dejándola dorar y añadiéndole dos cucharadas pequeñas de harina. Seguidamente, dejaremos que se dore la harina e incorporaremos entonces el puré de tomate; seguiremos friendo y añadiremos un cucharón del agua en la que cocieron las manos, batiendo con el tenedor esta salsa para que ligue mientras rompe a hervir;

echando sal y pimienta, la dejaremos en ebullición durante 10 minutos. Pasaremos la salsa por el chino, vertiéndola sobre las manos y las mollejas, que darán un ligero hervor de 15 minutos.

Migas a la andaluza

	4 personas		230 cal

pan de 2 o 3 días
4 dientes de ajo
2 cucharadas soperas llenas de aceite
100 g de chicharrones
2 cucharadas soperas llenas de manteca de cerdo
100 g de tocino
sal
agua

Partiremos el pan en pedazos pequeños y los pondremos en una fuente con un poco de agua y sal, sacudiendo la fuente para que todos los trozos se empapen por igual, dejándolos reposar durante 5 o 7 horas.

Majaremos en el mortero los ajos y los freiremos en una sartén grande con la manteca de cerdo y el aceite (a partes iguales); añadiremos el pan remojado, moviéndolo sin cesar. Aparte freiremos los pedazos de tocino y cuando estén listos los serviremos junto con los chicharrones se incorporan en el momento de servir las migas.

Mollejas salteadas

4 personas	380 cal

500 o 600 g de mollejas
150 g de tocino de jamón
100 g de jamón cortado a trocitos
un vasito de vino blanco seco
2 cucharadas soperas llenas de pan rallado
perejil fresco
sal

En primer lugar, limpiaremos las mollejas quitándoles bien la piel y cortándolas a pedacitos. Pondremos tocino (de jamón) a derretir en una sartén y, una vez derretido, echaremos el jamón a saltear; cuando esté salteado el jamón incorporaremos las mollejas a buen fuego y las saltearemos sin dejar de moverlas. Cuando estén en su punto echaremos el vino blanco y, una vez reducido el vino, les añadiremos un poco de pan rallado y perejil bien picado. Prepararemos una fuente de horno y colocaremos las mollejas, metiéndolas en el horno a última hora y sazonando con sal.

Es un plato muy fino y muy bueno. En época de setas u hongos frescos podemos picarle algunos cuando estemos salteando las mollejas en la sartén.

Morros con salsa roja

4 personas	360 cal

1 kg de morros
una cebolla
media cucharada sopera de harina
caldo de carne (puede ser en cubitos)
6 pimientos secos o ñoras
una cucharadita de azúcar
pimienta blanca en polvo
sal
100 g de manteca de cerdo

Los morros estarán cocidos, cortados y puestos en una cazuela de barro plana, fuera del fuego.

Doraremos en la manteca la cebolla con harina; añadiendo el caldo, y pasaremos todo por un pasador. Aparte, pasaremos los pimientos y uniremos todo ello, añadiendo un poco de azúcar y un poco de pimienta blanca en polvo. Echaremos esta mezcla sobre los morros, que hervirán sólo 5 minutos.

Oreja de cerdo con salsa

4 personas	320 cal

2 orejas de cerdo grandes
apio
sal
salsa especial
4 huevos crudos
aceite o 100 g de manteca de cerdo
agua
leche
50 g de harina
canela en polvo

Coceremos las orejas; una vez tiernas y escurridas, cortaremos cada una en dos y las rebozaremos con la harina y con los huevos batidos, friéndolas en aceite o manteca de cerdo muy caliente, colocándolas en una cazuela y añadiéndoles la salsa siguiente: mantequilla, harina mojada con leche, aromatizado todo con un poco de canela en polvo y la sal correspondiente.

Pueden servirse después de un hervor de 10 minutos en la salsa.

Pastel murciano de pollo

4 personas	360 cal

Masa de pan y hojaldre
400 g de harina
agua
150 g de mantequilla o margarina
sal

Relleno
un pollo pequeño y tierno
una sesada de cordero
3 huevos duros
perejil fresco
una taza llena de aceite
250 g de carne de ternera
200 g de chorizo
2 dientes de ajo
un limón
sal

Procederemos a limpiar bien el pollo y a partirlo en pedazos, colocándolos en una cazuela con el aceite caliente y añadiéndole la carne cortada en trozos, los ajos picados, el perejil fresco y picado, y el zumo de medio limón, dejándolo cocer hasta que la carne se desprenda de los huesos y los podamos apartar. Después dejaremos que la carne se enfríe.

Con 250 g de harina y agua templada con sal formaremos una masa. Con el resto de la harina y la mantequilla prepararemos un hojaldre.

Forraremos con la primera masa un molde redondo, dejándole un borde para doblarlo sobre la capa superior. Lo rellenaremos con el compuesto de pollo y de carne la sesada cocida y partida en pedazos, y el chorizo y los huevos duros pelados y partidos en rodajas. Cubriremos el pastel con una capa de pasta de hojaldre y lo meteremos en el horno hasta que esté bien cocido y dorado. Lo retiraremos del molde y lo serviremos muy caliente.

Aconsejamos utilizar un molde desmontable.

Pasteles de carne

	4 personas		460 cal

Relleno
500 g de ternera
500 g de lomo o magro de cerdo que tenga poca grasa
250 g de piñones
100 g de manteca de cerdo
una cucharada sopera llena de perejil fresco picado muy fino
la punta de una cucharilla, de las de café, con clavillos reducidos a polvo
una corteza de limón
agua
sal
700 g de azúcar
una cucharada sopera llena de canela en polvo

Pasta
12 medias cáscaras de huevos llenas de agua
600 g de azúcar y de harina la cantidad que admita
100 g de manteca de cerdo

Picaremos menudamente la carne y la pondremos a hervir con la corteza de limón, sal y cinco vasos de agua. Cuando el agua se haya evaporado por completo y quede la carne seca, retiraremos la corteza de limón y añadiremos la manteca de cerdo derretida, el azúcar y la canela en polvo, dejándole dar unos hervores y retirándolo después del fuego.

Mezclaremos bien todo y con el rodillo de madera haremos unos redondeles de 30 cm de diámetro, dividiendo la masa convenientemente para que resulten doce redondeles del tamaño indicado. Colocaremos uno sobre otro, interponiendo entre cada uno de ellos una cucharada de manteca de cerdo derretida. Enrollaremos la torta resultante sobre sí misma como un cilindro grueso y, en esta forma, la dejaremos reposar durante 24 horas, tapándola con un paño fino.

Cortaremos la torta en rebanadas de un dedo de grosor y extenderemos con el rodillo cada rebanada, haciendo redondeles de unos 15 cm de diámetro y en medio de cada uno de ellos pondremos una cantidad del relleno preparado, doblaremos el redondel, humedeceremos sus bordes con una gota de agua y los pegaremos para que quede bien aprisionado el relleno. Colocaremos todos los pasteles en una placa ligeramente untada con manteca de cerdo y los meteremos en el horno hasta que tenga un bonito color dorado.

Los serviremos calientes. Si es preciso recalentarlos, los envolveremos en un papel blanco y lo meteremos de nuevo durante un momento en el horno.

En invierno, y en lugar fresco, pueden conservarse hasta un mes.

Patas de cerdo rellenas

	4 personas		*425 cal*

8 patas de cerdo
agua
sal
200 g de manteca
una cebolla
2 zanahorias
un diente de ajo
perejil fresco
pimienta blanca en polvo
150 g de carne de cerdo picada
una cucharada sopera llena de pan rallado
3 huevos batidos
150 g de jamón
150 g de aceitunas sin hueso
puré de patata espeso
agua

Antes de comenzar, arreglaremos y herviremos las patas en agua y sal. Después les quitaremos los huesos, pero dejándolas con su forma natural, abriéndolas por la mitad para meterles el relleno.

Haremos este relleno en la sartén con un poco de manteca, cebolla, las zanahorias picadas, el perejil, el diente de ajo trinchadito y los huevos batidos, friéndolo y uniéndolo todo bien; después incorporaremos la cucharada de pan rallado.

Pondremos sobre las patas una tira larga de jamón, unas cucharadas del relleno, tapándolas y atándolas con un cordel fino. Las asaremos en una cazuela con el resto de la manteca.

Las serviremos quitándoles la cuerda y con puré espeso de patata.

Perdices de capellán

	4 personas		410 cal

8 filetes de ternera de 60 g cada uno
8 filetes de tocino fresco
8 rodajas de sobrasada
20 g de harina
100 g de manteca de cerdo
2 dientes de ajo
hierbas aromáticas secas
sal
pimienta blanca en polvo
un vasito de vino blanco
agua

Lo curioso de esta receta, muy típica de la cocina balear, es que, a pesar de su nombre, no lleva perdices, sino que se trata de carne.

Aplastaremos bien cada filete para que adopte una forma alargada y delgada, poniendo en un extremo un filete de tocino y la rodaja de sobrasada. Montados así los filetes, los enrollaremos, de manera que el tocino y la sobrasada queden en su interior, y los ataremos con un poco de hilo (que quitaremos al final de la cocción).

Los pasaremos a continuación por harina y los freiremos en una cazuela puesta sobre el fuego con la manteca de cerdo, echando, a medida que se van cociendo, los ajos machacados, las hierbas secas aromáticas reducidas a polvo, la sal, la pimienta, el vino blanco y una pequeña cantidad de agua.

Así se formará una salsa escasa y espesa. Hay que servirlos calientes y sin hilos.

Picadillo a la moda de Montevideo

	4 personas		400 cal

500 g de carne picada (de ternera o de vaca)
100 g de manteca de cerdo
2 ajíes dulces
perejil
2 hojas de laurel
3 huevos crudos
sal
3 dientes de ajo
2 cebollitas tiernas

Echaremos en la sartén puesta al fuego, la manteca, los ajos picados, las cebolletas, los ajíes dulces, un poco de perejil y las hojas de laurel. Todo esto freirá lentamente; echaremos los huevos batidos, procurando que estén bien disueltos. Añadiremos la carne de ternera y daremos unas vueltas en la sartén, sirviéndolo rápidamente a los platos una vez que esté hecho.

Pierna de carnero al estilo de Orense

	4 personas		450 cal

una pierna de carnero de 1.650 g de peso
3 cebollas
3 zanahorias medianas
300 g de judías blancas previamente cocidas
1/2 l de caldo de carne (puede ser en cubitos)
100 g de mantequilla
pimienta blanca en polvo
sal
3 cucharadas soperas llenas de aceite

En primer lugar, deshuesaremos y ataremos la pierna de carnero, espolvoreándola con sal y pimienta y poniéndola en una brasera o cacerola honda, cubierta con la mantequilla (más el aceite para que no se queme la mantequilla), rehogaremos sobre el fuego, hasta que se vea dorada por todos los lados; en este punto incorporaremos las zanahorias y las cebollas peladas y enteras (que pueden sustituirse por una docena de cebollitas pequeñas).

Continuaremos braseando suavemente y una vez veamos que las verduras y la carne están bien doradas, añadiremos el caldo, que debe cocer lentamente hasta que se vea la carne muy tierna. Si, por efecto de la cocción, el jugo se redujese demasiado, añadiremos un poco más de caldo, o simplemente agua.

Cuando falten 30 minutos para dar por terminado el guiso de la pierna, incorporaremos las judías blancas cocidas, que absorberán, casi totalmente, el jugo de la carne.

Serviremos la pierna en la fuente cortada, con las judías a su alrededor y las cebollas divididas en 4 o 6 trozos, más las zanahorias partidas en rodajas.

Pierna de cordero asada

4 personas	420 cal

una pierna de cordero de 1.500 g
una pastilla de caldo concentrado
un limón
sal
pimienta
tomillo
romero
perejil

Frotaremos la carne con el limón partido por la mitad y la sazonaremos con sal y pimienta. Seguidamente, disolveremos la pastilla de caldo en un vaso de agua caliente.

Cuando esto ya esté listo pondremos la carne en una bandeja de horno, la espolvorearemos con las hierbas trinchadas y la cubriremos con el resto del limón cortado en rodajas finas.

Por encima verteremos el caldo y ya podemos cocer la pierna a horno medio, durante una hora, rociándola a menudo con su jugo.

Plato riojano

4 personas	390 cal

600 g de lomo de cerdo en un trozo
3 granos de pimienta
2 dientes de ajo
clavo
sal
orégano
tomillo
una cucharada sopera llena de pimentón rojo dulce
agua
50 g de manteca de cerdo
500 g de salchichas
1/2 l de aceite
una taza llena de salsa de tomate (véase «Salsas»)
una lata de pimientos rojos

Partiremos en trozos el lomo, machacaremos los dientes de ajo, el clavo, tres pimientas en grano, un poco de orégano y un poco de tomillo, añadiendo el pimentón en polvo y un poco de sal. Cuando esté todo machacado y crudo, agregaremos un poquillo de agua.

Adobaremos en ello el lomo y echaremos ese en una cazuela con los 50 g de manteca; cuando ya esté blando, o sea, hecho, le añadiremos la salsa de tomate. Freiremos de antemano las salchichas (mejor encarnadas) y las agregaremos al lomo con la lata de pimientos partidos en tiras, le daremos una vuelta y lo mantendremos a fuego lento durante un cuarto de hora.

Pringadas agote

4 personas	315 cal

400 g de tocino fresco con algo de carne
pan del día
3 cucharadas soperas llenas de aceite
100 g de chorizo de Pamplona
2 cucharadas soperas llenas de leche
sal

La pringada agote la prepararemos friendo con el aceite, el tocino magro y fresco cortado en lonchas finas. En la grasa que este tocino deje en la sartén o cazuela, freiremos el pan (cuatro rebanadas cortadas largas, de un centímetro de grueso). Una vez retiradas las rebanadas de la sartén, freiremos ligeramente el chorizo de Pamplona cortado en trozos, mezclando todo ello y rectificando de sal.

Añadiremos, después, las dos cucharadas de leche, removiéndolo durante un minuto en el fuego.

La pringada, para sacarle su verdadero sabor, debemos comerla siempre muy caliente.

Pringadas de tocino y chorizo

4 personas	330 cal

4 rebanadas de pan de hogaza
4 lonchas de tocino fresco
4 chorizos, mejor que sean de la matanza
3 cucharadas soperas llenas de aceite

Freiremos en el aceite las lonchas de tocino, procurando que todas sean del mismo tamaño aproximadamente y lo más iguales posibles a las rebanadas de pan. En la misma sartén freiremos después los chorizos y, en la grasa que queda, freiremos las rebanadas de pan hasta que queden de color rojo subido.

Lo serviremos rápidamente, muy caliente, poniendo el pan sobre el tocino y, por último, el chorizo.

Caso de no tener pan de hogaza utilizaremos pan normal, nunca de molde.

Pudín Ana

4 personas	370 cal

150 g de jamón en dulce
200 g de queso fresco
una taza llena de queso rallado
5 huevos crudos
3 tazas llenas de salsa bechamel (véase «Salsas»)
3 cucharadas soperas llenas de azúcar

Haremos caramelo en una pudinera con las tres cucharadas de azúcar; una vez seco el caramelo, forraremos todo el alrededor con jamón en dulce, poniendo un trozo al lado de otro.

Rallaremos el queso fresco junto con el queso rallado y le agregaremos la salsa bechamel, sazonando al gusto y uniendo las yemas batidas, y mezclándolo todo bien. Por último, agregaremos las claras batidas a punto de nieve, revolviendo suavemente. Seguidamente, colocaremos toda esta preparación dentro del molde acaramelado y forrado con jamón, y lo introduciremos en el horno, a cocinar al baño María durante una hora. Lo desmoldaremos cuando esté completamente frío.

Ranas guisadas

4 personas	320 cal

12 ancas de ranas
100 g de setas frescas
perejil fresco
una cebolla
un clavo
un diente de ajo
50 g de manteca de cerdo
2 cucharadas soperas llenas de harina
un vaso de agua lleno de vino blanco
1/4 de l de caldo de carne (puede ser en cubitos)
sal
pimienta en grano
3 yemas de huevo crudo

Pondremos las ancas de rana en una cazuela con las setas limpias, el perejil en rama, la cebolla, el clavo, el ajo y un trozo de la manteca, manteniéndolas en el fuego unos instantes, y después les añadiremos la harina, mojándolas con el vaso de vino blanco y el caldo. Echaremos sal y pimienta en grano. Coceremos todo y reduciremos la salsa, que se ligará con las 3 yemas de huevo, con el resto de la manteca y con un poco de perejil picado.

Relleno de carne para empanadillas

4 personas	340 cal

200 g de jamón
200 g de carne de cebolla
50 g de manteca de cerdo
2 cucharadas soperas llenas de vino blanco
perejil fresco
nuez moscada
2 cucharadas soperas llenas de salsa de tomate
2 cucharadas soperas llenas de salsa española (véase «Salsas»)

Prepararemos el jamón y la ternera, y los saltearemos en la manteca (si es usada mejor). Después que estén salteados los picaremos muy menudo y, en la misma grasa que se haya salteado el jamón y la ternera, echaremos la cebolla picada muy menuda; cuando esté en su punto volveremos a echar el picado, al que añadiremos un poco de vino blanco, perejil muy picado, un poco de nuez moscada rallada, el tomate que está preparado y la salsa española; con esto podemos rellenar las empanadillas.

Rellenos o tripoches

4 personas	330 cal

1 kg de intestino delgado y otro de intestino grueso de carnero o de oveja
100 g de tocino
una cebolla
2 clavos
pimienta blanca en polvo
pimienta en grano
50 g de sebo de carnero
6 u 8 huevos crudos
sal
salsa (que explicaremos al final de la receta)
agua

No son otra cosa que los intestinos delgados del carnero o de la oveja.

Procederemos en primer lugar a su perfecta limpieza con agua corriente, manteniéndolos después en agua y sal durante 15 minutos. Una vez limpios los herviremos en agua y sal. Cuando ya estén cocidos, los picaremos muy menuditos, juntamente con el tocino, la cebolla, la especia y el sebo de carnero.

Batiremos por separado los huevos y, cuando estén batidos, añadiremos todo lo anteriormente picado, volviéndolo a batir hasta que la mezcla quede bien hecha.

Limpiaremos el intestino grueso, en el que introduciremos la mezcla anterior, atando bien los dos extremos del intestino y dejando algún espacio pequeño entre la masa y la atadura.

Introduciremos el intestino relleno en agua templada y cuando comience a ponerse sólido el contenido, lo retiraremos del agua, pinchándolo con una aguja para impedir que reviente por la cocción. Volveremos a meterlo en agua y lo dejaremos cocer a fuego vivo hasta que esté bien hecho.

Prepararemos por separado una salsa con aceite y ajo, añadiendo manteca de cerdo, cebolla picada, dos cucharadas de harina y unas tiras de pimiento seco y pimentón rojo. Una vez hecha la salsa, partiremos el relleno en ruedas y lo echaremos a la salsa y después de darles un rehogo en el fuego lo serviremos.

Riñones al jerez

4 personas	*380 cal*

800 g de riñones de ternera
medio vaso de aceite
una cucharada sopera llena de perejil picado
una copa de licor llena de jerez
agua
un diente de ajo
una taza llena de arroz blanco (opcional)
4 tomates

Limpiaremos los riñones y los picaremos a cuadraditos, colocándolos en un colador y sumergiendo este en una cacerola con agua hirviendo y sacándolos rápidamente.

Una vez estén limpios los riñones, les echaremos sal y ajo, y los freiremos seguidamente en el aceite muy caliente, añadiéndoles a continuación el jerez y el perejil, dejándolo hervir lentamente sólo durante 2 minutos y sirviéndolos a continuación.

Podemos acompañarlos, si lo deseamos, con arroz blanco y trozos de tomate fresco, o bien una salsa de tomate servida aparte.

Riñones de cerdo al estilo de Gijón

4 personas	360 cal

800 g de riñones de cerdo
1/2 l de aceite
4 tomates
25 g de mantequilla
un vasito de vino de Oporto
perejil fresco
sal
pimienta blanca en polvo
salsa de mostaza de dos gustos
2 huevos crudos

Partiremos los riñones en rodajitas y los pasaremos por la sartén con aceite (durante 2 o 3 minutos) para que se les quite el olor. Este primer aceite hay que tirarlo.

Volveremos a poner aceite con cantidad suficiente para rehogar los riñones, pero conservándolos sangrantes. Para ello les daremos vueltas deprisa, sin dejarlos más de 15 minutos y poniéndolos en un plato.

Echaremos en la sartén los tomates pelados y troceados, un poco de mantequilla, el vasito de vino de Oporto, el perejil picado, la sal y la pimienta, dejándolo reducir y añadiendo la punta de una cucharada de mostaza blanca y dos de mostaza aromática. Los coceremos en esta salsa a fuego suave y sin que hiervan.

En la misma fuente en que deban servirse, trabajaremos los huevos batidos, que iremos echando lentamente a la salsa mientras se revuelve. Pondremos los riñones en una fuente con perejil picado. Es importante que los riñones estén sonrosados; no deben servirse correosos ni demasiado cocidos.

Ropa vieja de vaca

4 personas	340 cal

600 g aproximadamente de carne sobrante de asar o del cocido
500 g de tomates
2 cebollas
2 dientes de ajo
4 cucharadas soperas llenas de harina
2 pimientos rojos de lata
1/4 de l de aceite o más
guindilla
perejil fresco picado
miga de pan
sal

Vamos a empezar por preparar la salsa para la carne, que haremos así:

Freiremos en aceite, y por separado, las cebollas finamente picadas y los ajos con los pimientos rojos cortados a tiras. Sazonaremos ambas cosas, y en la sartén de la cebolla (que se hará despacito para que no llegue a dorarse), echaremos las cuatro cucharadas de harina y los tomates (pelados y trinchados), dejándolo hacer durante 30 minutos. Los pimientos con los ajos, una vez que tomen el gusto del aceite, los separaremos.

La carne, o los trozos de carne, estarán en una cazuela de barro, les echaremos la cebolla, el tomate y los pimientos. Añadiéndole también un poco de guindilla picante y sal, si es preciso. Adornaremos la carne con la miga de pan desmenuzada por encima y la meteremos al horno durante 15 minutos antes de servirla.

Salpicón de vaca

4 personas	370 cal

800 g de carne de vaca
250 g de jamón
una cebolla mediana
1/4 de l de aceite
una taza de vinagre
pimienta blanca en polvo
sal
agua

Herviremos la carne y el jamón y, una vez se hayan cocido perfectamente, los dejaremos escurrir.

Picaremos seguidamente ambas carnes muy menudamente, disponiéndolas en una fuente y añadiéndoles la cebolla (igualmente picada) echándola por encima. Por último, la rociaremos con el siguiente batido: tres partes de aceite refinado por una de vinagre, pimienta y sal, todo bien mezclado.

Un plato frío muy apropiado para el verano.

Sesos huecos

4 personas	390 cal

una sesada de ternera o 3 sesadas de cordero
un puerro
perejil fresco
agua
sal
caldo de carne o en cubitos
vinagre
aceite refinado
harina
100 g de manteca de cerdo
2 huevos crudos

Antes de comenzar, limpiaremos los sesos con agua fresca quitándoles todas las telillas y la sangre, y los pondremos a cocer en agua con un poco de sal, puerro, perejil y unas gotas de vinagre, espumándolo de vez en cuando. Una vez cocidos, los sacaremos.

La preparación de los sesos huecos se hace poniendo en una taza una jícara o cacillo de caldo, se le añaden tres gotas de aceite refinado, tres de vinagre, un poco de pimienta blanca y 50 g de mantequilla. Cuando estén fritos le añadiremos 50 g de harina y trabajaremos bien la pasta. Cuando se vea que la pasta está bien fina (tiene que estar como una crema espesa), o si parece que la pasta está algo ligera, se le añade un poco de harina.

Batiremos por separado dos claras de huevo y, cuando estén bien levantadas, las uniremos a la pasta anterior.

Cuando todo esté bien unido cortaremos trocitos de seso y los pasaremos por la pasta, cogiéndolos con una cuchara y echándolos en la manteca, que estará muy caliente y no demasiado fuerte. Los iremos cubriendo siempre con la grasa, procurando que salgan doraditos y de manera que parezcan buñuelos.

Solomillo de cordero

	4 personas		*360 cal*

un solomillo de cordero de 1 kg (la pierna deshuesada y atada)
sal
pimienta blanca en polvo
3 cucharadas soperas llenas de aceite
un vaso de vino tinto
agua
2 cucharadas soperas llenas de harina

Pondremos el solomillo, durante una hora, en un adobo compuesto por sal, pimienta, aceite y vino tinto. Lo pasaremos después a una cacerola con el mismo adobo añadiéndole un poco de agua y dejándolo cocer lentamente hasta que lo veamos tierno. Entonces retiraremos la carne, desengrasando la salsa y espesándola con la harina, que dará un hervor, y verteremos esta salsa sobre la carne, que serviremos después de quitarle el hilo y de cortarla en rodajas.

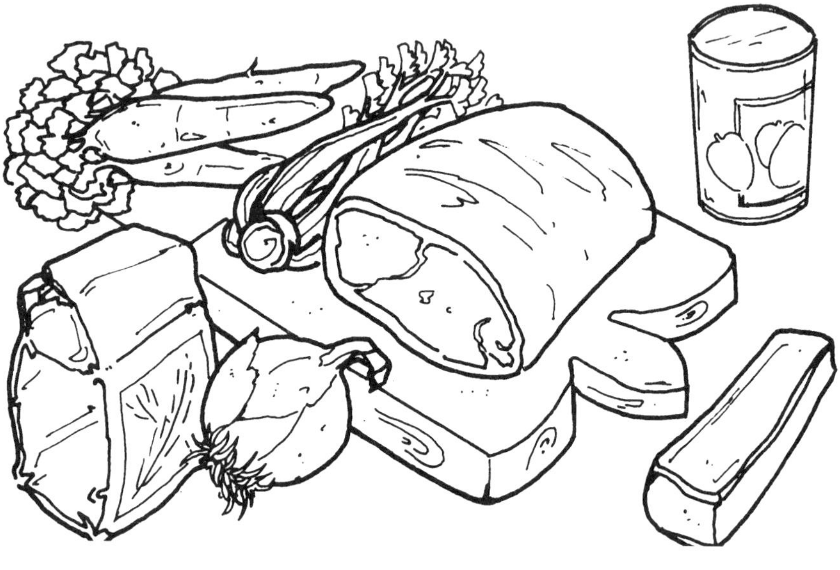

Solomillo con setas

4 personas	380 cal

un solomillo de ternera de 800 a 1.000 g de peso
sal
100 g de manteca de cerdo
400 g de setas frescas
una taza llena de aceite
perejil fresco
6 cebolletas tiernas
1/4 de l o menos de caldo de carne (puede ser en cubitos)
100 g de tocino cortado en tiras largas
una cucharada sopera llena de pan rallado

Mecharemos el solomillo con el tocino, lo sazonaremos y lo untaremos con la manteca recién derretida, asándolo en el horno.

Prepararemos aparte un guiso con las setas lavadas, escurridas, peladas y rehogadas en aceite con una porción de perejil y las cebolletas picadas, a las que añadiremos el caldo, dejándolas reducir hasta que se vean espesas.

Colocaremos este picadillo en un plato que resista el calor con manteca y un poco de pan rallado, cociéndolo durante 15 minutos en el horno. Rodearemos con ello el solomillo ya cortado en lonchas al servirlo a la mesa.

El jugo del asado, en salsera aparte, lo serviremos caliente.

Tacons

4 personas	420 cal

750 g de carne de cerdo
6 huevos crudos
un bizcocho seco
2 trufas
18 piñones sin cáscara
50 g de sobrasada
pimienta blanca en polvo
sal
canela en polvo
1 l de caldo de carne (debe ser buen caldo de carne y huesos)

Picaremos la carne con la sobrasada, uniéndole los huevos bien batidos, los piñones y el bizcocho desmenuzado, las trufas picadas, un poco de canela, un poco de pimienta y sal, todo muy unido. Rellenaremos con ello una tripa de carnero, que ya tendremos lavada y preparada, y la coseremos de modo que quede en forma de embutido. Amarraremos por los extremos, hirviéndola en el caldo durante un par de horas, con precaución ya que no debe reventarse. Ello puede lograrse rellenando holgadamente la tripa, ya que al hervir esta se hincha mucho.

Podemos comerlo caliente o bien frío como fiambre.

Tasajo camagüeyano

4 personas	390 cal

500 g de tasajo o cecina
sal
agua
1/4 de l escaso de aceite
2 cebollas gordas
4 tomates
2 granos de ajo

Pondremos en remojo el tasajo en el agua una noche antes y luego le daremos un hervor en la misma agua. Lo deshilacharemos y, en una cazuela o sartén con aceite, picaremos las cebollas, los tomates sin piel y los granos de ajo, y en esa salsa rehogaremos el tasajo, que debe ir cociendo a fuego lento y tomando el gusto de este condimento. Esta carne es muy seca y necesita salsa en abundancia.

Podemos añadirle una copita de jerez o vino blanco seco.

Ternera con aceitunas

4 personas	350 cal

un solomillo de ternera de 800 g de peso
50 g de tocino
6 alcachofas
una taza llena de aceite
un vasito de vino blanco
18 aceitunas verdes
perejil fresco
4 patatas
agua
sal
una lata de salsa de tomate ya preparada
2 pimientos verdes frescos
100 g de manteca de cerdo

Limpiaremos el solomillo, lo mecharemos con el tocino cortado a tiras, lo salaremos y lo asaremos en el horno fuerte con la manteca.

La guarnición la compondremos con fondos de alcachofas torneadas con muy poco borde, estofadas con el aceite y el vino; con aceitunas deshuesadas y patatas redondas, hervidas y aliñadas con aceite crudo y perejil picado, dejándolas al calor hasta que vayamos a emplearlas.

Al poner el solomillo para servirlo, lo cortaremos, colocándolo en el centro de la fuente; en las cabeceras irán las patatas, a los lados las alcachofas y, dentro de cada una, un montoncito de aceitunas; rociaremos con el jugo desengrasado del asado del solomillo.

Aparte, serviremos la salsa de tomate, a la que habremos mezclado una cucharada de pimientos verdes, cortados en tiras muy delgadas y fritos sin que lleguen a tomar color.

Ternera mechada

4 personas	380 cal

un redondo de ternera de 1 kg aproximadamente de peso
100 g de manteca de cerdo
una cebolla grande
2 tomates grandes y rojos
un vaso de agua lleno de vino de jerez
un tazón lleno de caldo del cocido
un diente de ajo
sal
pimienta blanca en polvo
canela en rama para mechar la carne

Una vez hayamos limpiado la carne de pieles y de grasa, la mecharemos con trocitos de canela.

Pondremos la manteca al fuego en una cazuela y, cuando esté bien caliente, le añadiremos la carne y, cuando esté dorada, incorporaremos la cebolla muy picada y el diente de ajo también picado. Daremos unas vueltas para que se dore un poco, e incorporaremos los tomates pelados y trinchados, el vino, el caldo, la sal y un poco de pimienta.

Cuando rompa a hervir lo taparemos, dejándolo cocer despacio hasta que la veamos blanda.

Colocaremos el redondo ya cortado en rodajas en una fuente, mientras pasaremos la salsa por el chino, luego la calentaremos y antes de servirla a la mesa la verteremos sobre la carne.

Aconsejamos utilizar un caldo de calidad para esta receta.

Ternera en rollo

4 personas	340 cal

500 g de carne picada de ternera
50 g de tocino de jamón
un diente de ajo
perejil fresco
sal
50 g de manteca de cerdo
una cebolla
un cucharón de caldo (puede ser en cubitos)
un huevo crudo
pimienta blanca en polvo

Uniremos la carne con el tocino de jamón (picado), el diente de ajo, un poco de perejil, sal, pimienta y el huevo batido, hasta formar una pasta que envolveremos en un trapo, dándole forma alargada y atándolo con un hilo en sus extremidades.

Pondremos la carne en una cazuela con la manteca, dejándola rehogar largo rato. Añadiremos luego la cebolla cortada en rodajas y las zanahorias, partidas también en rodajas; cuando ambas cosas estén doradas, echaremos la harina, mezclaremos bien y añadiremos el caldo y el vaso de vino blanco; echaremos sal y dejaremos hervir a fuego lento hasta el momento de servir, en el que retiraremos el trapo de la carne y la partiremos en rodajas, echando sobre ella su salsa, pasada previamente por el colador.

Ternera en salsa roja

4 personas	400 cal

700 g de babilla de ternera
50 g de manteca de cerdo
1/4 de l de aceite
50 g de harina
sal
pimienta blanca en polvo
2 cebollas
5 pimientos choriceros secos
2 dientes de ajo
miga de pan
12 almendras sin tostar
agua
1/2 l de caldo (puede ser en cubitos)
un vasito de vino lleno de vino blanco
un huevo duro

Prepararemos la babilla de ternera en trozos gruesos, a los que echaremos la sal y la pimienta. Pondremos en una cazuela de barro la mitad manteca y la mitad aceite, y en ella rehogaremos la carne; después de pasarla por harina, la freiremos despacio, dándole vueltas y moviendo la cazuela de vez en cuando.

La salsa la haremos picando las cebollas en aceite hasta que estén blandas, les añadiremos los dientes de ajo picaditos y los pimientos choriceros remojados en agua, a los que se raspa la carne, reservando los pellejos que se majarán junto con la miga de pan frito, incorporándolo todo a la salsa; después, echaremos sal y pimienta. Herviremos la salsa lentamente, pasándola sobre la carne, que estará en la cazuela, apretando bien para sacar todo su jugo. Incorporaremos un poco de caldo y otro poco de vino blanco, así como la yema del huevo duro y la clara cortada a trocitos pequeños.

Trajinera mexicana

4 personas	430 cal

Para la masa
500 g de harina
200 g de mantequilla
3 huevos crudos
sal

Para el relleno
200 g de chícharos (guisantes)
18 calabacitas
4 chiles poblanos (pimientos picantes)
4 aguacates
2 manojos de cebolletas
2 pechugas de pollo
3 quesitos de crema
aceite de oliva

Para el aspic
1 l de caldo en el que se coció el pollo
una clara de huevo
50 g de cola de pescado en hoja
un puerro
250 g carne de ternera picada

Cómo se hace el relleno:
Coceremos las verduras y las mezclaremos con las pechugas desmenuzadas, los chiles asados, limpios y cortados en tiras, los aguacates y el queso cortado en cuadraditos; sazonaremos todo con aceite, con sal y con pimienta.

Cómo se hace el aspic:
Pondremos en el fuego el caldo del pollo frío con la ternera, el puerro cortado en rodajas y la clara de huevo; mezclaremos continuamente procurando que haga mucha espuma, ya que esto clarifica el caldo.

Cuando empiece a humear, le agregaremos la cola de pescado remojada en agua fría y bien escurrida. Después de que haya comenzado a hervir, lo dejaremos durante 10 minutos a fuego muy lento. Apartado del fuego, lo cubriremos con un paño húmedo, dejándolo cubierto durante 5 minutos, pasados los cuales lo colaremos por un tamiz o por un paño blanco. Si se desea, se le puede añadir un colorante vegetal del tono que más agrade.

Cómo formaremos la trajinera:
Tamizaremos la harina y la pondremos sobre una tabla, haciendo un hueco en el centro en el que echaremos la sal, los huevos y la mantequilla; revolveremos todo y añadiremos agua fría hasta conseguir una pasta; a continuación la extenderemos con el rodillo hasta formar una capa de un centímetro de grueso, con la que forraremos un molde en forma de barca (trajinera) y le pondremos un papel de estraza para que no se deforme; cubriremos el papel con judías crudas, de modo que lo mantengan con su peso. Una vez preparada la trajinera, la meteremos en el horno, que deberá estar muy caliente, y la dejaremos durante una hora en él. La retiraremos dejándola enfriar y, cuando esté completamente fría, le pondremos el relleno, le colocaremos dentro los muñequitos y en torno a estos las verduras del adorno (cocidas con sal), alternando los colores alrededor de la trajinera, y distribuyendo el aspic finamente picado. Sazonaremos las verduras del adorno con aceite, vinagre, pimienta y sal.

Tripas a la riojana

	4 personas		*410 cal*

1 kg de tripas (callos)
una cabeza de ajos
una hoja de laurel
una cebolla
una guindilla
tres cucharadas soperas llenas de harina
250 g de tomates
una rama de perejil
6 granos de pimienta
1/4 de l de aceite
una cucharada sopera llena de pimentón dulce
sal
agua

Escaldaremos las tripas en agua hirviendo; raspándolas y limpiándolas bien, las cortaremos en trozos alargados y estrechos, poniéndolas en un puchero completamente cubiertas con agua fría. Añadiremos sal, la guindilla entera, media cabeza de ajos, media cebolla y el laurel, cocerán de nuevo sólo durante 10 minutos. Las retiraremos del puchero con una espumadera, guardando el caldo, y las pondremos en una cazuela de barro.

Para realizar la salsa, doraremos en aceite, puesto en una sartén, la media cebolla restante finamente picada, añadiéndole después la harina; dando a esta unas vueltas con la cuchara, le incorporaremos el pimentón, el tomate (estará frito de antemano con cebolla y aceite) y con medio litro de caldo donde han cocido las tripas. Coceremos esta salsa durante media hora y la pasaremos por el chino sobre las tripas. Machacaremos en el mortero los restantes dientes de ajo, el perejil y la pimienta, añadiendo la mezcla a la cazuela. El conjunto cocerá durante media hora.

Vaca asada con vino tinto

	4 personas		*400 cal*

1 kg de carne tierna de vaca
100 g de tocino
3 cebollas
3 zanahorias
1/4 de l de vino tinto
agua
sal
pimienta blanca en polvo
perejil fresco
una hojita de laurel
2 cucharadas soperas llenas de salsa de tomate (véase «Salsas»)
200 g de champiñones de lata

Cortaremos la carne a trozos, que rehogaremos en la cazuela junto con el tocino partido, las cebollas y las zanahorias trinchadas. Salaremos y echaremos un poco de pimienta, perejil, la hoja de laurel a trocitos, la salsa de tomate, el cuarto de litro de vino tinto y otro tanto de agua. Taparemos y que se haga lentamente a fuego bajo durante 3 horas.

Añadiremos los champiñones de lata 15 minutos antes de que termine de hacerse.

HUEVOS

Huevos con arroz

4 personas	390 cal

8 huevos
250 g de arroz
8 tomates, todos de igual tamaño
50 g de jamón
100 g de mantequilla
agua
sal
4 patatas
una yema cruda de huevo
2 cebollas
un tomate maduro
una cucharada sopera llena de harina
caldo de carne (puede ser en cubitos)

En primer lugar, cortaremos un poco de los tomates quitándoles las semillas y procurando no romperlos, los rociaremos con un poco de mantequilla derretida y los meteremos en el horno durante 5 minutos. Mientras tanto, cortaremos el jamón en trozos y lo saltearemos en un poco de mantequilla. Cuando esté listo rellenaremos los tomates con el jamón así preparado.

Seguidamente, coceremos los huevos, los dejaremos enfriar y los pelaremos. Además, herviremos en agua y sal las patatas peladas y cortadas. Una vez hechas, las escurriremos y las pasaremos por un tamiz, mezclándo la yema de huevo cruda y parte de la mantequilla, convirtiéndolo en un puré.

Rehogaremos en mantequilla una de las cebollas y el tomate, todo picado, espesándolo con la harina, añadiremos una taza de caldo y lo dejaremos cocer media hora, pasándolo después por un colador. Obtendremos así una salsa de tomate.

Picaremos la otra cebolla, que rehogaremos en el resto de la mantequilla, echando después el arroz y tres cuartos de litro de caldo. Coceremos el arroz durante 20 minutos a fuego regular y lo verteremos después en una fuente en forma de pirámide, donde también colocaremos alrededor los tomates y dentro de estos los huevos duros. Con la salsa de tomate cubriremos la pirámide de arroz. El puré de patatas irá alrededor de la fuente como adorno.

Huevos a la aurora

4 personas	380 cal

6 huevos
6 cigalas
una cebolla
nuez moscada
100 g de mantequilla
3 tazas llenas de salsa bechamel (véase «Salsas»)
agua
sal
2 cucharadas soperas llenas de queso rallado

Coceremos los huevos hasta que los veamos duros, los pelaremos y los partiremos por la mitad, separando las yemas, que machacaremos junto con la carne de las cigalas cocidas. Después de que esté todo finamente machacado, en una sartén con parte de la mantequilla prepararemos la cebolla bien picada que, cuando tome un color doradito, la uniremos a la preparación anterior, rallando un poquitín de nuez moscada. Cuando el puré esté hecho le agregaremos dos cucharadas de salsa bechamel un poco espesa y rellenaremos con ella los huevos, que pondremos en una fuente de horno, cubriéndolos con salsa bechamel. Les echaremos un poco de queso rallado y unos trocitos de mantequilla dorándolos en el horno.

Huevos en caldo

4 personas	410 cal

8 huevos
200 g de pescado blanco (merluza, congrio, rape)
100 g de gambas
50 g de chorizo de Pamplona
50 g de jamón
12 yemas de espárragos
una guindilla
media cebolla
2 dientes de ajo
3 cucharadas soperas llenas de aceite
sal
2 patatas
agua

En la sartén haremos un sofrito con el aceite, la cebolla picada y los ajos. Cuando estén dorados, incorporaremos el jamón, el chorizo, el pescado blanco y las gambas juntamente con unas rebanadas de patata. Sin dejar de mover con cuchara de palo, verteremos un poco de agua y dejaremos cocer. Añadiremos las yemas de espárragos y, como final, los huevos escalfados. (La guindilla la habremos echado con el sofrito de cebolla y de ajos.)

Este plato se come como almuerzo en el pueblo de Corella, a eso de las diez de la mañana. Pero como dicen los navarros: «A este *amaiketako* (almuerzo) se apuntaría cualquier cristiano aunque fuese para tomarlo a las dos de la tarde.»

Huevos a la carlista

4 personas	440 cal

11 huevos
50 g de mantequilla
100 g de harina
1 l de leche
200 g de miga de pan blanco seca rallada
1/2 l de aceite
un limón
perejil fresco
nuez moscada
pimienta blanca en polvo
sal

Freiremos ocho huevos en aceite, o mitad de aceite y mitad manteca y, una vez fritos, los dejaremos enfriar un poco, tras lo cual los rebozaremos en una salsa bechamel espesa que ya tendremos preparada de antemano.

Cuando estén totalmente fríos, los empanaremos primero pasándolos por la miga de pan seca y luego por el resto de los huevos batidos, y otra vez por la miga de pan, como si se tratase de unas croquetas.

Minutos antes de servirlos en la mesa los freiremos en aceite abundante y caliente hasta verlos dorados.

Los serviremos en una fuente adornados con perejil frito. Además presentaremos una salsa bechamel que habremos preparado en un recipiente sobre el fuego, tras rehogar la mantequilla, un poco de harina que removeremos con el batidor pequeño, y a la que le añadiremos a intervalos la leche recién hervida, mezclando bien y sazonando con sal, nuez moscada rallada y pimienta en polvo.

Huevos escalfados con cangrejos de río

4 personas	380 cal

4 huevos crudos
2 yemas crudas de huevo
4 costrones de pan viejo sobrante
18 cangrejos
150 g de mantequilla
18 cucharadas soperas llenas de salsa bechamel (véase «Salsas»)
sal
agua
vinagre

Echaremos los cangrejos vivos en una cazuela con los 150 g de mantequilla al fuego, y cuando lleven dos minutos cociéndose los retiraremos de la cazuela y los pondremos en un plato, quedando la mantequilla en la cazuela. Separaremos la cola del cuerpo y las limpiaremos. Con los caparazones de los cangrejos machacados haremos una pasta que echaremos en la cazuela en que estuvo la mantequilla; poniéndola al fuego otros 2 minutos, salaremos y pasamos un colador.

Pondremos las 2 yemas de huevo en un cacito y las batiremos bien con una varilla, agregándoles primero la salsa y luego, sin dejar de batir (como si se hiciera una mayonesa), las 18 cucharadas de salsa bechamel muy caliente.

Prepararemos una fuente con costrones de pan frito. Escalfaremos los huevos en agua y vinagre, y los colocaremos encima, después, saltearemos las colas limpias de los cangrejos con un poco de aceite, repartiéndolas en la fuente. Seguidamente cubriremos los huevos con la salsa y los serviremos.

Huevos escalfados con menudillos

4 personas	420 cal

8 huevos
2 asaduras (pueden ser de cordero o de cabrito)
2 tazas llenas de aceite
una cucharada sopera llena de harina de trigo
una ramita de tomillo
2 dientes de ajo
2 hojas de laurel
una cebolla pequeña
un vaso de vino blanco
una copa de licor llena de jerez
sal
pimienta blanca en polvo

Estofaremos en una cazuela sobre el fuego la cebolla picada, los ajos, el tomillo y el laurel con el aceite durante 5 minutos. Luego echaremos las asadurillas picadas en trozos pequeños que freiremos bien agregando la harina; esperaremos a que todo esté dorado para añadir el vino y el jerez. Después, sazonaremos con sal y pimienta, y lo dejaremos cocer todo durante 2 minutos. A continuación lo verteremos en una fuente de horno cascando los huevos, que dejaremos escalfar durante 5 minutos, más o menos.

Huevos a la flamenca

2 personas	350 cal

4 huevos
50 g de jamón
4 rodajas de chorizo
una lata de guisantes
media lata de pimientos
una lata pequeña de tomate
una cebolla
2 dientes de ajo
una cucharada sopera llena de pimentón rojo dulce
azúcar
sal
una lata de espárragos
2 cucharadas soperas llenas de aceite

En una sartén con un poco de aceite, freiremos la cebolla y los ajos (ambos picados) muy lentamente. Cuando estén hechos, agregaremos el jamón cortado en pequeños cuadrados y las rodajas de chorizo. Dejaremos cocer lentamente hasta que todo esté un poco pasado; en ese punto agregaremos el pimentón, removeremos y echaremos el tomate, sazonaremos con sal y un poco de azúcar (para corregir la acidez del tomate); agregaremos los guisantes y los espárragos, retirando 4 para el adorno, y lo dejaremos cocer de nuevo durante 10 minutos más hasta que esté tierno. Separaremos las rodajas de chorizo.

Seguidamente, pasaremos la salsa a una cazuela grande refractaria, con la mano del mortero haremos un hueco en la salsa y romperemos en él el huevo. Haremos lo mismo hasta colocar todos, poniendo al lado de cada huevo una rodaja de chorizo. Lo meteremos durante unos momentos en el horno hasta que cuaje la clara; la yema debe quedar blanda. Ya retirados, los adornaremos con los pimientos y los espárragos, y lo serviremos en la misma cazuela.

Huevos gallegos

	4 personas		330 cal

4 huevos
una latita de champiñones
3 tomates
2 dientes de ajo
una hoja de laurel
perejil fresco
50 g de mantequilla
2 cucharadas soperas llenas de aceite
agua

En primer lugar, cortaremos los tomates en trozos y los freiremos en un poco de aceite, añadiremos unas ramitas de perejil, la hojita de laurel, la sal y un poco de agua. Cuando estén bien rehogados y escurridos, pasaremos esta salsa de tomate por el pasapurés.

Seguidamente, dispondremos una terrina para huevos y pondremos en ella un poco de mantequilla y los champiñones cortados en rodajas delgadas, echando encima la salsa de tomate. Pondremos a cocer todo esto hasta que espese bastante.

Separada la fuente del fuego, echaremos los huevos, uno a uno, cascándolos con cuidado para evitar que se rompa la yema.

Finalmente, colocaremos la terrina durante unos minutos en el horno, y cuando los huevos estén hechos, con la clara cuajada y la yema blanda, los serviremos.

Huevos con guisantes

	4 personas		420 cal

8 huevos
1/4 de l de aceite
800 g de guisantes sin vaina pero frescos
harina
100 g de jamón con tocino
sal
16 cebollitas pequeñas
un poco de tomillo
perejil

En una tartera prepararemos unos trozos del tocino del jamón y saltearemos con él el jamón cortado, las cebollitas pequeñas peladas y, cuando todo esté bien dorado, le añadiremos un poco de harina con la punta de una cucharilla, echaremos los guisantes, procurando siempre que sean tiernos, y un atadito de perejil y tomillo. Lo taparemos y dejaremos que se haga lentamente.

Serviremos los guisantes con huevos fritos, colocando en una fuente los guisantes y alrededor los huevos recién hechos.

Huevos al horno

	4 personas		370 cal

4 huevos
1 kg de tomates
100 g de chorizo (pinchitos riojanos)
2 pimientos rojos frescos
50 g de jamón
3 cucharadas soperas llenas de aceite

En el aceite rehogaremos el jamón cortado a tiras y el chorizo partido en rodajas, los saltearemos y, en la misma grasa, prepararemos la salsa con los tomates pelados y trinchados. Colocaremos en una tartera esta salsa y cascaremos encima los huevos, uno a uno (si se desea pueden ponerse dos por ración), adornándolos con las tiras de jamón, el chorizo y los pimientos asados, pelados y partidos a lo largo en tiras. Cuajaremos los huevos en el horno y los serviremos muy calientes.

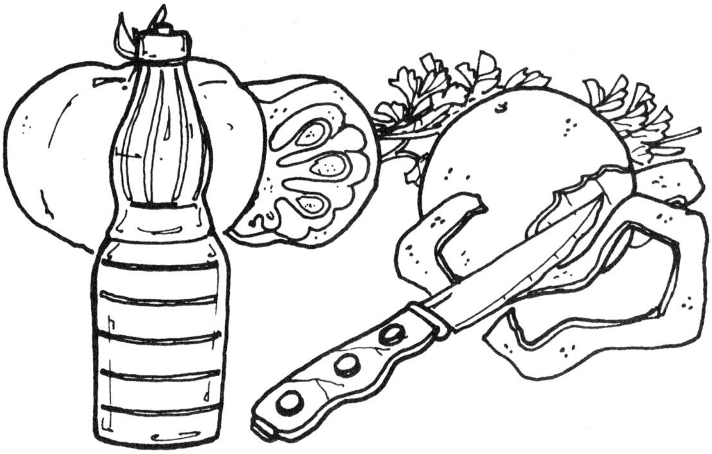

Huevos imperiales

4 personas	410 cal

8 huevos
8 rebanadas de pan francés o integral
150 g de jamón en dulce
una latita de foie gras
3 tazas llenas de salsa mayonesa (véase «Salsas»)
una lechuga picada finamente
4 cucharadas soperas llenas de aceite
media taza llena de vinagre
2 yemas duras picadas
agua

En primer lugar, pondremos al fuego media cacerola de agua, agregándole el vinagre y, cuando hierva, romperemos dentro los huevos, con la precaución de que la clara cubra la yema, los dejaremos unos minutos hasta que la clara se ponga blanda, retirándolos con la espumadera y colocándolos sobre una servilleta húmeda hasta que se enfríen.

Después freiremos las rebanadas de pan en aceite y las colocaremos sobre un papel blanco para que este absorba el exceso de grasa.

Untaremos el pan frito con bastante *foie gras* y dispondremos las rebanadas en una fuente, tomaremos los huevos con una cuchara y los colocaremos encima del pan, cubriéndolos con el jamón y bañándolos con la salsa mayonesa. Seguidamente, adornaremos cada huevo, uno con yema picada y con clara picada el otro, poniendo alrededor de ellos la lechuga cortada fina.

Huevos al nido

4 personas	360 cal

4 huevos
4 panecillos de Viena
100 g de mantequilla
sal fina
aceite

Vaciaremos en parte los panecillos dejándoles un hueco suficiente para que quepa un huevo. Después pondremos mantequilla y aceite en una sartén, y freiremos los huevos uno a uno, colocándolos en los panecillos. Seguidamente, untaremos una fuente de horno con mantequilla, colocando en ella los panecillos con los huevos que meteremos en el horno sólo 3 minutos antes de servirlos a la mesa. Esto lo haremos para que el pan tome un poco de calor.

Huevos al plato a la navarra

4 personas	450 cal

8 huevos
8 rodajas de chorizo de Pamplona
4 tomates
50 g de queso rallado
25 g de mantequilla o 2 cucharadas soperas llenas de aceite
pimienta blanca en polvo
sal
perejil fresco

En terrinas para huevos al plato bien untadas con la mantequilla o el aceite, pondremos un lecho de tomate frito y bien sazonado de sal, pimienta y perejil picado.

Romperemos encima los huevos y, al lado de cada yema, colocaremos una rodaja de chorizo de Pamplona frito, espolvoreando los huevos con queso rallado.

Los cuajaremos en el horno. Este no debe estar demasiado fuerte, pues los huevos deben servirse con la yema blanda y la clara cuajada.

Huevos rellenos de atún

4 personas	420 cal

6 huevos
una lata pequeña de bonito o atún en aceite
75 g de mantequilla
2 pimientos morrones (preferibles en conserva)
una lechuga
2 cucharadas soperas llenas de aceite
una cucharada sopera llena de vinagre
un poco de salsa de mostaza
agua

En una cazuela con agua pondremos los huevos, dejándolos hervir durante 10 minutos, después los pasaremos por agua fría, pelándolos y partiéndolos por su mitad a lo largo y sacando las yemas que, junto con el bonito y los pimientos, machacaremos en el mortero hasta lograr una pasta fina, a la que mezclaremos la salsa de mostaza y la mantequilla, sazonando con sal y pimienta. Introduciremos esta pasta en una manga con boquilla y rellenaremos la cazuelita de clara de huevo, formando en su centro un pequeño montoncito.

Después limpiaremos bien la lechuga, que debe cortarse finamente, y le echaremos sal, aderezándola con aceite y vinagre, y colocándola en una fuente formando una capa, sobre la que irán los huevos.

Huevos rellenos con jamón

4 personas	*440 cal*

6 huevos crudos
50 g de mantequilla
100 g de jamón
200 g de menudillos de pollo
una cebolla
un vasito de vino lleno de vino blanco
salsa española (véase «Salsas»)
otra salsa a elegir (véase «Salsas»)
agua

Antes de comenzar, coceremos los huevos hasta endurecerlos, los pelaremos y los cortaremos por su mitad. Mientras, echaremos las yemas en el mortero y las machacaremos hasta reducirlas a pasta muy fina.

Luego prepararemos lo siguiente: freiremos en mantequilla, el jamón, y cuando esté frito lo picaremos muy menudamente. Con la misma mantequilla freiremos la cebolla bien picada y saltearemos los menudillos de pollo, que estarán limpios, y cuando estén salteados les añadiremos el vino blanco, así como una cucharadita de salsa española.

Uniendo todo con las yemas y cuando esté hecho una pasta, rellenaremos los huevos, cubriéndolos con una capa de salsa de tomate o salsa española, según el gusto de cada uno.

Huevos rellenos con puré de guisantes

4 personas	*430 cal*

6 huevos crudos
80 g de mantequilla
4 cucharadas soperas llenas de salsa mayonesa (véase «Salsas»)
400 g de guisantes crudos sin vaina
una patata
sal
agua
caldo o leche
un vaso de vino lleno de nata

En primer lugar, coceremos los huevos hasta que estén duros, después los partiremos por el medio, separando las yemas, que pondremos en un mortero (separaremos unas tres yemas para luego ponerlas por encima); lo machacaremos bien y, una vez machacado, le añadiremos parte de la mantequilla y la salsa mayonesa. Luego se hace la preparación del puré poniendo los guisantes desgranados con un trocito de mantequilla y un poco de agua, la patata pelada y troceada, y la sal correspondiente. Cuando esté cocido lo pasaremos por el pasapuré teniendo que resultar como un puré de patatas espeso, y a este puré le añadiremos la pasta primeramente preparada, y después de bien unido rellenaremos con ello los huevos.

Al puré que haya quedado le añadiremos leche o caldo y el vasito de nata cruda, formando una crema fina que pondremos en una fuente de horno, colocando sobre ello los huevos y cubriéndolos nuevamente con el mismo puré, y adornando finalmente con las yemas pasadas por el chino.

Huevos con sangrecilla

4 personas	400 cal

4 huevos
1 kg de sangre ya cocida
1/2 l de aceite
media cebolla
sal
pimienta blanca en polvo
salsa de tomate muy especiada (véase «Salsas». Hacer la salsa de tomate y echarle un poco de pimienta de Cayena para que esté más fuerte, o bien comprar una salsa fuerte de tomate de las muchas que se venden)
perejil fresco

La sangrecilla suele comprarse cocida, aunque también podemos cocerla en casa. En una sartén, con cuatro cucharadas de aceite, freiremos la cebolla muy picada; cuando esté dorada le añadiremos la sangrecilla cortada en trozos y lo rehogaremos muy despacio, sazonándolo con sal y pimienta y, por último, añadiremos las cuatro cucharadas de la salsa de tomate. Serviremos el plato bien caliente, salpicándola con abundante aceite. (Si lo deseamos, los huevos pueden ser duros y partidos por la mitad.)

Huevos serranos

4 personas	350 cal

4 huevos
4 tomates gordos
40 g de mantequilla
sal
50 g de jamón
1/4 de l de aceite
3 cucharadas soperas llenas de queso rallado

Partiremos horizontalmente por la mitad los tomates maduros y los vaciaremos con una cucharilla, cuidando de no romperlos; rociando después el interior con 25 g de mantequilla derretida y sazonándolos con sal, colocaremos en su interior 50 g de jamón cortado en trozos. Una vez hecho esto los dispondremos en una fuente que resista al fuego.

Freiremos en aceite los huevos uno a uno, cascándolos primero en un plato, echando un poco de sal y dejándolos caer con sumo cuidado en la sartén. Con la espumadera o espátula les daremos forma abuñuelada, batiendo un poco la clara y levantándola hacia la yema a la vez que se fríen.

Cuando estén fritos los colocaremos dentro de las cazuelitas de los tomates, espolvoreándolos con queso rallado y rociándolos con el resto de la mantequilla derretida. Meteremos seguidamente la fuente así preparada dentro del horno para que los huevos se doren un poco.

MARISCOS

Almejas con finas hierbas

4 personas	300 cal

1 kg de almejas grandes
sal fina
2 escaloñas
2 cebollas
agua
100 g de setas
perejil fresco
pan
50 g de manteca de vaca

Abriremos las almejas con agua caliente sobre el fuego después de limpiarlas. Luego desprenderemos una parte de la concha, poniendo una junto a otra en una tartera, apoyadas sobre una capa de sal para que se mantengan firmes y cubriéndolas con finas hierbas picadas (escaloñas, cebollas, setas y perejil) y ralladura de pan. Finalmente, las rociaremos con manteca derretida o aceite, metiéndolas en el horno durante 7 u 8 minutos.

Centollo relleno

4 personas	305 cal

un centollo mediano por comensal
2 puerros
3 zanahorias
2 cucharadas soperas llenas de aceite
sal
agua
un diente de ajo
harina
2 tomates
media copa de licor de coñac
media copa de licor de vino blanco
caldo de carne
pimienta blanca en polvo
3 cucharadas soperas llenas de nata fresca
2 cucharadas soperas llenas de pan rallado
perejil fresco
una cebolla

En primer lugar, coceremos el centollo durante 20 minutos (echándolo cuando hierva el agua) con un puerro, con dos zanahorias partidas, con media cebolla y con sal.

Una vez cocido, separaremos del caparazón toda su carne, así como la de las patas. Tras lo cual picaremos muy menudo, para que no haya necesidad de pasarlos, un puerro, una zanahoria y un poquito de cebolla.

En una sartén freiremos el diente de ajo, cuando esté dorado lo retiraremos y echaremos entonces las verduras picadas, dejándolas rehogar un rato, añadiendo la harina y dejándolo rehogar otro rato; añadiremos los tomates crudos, pelados, sin semillas, sin agua y muy picados o, en su lugar, una cucharada de puré de tomate, dejándolo cocer 5 minutos y moviendo continuamente; añadiremos el coñac, el vino blanco y unas cucharadas de caldo; debemos procurar que esta salsa quede espesa, salpimentaremos y la dejaremos cocer durante 10 minutos más, añadiendo por último las tres cucharadas de nata.

Mezclaremos con la salsa la carne del centollo, previamente picada (no muy menuda) y rellenaremos el caparazón, después de bien limpio y cepillado, espolvoreándolo con un poco de perejil muy picado y pan rallado.

Casi en el momento de servirlo lo meteremos 5 minutos a horno fuerte.

Chirlas a la marinera

4 personas	*290 cal*

1.500 g de chirlas
100 g de manteca de cerdo
una hoja de laurel
2 dientes de ajo
pimienta blanca en polvo
sal
un limón una cucharada sopera llena de harina
2 cucharadas soperas llenas de vino blanco
un vasito de vino de caldo de pescado
perejil fresco picado

Después de que las chirlas estén bien limpias y lavadas, las pondremos en una cazuela de barro con la manteca, rehogándolas y sazonándolas con sal, pimienta, ajo muy picado, la hoja de laurel y unas rajitas de limón.

Espolvorearemos con una cucharada escasa de harina, dos de vino blanco y un poquito de caldo de pescado, dejándolo que se haga durante media hora a fuego lento, con la cazuela bien tapada y removiéndolas a menudo con la cuchara de palo.

En el momento de servirlas echaremos abundante perejil picado sobre ellas.

Langosta cocida y con salsa

4 personas	280 cal

una langosta gorda
un puerro
una cebolla
2 zanahorias
un diente de ajo
un vasito de vino lleno de jerez seco
2 copas de licor de coñac
una taza llena de salsa de tomate (véase «Salsas»)
2 yemas de huevo duro
un vaso de vino lleno de caldo, arroz hervido en blanco
3 huevos duros
50 g de alcaparras
50 g de mantequilla

Antes de comenzar quitaremos el cuerpo de la langosta y las patas, lo limpiaremos y lo machacaremos.

Prepararemos una cacerola con la mantequilla, rehogando en ella la cebolla cortada en rebanaditas, el puerro, las zanahorias y el diente de ajo, y dejaremos que se haga lentamente. Cuando se vea que la cebolla está hecha, rehogaremos todos los desperdicios de la langosta que se han machacado y, una vez rehogado, le incorporaremos el coñac y el jerez. Después de que se haya reducido le añadiremos la salsa de tomate y las yemas duras desleídas con el caldo.

Una vez haya quedado todo bastante sustancioso lo pasaremos por un cedazo fino, añadiremos unas alcaparras y, cuando la salsa esté bien espesa, echaremos en ella la langosta partida en rodajas, sirviéndola con el arroz blanco puesto con un molde en el centro; alrededor colocaremos la langosta y las patas separadas, adornando con los huevos duros. Después de colocada la langosta y las patas, echaremos la salsa por encima.

Langosta a la chilena

4 personas	260 cal

una langosta de ración
agua
sal
una cebolla
perejil
un tomate
una copa de licor llena de jerez seco
una taza llena de salsa rubia (véase «Salsas»)
pimienta blanca

Daremos unos hervores en agua con sal a la langosta entera, una vez cocida, la sacaremos del cascarón y la partiremos en trozos, rehogándola en el aceite, donde habremos frito la cebolla finamente picada, y añadiéndole el jerez, el tomate pelado y chafado, la salsa rubia, un poco de pimienta, una ramita de perejil y su sal correspondiente.

Lo dejaremos un rato al fuego para que tome el gusto.

Langosta al estilo de Santa Cruz

4 personas	250 cal

2 langostas pequeñas
una cabeza de ajos
2 escaloñas (si no se tienen pueden sustituirse por cebollas)
un ramito de hierbas aromáticas
un vasito de vino lleno de vinagre
un vasito de vino lleno de vino blanco
un clavo
agua
sal
2 cucharadas soperas llenas de buen coñac
una taza llena de aceite
perejil fresco
salsa especial

Prepararemos una cazuela de boca ancha con agua y echaremos en ella las cebollas o escaloñas, la cabeza de ajos entera, las hierbas, el vasito de vinagre y el vino blanco, la sal (bastante más que la usual) y pondremos también el clavo. Durante 10 minutos herviremos en este caldo sólo las langostas, y cuando las hayamos escurrido las partiremos a lo largo (ya escurridas y tibias, nunca calientes), colocándolas sobre unas parrillas calientes y rociándolas con aceite. Una vez asadas, les echaremos el coñac y el perejil picado, acompañándolas con una salsa especial que se hará a base de crema de leche fresca, perifollo y estragón picado, todo bien unido.

Langosta de ración

4 personas	*270 cal*

8 langostas pequeñas
8 docenas de chirlas
agua
una hoja de laurel
un poco de orégano
4 pimientos frescos verdes o rojos
3 dientes de ajo
sal
medio vaso de aceite
2 cebollas
una copita de licor de ron
pimienta blanca en polvo, perejil fresco
8 trozos de pan frito en forma triangular
un vaso de agua lleno de sidra
150 g de jamón curado

En primer lugar, herviremos las langostas y las chirlas en una cazuela con la sidra, el vaso de agua, la hoja de laurel, el orégano y la sal; será suficiente el tiempo justo para que las chirlas se abran por completo. Cuando la langosta y las chirlas estén escurridas, reservaremos el caldo.

Seguidamente, asaremos los pimientos y les quitaremos la piel y las pepitas, cortándolos después en tiras que freiremos en aceite con un diente de ajo picado y sal, separándolos en el momento que veamos que están tiernos.

Prepararemos una cazuela de barro con aceite y picaremos en ella las cebollas, los dos dientes de ajo restantes y el jamón cortado a tiras; poco después las langostas y las chirlas, la sal, la pimienta y el perejil picado. Rehogaremos echando el caldo del cocido de las langostas y dejaremos que todo hierva durante 10 minutos con el ron.

Una vez se haya hecho, y sin esperar, presentaremos el plato cubierto con su propia salsa y con los trozos de pan frito alrededor.

Langostinos salteados

4 personas	240 cal

32 langostinos
agua
sal
una hoja de laurel
tomillo
2 cucharadas soperas llenas de aceite
una cebolla
un diente de ajo
pimienta blanca en polvo
un vasito de vino lleno de vino blanco seco
2 cucharadas soperas llenas de pasta de tomate
perejil fresco

Limpiaremos bien los langostinos hirviéndolos en una cazuela con agua que los cubra, con sal, con un poco de tomillo y con el laurel. Transcurridos 2 minutos de cocción, separaremos el pescado del caldo, pasándolo por agua fría y quitando el caparazón de la cola de los langostinos, sin desprenderles la cabeza.

Echaremos la cebolla pelada y bien picada en una sartén al fuego con aceite y, un poco antes de que tome color, añadiremos el ajo picado, los langostinos, la sal y la pimienta. Saltearemos rociando vivamente el pescado con el vino y, pasados unos minutos de cocción, agregaremos la pasta de tomate y perejil hecho asimismo pasta, dejando cocer la salsa hasta que se reduzca a su mitad. Seguidamente presentaremos los langostinos en una fuente, sirviéndolos en el mismo momento.

Mejillones a la cazuela

4 personas	230 cal

2 kg y medio de mejillones
500 g de tomates maduros
2 dientes de ajo
perejil fresco
una guindilla
1/4 de l, o menos, de aceite
sal
azúcar

En una cazuela sobre fuego vivo echaremos los mejillones, bien limpios y escurridos. Taparemos la cazuela con el objeto de que se abran por el vapor, sin echar agua ni caldo.

Freiremos el tomate en una sartén con el aceite, con la sal y con un poco de azúcar; una vez hecho, lo pasaremos por el tamiz, añadiéndolo a los mejillones. Majaremos los ajos, el perejil y la guindilla, incorporándolos a la cazuela que hervirá lentamente 15 minutos más. Los serviremos muy calientes.

Mejillones en crema de gambas

4 personas	270 cal

3 kg de mejillones
una cebolla
perejil fresco
2 zanahorias
un poco de apio
un vaso de vino lleno de vino blanco
sal
pimienta blanca en polvo
100 g de mantequilla
50 g de harina
leche
50 g de gambas

Lavaremos en varias aguas los mejillones, colocándolos después en una cacerola grande con la cebolla cortada a ruedas, un poco de perejil, varias rodajas de zanahorias, apio, el vaso de vino blanco seco, sal y pimienta. Cuando los mejillones estén abiertos, los retiraremos de las valvas y los apartaremos del fuego un momento.

Derretiremos aparte 50 g de mantequilla, incorporaremos la harina y mezclaremos, dejando dorar ligeramente y añadiendo la salsa de los mejillones (pasada) y, si es necesario, un poco de leche; lo dejaremos cocer 10 minutos.

Seguidamente, pondremos las gambas limpias, majadas y mezcladas con 30 g de mantequilla, y pasadas luego por el tamiz. Si se quiere lograr esta crema más refinada, se mezcla medio vaso de nata fresca y un vasito de licor de champaña, reuniendo los mejillones con su salsa y acompañándolos con arroz o de patatas fritas (al gusto de cada uno).

Vieiras de las rías bajas

4 personas	240 cal

4 vieiras
perejil fresco
2 dientes de ajo
2 cebolletas
pimienta negra en polvo
un clavo de especias
nuez moscada
2 cucharadas soperas llenas de aceite refinado
2 cucharadas soperas llenas de pan rallado
sal

Las vieiras son los moluscos cuyas valvas son conocidas con el nombre de *concha del peregrino,* y que no es otra cosa que una almeja de gran tamaño.

Para preparar este plato, elegiremos siempre vieiras grandes como la palma de la mano. Sacaremos la carne que contienen en la concha (esto lo haremos fácilmente si metemos las vieiras en el horno caliente), cortaremos y mezclaremos esta carne con un picadillo compuesto por el perejil, los ajos, las cebolletas, la pimienta, el clavo y un poco de nuez moscada rallada. Con esto rellenaremos la concha, vertiendo por encima una cucharada de aceite refinado, luego las cubriremos con el pan rallado y asaremos las vieiras al horno con fuego fuerte durante un cuarto de hora.

Se trata de un manjar fuerte y muy apreciado en Galicia.

PESCADOS

Ajo arriero navarro

4 personas	330 cal

800 g de bacalao ya remojado desde la víspera
2 pimientos colorados frescos
un vaso de salsa de tomate (véase «Salsas»)
6 patatas medianas
500 g de cebollas
1/4 de l de aceite de oliva
4 dientes de ajo
perejil fresco
pimienta blanca en polvo
agua
sal

Coceremos las patatas enteras con su piel en agua y sal, y una vez estén tiernas las pelaremos y las cortaremos en dados.

En una sartén con seis cucharadas de aceite freiremos lentamente, la cebolla picada y uno de los dientes de ajo, añadiendo las patatas y los pimientos cortados igualmente en dados. Después, incorporaremos la salsa de tomate.

Pondremos el resto del aceite en una cazuela con los tres dientes de ajo restantes y el bacalao desmenuzado sobre el fuego, removiendo constantemente la cazuela hasta conseguir que la salsa que se forme se espese, agregándole el contenido anterior, revolviendo bien y añadiendo perejil picado y un poco de pimienta blanca.

Serviremos el ajo arriero en cazuelas de barro individuales previamente calentadas.

Anchoas fritas

4 personas	250 cal

24 anchoas grandes
60 g de harina
3 huevos crudos
medio vaso de aceite
4 huevos duros
sal

Mantendremos los huevos duros en agua caliente. Lavaremos bien las anchoas, abriéndolas a lo largo y quitándoles las espinas, les daremos sal y rebozaremos con la harina y los huevos batidos, friéndolas con aceite muy caliente.

En el momento de servirlas, las pondremos en una fuente, decorándolas con los huevos duros pelados y cortados en rodajas.

Andrajos de Jaén

	3 personas		290 cal

100 g de bacalao
200 g de harina
2 dientes de ajo
perejil fresco
una cuchara de café llena de pimentón rojo dulce
500 g de patatas
250 g de tomates
2 papeletas de azafrán, pimienta blanca en polvo
una taza llena de aceite
sal
agua
media taza llena de caldo de carne (puede ser en cubitos)

En una cazuela con el aceite echaremos las patatas peladas y partidas finas, como para una tortilla española, añadiéndoles el bacalao desalado, limpio y partido, y rehogaremos todo bien agregándole la cucharadita de pimentón y cubriéndolo con agua hirviendo; lo dejaremos cocer. Majaremos los ajos en el mortero con la pimienta, un poco de perejil y el azafrán, desliéndolo con el caldo y añadiéndolo a las patatas, a las que pondremos a la vez la sal necesaria.

Prepararemos con la harina y el agua una pasta que extenderemos en una capa fina, cortándola con un vaso, como unas tortitas, que se añadirán a las patatas. Lo dejaremos cocer todo de nuevo hasta que esté en su punto. Se trata de una receta muy conocida en Jaén.

Anguila en adobo

	4 personas		360 cal

una anguila de 1.200 g de peso o bien dos anguilas
sal
2 dientes de ajo
1/2 l de vino blanco
agua
pimienta blanca en polvo
1/4 de l de aceite
4 huevos crudos
100 g de pan rallado

Despellejaremos y partiremos en pedazos la anguila, poniéndola durante 2 horas en adobo con sal y con los ajos picados. Bien escurrida, coceremos los trozos en mitad agua y mitad vino.

Una vez cocidos y fríos, los sazonaremos con sal y pimienta pasándolos por aceite crudo, después por pan rallado y luego por los huevos batidos, cubriéndolos finalmente de pan rallado y asándolos a la parrilla a fuego suave durante 15 o 20 minutos, con la precaución de que no se queme el pan rallado.

La serviremos recién hecha.

Atún o bonito fresco con vinagre

4 personas	300 cal

600 g de atún
medio vaso de aceite
sal fina
una cebolla
2 cucharadas soperas llenas de vinagre
6 dientes de ajo
perejil fresco
una cucharada sopera llena de pimentón rojo dulce o picante
pimienta blanca en polvo
100 g de harina

En primer lugar, cortaremos el atún en filetes de un dedo de grosor y los rebozaremos con harina, friéndolos después en aceite. Una vez fritos, los dejaremos en una tartera.

En el mismo aceite en que se ha frito el pescado, rehogaremos la cebolla picada, añadiéndole las cucharadas de vinagre, los ajos, bastante perejil (todo trinchado fino) y el pimentón. Después de sazonarlo con pimienta y sal, lo echaremos a la tartera, dejándolo cocer lentamente durante 25 minutos.

Bacalao argentino

4 personas	370 cal

1 kg de bacalao
500 g de tomate
4 cebollas cortadas en ruedas
2 granos de ajo
4 cucharadas soperas llenas de perejil picado
4 pimientos verdes frescos
50 g de alcaparras
100 g de aceitunas sin hueso
50 g de pasas
50 g de piñones
1/2 l de aceite o quizá menos
un vaso (de agua) lleno de agua
sal refinada

El bacalao estará ya remojado desde el día anterior. En una fuente de hierro o barro, pondremos primero un poco de aceite, parte de las cebollas, del ajo, del perejil picado, de los pimientos, de los tomates, de las aceitunas, de las alcaparras, de las pasas y de los piñones y, sobre esto, colocaremos una capa de bacalao, rociando con aceite y volviendo a colocar los mismos ingredientes encima, así sucesivamente hasta terminar, con la precaución de que concluya con los ingredientes en la capa superior. Rociaremos otra vez con aceite y le añadiremos el agua, metiéndolo rápidamente en el horno caliente hasta que esté hecho.

Bacalao en chanfaina

4 personas	*310 cal*

500 g de bacalao sin remojar
300 g de cebollas
3 berenjenas
2 pimientos frescos rojos
4 dientes de ajo
400 g de tomates
1/4 de l de aceite
perejil fresco
50 g de harina
una copita de vino llena de vino rancio
sal
pimienta blanca en polvo

Remojaremos el bacalao durante 12 horas, cambiando el agua cuatro o cinco veces, y luego lo escurriremos, secándolo con un paño, pasándolo por harina y friéndolo en aceite hasta que tome un bonito color dorado, separándolo y dejándolo en una cazuela.

Untaremos los pimientos con aceite y los meteremos 15 minutos en el horno o encima de unas brasas para luego poderlo pelar.

En el mismo aceite de freír el bacalao freiremos las berenjenas mondadas y cortadas en trozos, y cuando tengan color dorado las retiraremos; a continuación rehogaremos la cebolla, cortada delgada y, cuando haya tomado color, añadiremos los ajos y perejil (todo picado), añadiremos los tomates mondados y trinchados y el vino rancio, sazonando ligeramente con sal y pimienta, e incorporando los pimientos sin piel y cortados en tiras.

Cubriremos el bacalao con el preparado, esparciendo encima las berenjenas y cociéndolo lentamente durante hora y media, por lo menos.

Bacalao encebollado

4 personas	*330 cal*

400 g de bacalao seco
800 g de patatas
20 cebollitas
2 pimientos frescos grandes
medio vaso de aceite
4 cucharadas soperas llenas de vinagre
unas hojitas de hierbabuena fresca
sal

El bacalao estará remojado desde la víspera y lo cortaremos en trozos largos y estrechos.

Pondremos una cazuela o una cacerola al fuego, con las cebollitas peladas y enteras, los pimientos troceados y las patatas cortadas en rodajas, cubriendo todo con agua y un poco de sal. A los 10 minutos de ebullición añadiremos los trozos de bacalao. Taparemos la cazuela, dejándola hervir hasta que bacalao, patatas, pimientos y cebollas estén totalmente cocidos.

En una fuente bien sazonada con aceite, vinagre y un poco de hierbabuena picada serviremos el bacalao.

Bacalao exquisito de La Habana

3 personas	360 cal

500 g de bacalao
una taza llena de aceite
300 g de cebolla bien picada
3 dientes de ajo
una cucharada sopera llena de pasta de tomate
2 cucharadas soperas llenas de perejil fresco picado
400 g de papas
1 l de leche
una cucharada sopera llena de harina
una cucharada sopera llena de salsa de tomate
media taza llena de leche

Al bacalao, debidamente remojado, le quitaremos piel y las espinas, y lo cortaremos en pedazos. En una cazuela de barro pondremos el aceite y en ella, al fuego, echaremos la cebolla picada, con los dientes de ajo pelados. Sin dejar dorar la cebolla, le añadiremos la pasta de tomate y el perejil picado, revolviendo y retirándolo del fuego cuando esté hecho.

Pelaremos las papas y las cortaremos en rebanadas finas. En la misma cazuela del sofrito colocaremos capas alternas de papas y de bacalao, cubriéndolo todo con un litro de leche y dejándolo a fuego lento 2 horas, moviendo la cazuela de vez en cuando para que no se pegue el guiso. Unos 10 minutos antes de servirlo, le echaremos la cucharada de harina y la de mostaza, disueltas en media taza de leche. Dejaremos que espese la salsa y lo serviremos.

Bacalao al estilo de Galicia

4 personas	320 cal

8 trozos de buen bacalao
1/4 de l de aceite
50 g de harina
perejil fresco
sal
pimienta blanca en polvo
16 cebollitas pequeñas
2 dientes de ajo
un pimiento verde fresco
un pimiento rojo fresco
agua

Cuando comencemos la preparación el bacalao estará ya desalado y escaldado. Después de haberlo escurrido bien, lo pasaremos por la harina, friéndolo a continuación en abundante aceite caliente. A medida que sacamos los trozos de bacalao de la sartén, los pasaremos a una cazuela no metálica. Una vez estén todos los trozos en la cazuela, le echaremos el perejil y los dientes de ajo, ambos muy picados, los pimientos verdes y rojos limpios, sin semillas y cortados en tiras, las cebollitas enteras y sin piel, un poco de sal y 1 o 2 tazones de agua (el bacalao quedará cubierto, pero no anegado). Pondremos esta cazuela sobre fuego lento para que se haga despacio, hasta que los pimientos estén tiernos y la salsa se haya reducido a la mitad de su volumen inicial.

Bacalao al estilo monacal

4 personas	*350 cal*

800 g de bacalao de la parte del morro, cortado en cuatro trozos altos y previamente remojados desde el día anterior
300 g de patatas
400 g de espinacas
4 dientes de ajo
3/4 de vaso de aceite
4 cucharadas soperas llenas de caldo de carne (puede ser en cubitos)
una cucharada sopera de leche
300 g de harina
2 huevos duros
sal
agua

Limpiaremos las espinacas, lavándolas y cociéndolas en agua y sal; cuando ya estén cocidas, las comprimiremos con las manos para que suelten el agua.

Cortaremos los huevos duros en gruesas rodajas, pelaremos los ajos, machacándolos en el mortero, añadiéndoles una pizca de sal y unas gotas de aceite, y aclarando el majado con la leche. Reservaremos este majado.

Seguidamente, pelaremos las patatas, que partiremos en ruedas no muy finas, sazonaremos y freiremos con la mitad del aceite.

Pasaremos el bacalao por la harina y lo freiremos en el resto del aceite caliente.

Pondremos las patatas en una cazuela de barro y sobre ellas los trozos de bacalao, regaremos ambas cosas con el aceite en que hemos frito el bacalao y añadiremos el caldo.

En el mismo aceite y cazo en que hemos frito las patatas, saltearemos las espinacas, que echaremos encima del bacalao, cubriéndolas con los huevos duros y esparciendo finalmente por encima el majado anteriormente preparado.

Para acabar lo meteremos en el horno, que deberá estar suave, para cocer la preparación durante 10 minutos.

Bacalao frito

4 personas	340 cal

8 trozos de buen bacalao que sea grueso
100 g de harina
1/4 de l de aceite o más
3 dientes de ajo
perejil fresco

Tras tener el bacalao remojado desde la víspera, lo pondremos con la última agua del remojo sobre el fuego y, cuando empiece a echar espuma, lo retiraremos, escurriéndolo y dejándolo en una tabla. Le quitaremos las espinas mayores (sin romperlo) y le dejaremos la piel.

Echaremos el aceite en una sartén, pasaremos los trozos de bacalao por la harina y los freiremos de forma que queden doraditos.

Por último, freiremos los ajos y el perejil picado en el aceite que nos habrá sobrado al freír el bacalao, echándolo sobre este, que estará en una fuente listo para servirlo en la mesa.

Bacalao en judías blancas

4 personas	390 cal

500 g de bacalao
300 g de judías blancas
2 cebollas
2 pimientos morrones
3 dientes de ajo
6 cucharadas soperas de aceite
pimienta blanca en polvo
sal
agua

Coceremos previamente las judías (ya remojadas) reservando una parte de su caldo. El bacalao estará desalado y deberemos partirlo en trozos pequeños.

Empezaremos por echar el aceite en una cazuela hasta que esté bien caliente, en cuyo momento echaremos las cebollas bien picadas y los ajos majados. Añadiremos unas cucharadas del caldo de las judías antes de que la cebolla empiece a dorarse. Incorporaremos los pimientos cortados en tiras.

En el mortero machacaremos dos cucharadas de judías, que echaremos en la cazuela para espesar la salsa, añadiéndole pimienta y un poco de sal. Incorporaremos el bacalao y las judías, dejando que hierva todo durante 25 minutos.

Bacalao a la Laguna

4 personas	370 cal

500 g de bacalao
8 tomates gordos
3 huevos duros
un pepino
una lata pequeña de champiñones
un pimiento rojo fresco
un limón
sal
una taza llena de salsa mayonesa (véase «Salsas»)
agua
2 cucharada soperas llenas de aceite

Desalaremos previamente el bacalao y, una vez desalado, lo escalfaremos en agua caliente hasta que rompa a hervir, escurriéndolo y cortándolo en trozos muy pequeños.

Pelaremos el pepino y lo cortaremos en rodajas, así como el pimiento rojo y los champiñones (ambos en trozos muy pequeños), que se unirán al bacalao.

Vaciaremos los tomates, después de partirlos por su mitad a lo ancho (quedarán como dos cazuelas), retiraremos parte de su pulpa y, con sal y aceite, y bien aplastada, la uniremos al bacalao, al pepino, al pimiento y a los champiñones, arreglándolo con el zumo de limón y la salsa mayonesa; dispondremos parte de este relleno en el fondo de una fuente y el resto en los tomates en forma de pirámide.

Es un plato que se presentará en frío.

Bacalao a la llauna

4 personas	340 cal

600 g de bacalao bien remojado
5 cucharadas soperas llenas de aceite
4 dientes de ajo
perejil fresco abundante y picado
una hoja de laurel
2 cucharadas soperas de pimentón rojo picante
agua
un limón
1/2 l o menos de aceite refinado

Dispondremos una placa de hoja de lata *(llauna),* de las especiales para este plato, untada con aceite crudo, y pondremos en ella el bacalao (si es posible, cortado en 4 trozos gruesos). Una vez dispuesto el bacalao, le agregaremos el picadillo de ajo y perejil. En una sartén calentaremos aceite y, cuando esté a punto, lo verteremos rápidamente sobre el bacalao y el picadillo de ajo y perejil, agregándole un vasito de agua al bacalao y espolvoreándolo con pimentón picante. Lo pondremos en el horno durante 15 minutos.

En la misma lata lo serviremos con rodajas de limón, que llevarán en su centro perejil fresco y un poquito de pimentón picante.

Para esta receta recomiendo los trozos del lomo del bacalao, que son los más jugosos. Sin olvidar que deben estar muy bien desalados.

Bacalao con manzanas

4 personas	370 cal

8 trozos de bacalao
agua
1 kg de manzanas
2 cucharadas soperas llenas de aceite
una cucharada sopera de harina
sal

Pelaremos y picaremos las manzanas y, en una cazuela de barro con agua al fuego, echaremos la sal, el aceite, la harina y dejaremos que se haga lentamente. Herviremos el bacalao (ya remojado) y media hora antes de servirlo lo incorporaremos a la preparación anterior, con las manzanas, donde dará un hervor ligero. Lo serviremos muy caliente.

Bacalao al pil-pil

4 personas	400 cal

800 g de bacalao
1/2 l de aceite de oliva de buena calidad
3 dientes de ajo
perejil fresco

Cortaremos el bacalao, lo pondremos a remojo y cambiaremos dos aguas. (Sin escaldar en el fuego.) Freiremos abundante aceite con perejil y los ajos picados en una cazuela de barro y, antes de que se dore del todo, retiraremos la cazuela del fuego, dejándolo enfriar. Cuando esté frío añadiremos los trozos de bacalao y la pondremos de nuevo a fuego lento, sin que hierva y sin dejar de mover la cazuela para engordar la salsa.

Serviremos el bacalao en la misma cazuela de cocción.

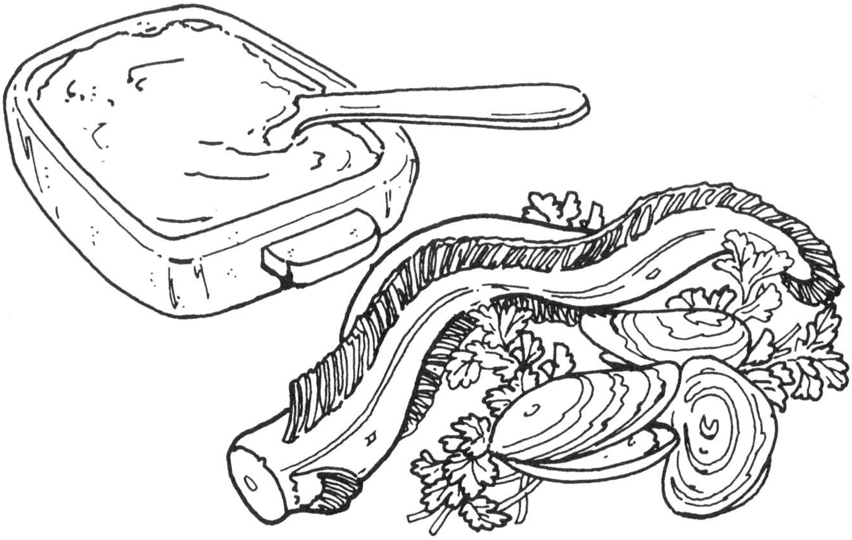

Bacalao con salsa bechamel

4 personas	415 cal

800 g de bacalao ya remojado
100 g de mantequilla
1/2 l de leche
una cucharada sopera llena de harina
sal
nuez moscada
25 g de queso rallado
un vasito de vino lleno de nata

Después de espumado el bacalao, pondremos en un cacito 50 g de mantequilla, un poco de nuez moscada rallada y la harina, uniendo todo bien y añadiéndole poco a poco la leche y un poco de sal. Después de que esté bien cocido y fino, le incorporaremos la nata y lo trabajaremos en el fuego.

Prepararemos una fuente de horno, frotándola en el fondo con un poco de mantequilla, se coloca una capa de bechamel y otra capa de bacalao en hojas, sin piel y sin espinas, y así sucesivamente hasta la última capa, que tiene que ser de bechamel cubierta con un poco de queso rallado y unos pedacitos de mantequilla. Un poco antes de servirlo lo doraremos en el horno.

Bacalao en salsa roja

4 personas	380 cal

1 kg de lenguas de bacalao
4 cucharadas soperas llenas de manteca
un vaso de agua lleno de aceite
pimienta blanca en polvo
150 g de jamón
perejil fresco
sal
azúcar
2 cebollas
2 yemas de huevo cocido
6 pimientos choriceros secos
agua
miga de pan
100 g de tocino

La víspera pondremos a remojo las lenguas de bacalao en agua limpia. Las coceremos y después las reservaremos. Los pimientos también los pondremos a remojo la víspera.

Picaremos en la cazuela, muy menudo, las cebollas, que las freiremos con dos cucharadas de manteca, un vaso de aceite, un poco de pimienta, una rama de perejil (que debe retirarse con cuidado antes de que se deshaga) y el jamón.

Dejaremos hervir lentamente hasta que quede reducido y bien dorado, añadiéndole un poco de agua hirviendo. Hecha la salsa (debe quedar bien espesa) la pasaremos por un colador corriente sin el jamón.

Limpiaremos y desvenaremos los pimientos majándolos en el mortero, los pasaremos, y los volveremos a majar con un poco de miga de pan, añadiéndoles un poco de agua (con la precaución de que no se nos vaya la mano, pues la salsa debe quedar espesa), y pasando también los pellejos majados. Majaremos y desleiremos un poco las dos yemas de huevo cocido, que también se pasarán revueltas con la salsa; otra vez pasaremos toda ella por un colador cerrado con el fin de que resulte muy fina. Echaremos sal, azúcar y el tocino derretido y un poco frío.

En la cazuela en la que debe hacerse y servirse, pondremos una cucharada de manteca y batiremos continuamente, echándole un poco de azúcar (si se le encuentra un deje amargo) o de sal (cuando se nota que está sosa). Repetiremos las pruebas hasta que la salsa esté en su punto, pues al batirla se renueva la superficie.

Añadiremos el bacalao y se hará lentamente en su salsa roja sin que se pegue.

Este bacalao lo serviremos en la misma cazuela de barro.

Bacalao con tomate y pimientos

4 personas	*410 cal*

8 trozos de buen bacalao ya remojado
1 kg de tomates frescos, o bien
2 latas de tomate al natural
1/2 l de aceite
sal
una cucharadita de azúcar
2 dientes de ajo
una cebolla
2 pimientos rojos frescos

Pondremos parte del aceite en una sartén con la cebolla pelada y cortada a lo ancho, y el tomate cortado en pedacitos para que se haga lentamente; le añadiremos su sal correspondiente y el azúcar. Cuando todo esté bien hecho y pasado por el tamiz, prepararemos en una cacerola de barro un poco de aceite con los dientes de ajo; cuando estén fritos incorporaremos los pimientos, que se tendrán asados y sin piel, y, una vez limpios y cortados en cuadraditos, los rehogaremos tapados para que se hagan en su vapor; ya blandos, les agregaremos el tomate que está preparado, uniremos todo bien, introduciendo en la salsa de tomate el bacalao, que ya estará frito. Lo pondremos sobre el fuego durante 15 minutos, sirviéndolo inmediatamente cuando haya pasado ese tiempo.

Bacalao a la vizcaína

4 personas	*420 cal*

800 g de bacalao
18 pimientos choriceros
una hoja de laurel
50 g de corteza de tocino de jamón
1.500 g de cebollas
3 rebanaditas de pan frito
6 tomates frescos y rojos
6 avellanas tostadas
azúcar
2 onzas de chocolate
sal
un vaso de aceite
3 dientes de ajo

Remojaremos el bacalao cortándolo a trozos de 5 por 8 centímetros.

Una vez remojado, lo espumaremos bien, poniéndolo en un recipiente y cubriéndolo con agua fría junto con la hoja de laurel, a fuego vivo; cuando el bacalao empieza a hacer una espumilla blanca (sin que llegue a hervir), lo retiraremos del fuego, separándose todas las espinas posibles, sin deteriorar los trozos. Prepararemos la salsa.

En una cacerola honda, con abundante aceite, freiremos las cortezas de tocino y los ajos pelados y enteros. Cuando estén casi fritos añadiremos las cebollas, cortadas finas a lo largo, dejándolo hacer poco a poco hasta que quede la cebolla bien rubia; echaremos las rebanadas de pan frito (que tienen la misión de espesar la salsa) y, por último, añadiremos la carne de los pimientos choriceros raspada con un cuchillo, los tomates pelados y trinchados, el azúcar, las avellanas tostadas, reducidas a polvo en un mortero, y las dos onzas de chocolate disueltas con un poco de agua del bacalao. Lo dejaremos cocer durante 15 minutos lentamente, pasándolo después por el chino.

En el momento que la salsa esté ya pasada, la pondremos de nuevo sobre el fuego, echando más agua (del remojado del bacalao) si está muy espesa. (Veremos si precisa sal.)

Prepararemos las cazuelas individuales y distribuiremos en ellas la salsa, el bacalao irá encima con la piel hacia arriba y cubierto totalmente con la salsa.

Cuando falten 15 minutos para servirlo pondremos la cazuela sobre el fuego.

Este bacalao queda muy rico hecho desde la víspera, o sea, de un día para otro.

Besugo mechado

	4 personas		380 cal

un besugo o un trozo de besugo de 1.200 g de peso
12 tiras de tocino
7 dientes de ajo
3 limones
3/4 de vaso de aceite
una taza llena de caldo de carne (puede ser en cubitos)
una cucharada sopera llena de vinagre
sal
pimienta blanca en polvo

Limpiaremos y quitaremos las escamas al pescado, arrancaremos las agallas, lo abriremos interiormente y lo vaciaremos, respetándole la espina. Sazonaremos por dentro y por fuera con sal y con pimienta.

Mecharemos interiormente con el tocino y con cuatro de los siete dientes de ajo. A continuación, lo colocaremos en un recipiente rociándolo con el zumo de los dos limones y dos cucharadas de aceite, dejándolo macerar durante 2 horas.

Dispondremos el pescado en una cazuela o en una pequeña besuguera colocada sobre el fuego con el aceite y el caldo. Añadiremos el pescado mechado y meteremos el utensilio en cuestión en el horno para que se ase.

En una sartén verteremos dos cucharadas de aceite, agregaremos los tres dientes restantes de ajo, rehogándolos bien, los retiraremos y tiraremos, añadiendo el líquido de la maceración, una cucharada de vinagre y reduciéndolo a su mitad.

Mientras se va asando el pescado, echaremos de vez en cuando cucharadas de la citada reducción hasta terminar con ella.

Serviremos el besugo en la misma fuente.

Besugo en salsa

	4 personas		400 cal

un besugo de 1.500 g de peso
sal
4 cucharadas soperas llenas de harina
1/4 de l de aceite
un diente de ajo
perejil fresco
un pimiento fresco
salsa de tomate (véase «Salsas»)

Limpiaremos perfectamente el besugo y lo escamaremos. Después lo partiremos en trozos y le echaremos sal.

Lo freiremos en aceite untado de harina y lo colocaremos en una cazuela de barro, vertiendo el aceite de freír con una cucharada de harina.

Haremos una salsa con el ajo y el perejil picados, añadiendo el pimiento de bola o cristal, partidos en trozos, y un cacito de salsa de tomate, manteniéndolo a fuego lento durante media hora.

Mientras se hace hay que mover la cazuela con frecuencia para evitar que se pegue.

Besugo con salsa de ajos

	4 personas		370 cal

un besugo gordo, con un peso de 1.200 a 1.500 g
una cabeza de ajo
1/4 de l de aceite
pimienta blanca en polvo
sal
un vasito de vino lleno de vinagre

Limpiaremos y escamaremos perfectamente el besugo, sazonándolo con sal y pimienta y, dejándolo en un plato durante 15 minutos, lo rociaremos con aceite por ambos lados. Después de hacerle unos cuantos cortes en diagonal, lo asaremos al horno bien untado de aceite.

Freiremos aparte los ajos en una sartén con aceite abundante. Cuando estén dorados, los machacaremos en el mortero, agregándoles poco a poco, y batiendo, el aceite de freír, el vinagre y sal.

Esta salsa la removeremos bien y la echaremos sobre el besugo al servirse este en la mesa.

Bonito fresco con aceitunas

4 personas	360 cal

800 g de bonito fresco
2 dientes de ajo
2 cucharadas soperas de vinagre
un vasito de vino lleno de vino blanco
una hoja de laurel
un poco de tomillo
100 g de harina
1/4 de l de aceite
200 g de aceitunas verdes
agua
sal
perejil fresco picado
pimienta negra en polvo

Prepararemos el bonito fresco en unos ocho filetes o trozos, y lo dejaremos en un plato hondo, cubierto con un poco de aceite, con el vinagre, con el vino blanco, con el ajo picado, con la hoja de laurel, con el tomillo, con la pimienta en polvo y con un poco de sal. Teniéndolo en esta maceración durante una hora, tras lo cual lo escurriremos bien y lo pasaremos por harina friéndolo en aceite.

Con todo lo que ha servido de maceración, más un poco de agua y las aceitunas deshuesadas y cortadas, formaremos una salsa, que hervirá hasta reducirse a la mitad de su volumen.

Serviremos el bonito con dicha salsa.

Buñuelos de bacalao

4 personas	350 cal

400 g de bacalao seco
100 g de harina
una taza llena de leche
2 huevos crudos
1/2 l de aceite
agua
sal

Coceremos en agua el trozo de bacalao sin piel ni espinas y, una vez tierno y escurrido, lo majaremos en el mortero, dejándolo completamente deshecho. Seguidamente, desleiremos aparte la harina en la leche fría y la incorporaremos al bacalao, trabajando bien la mezcla y añadiéndole las dos yemas de los huevos. En el último momento añadiremos las dos claras batidas a punto de nieve y con la cuchara ya podremos formar unos buñuelos que freiremos en abundante aceite caliente. Los serviremos escurridos de la grasa de la fritura y muy calientes.

Calamares fritos

4 personas	330 cal

800 g de calamares
1/4 de l de aceite
100 g de harina
sal

Limpiaremos, vaciaremos y lavaremos los calamares con agua, sacándoles el cuerpo cartilaginoso que tienen dentro y tirando las cabezas y los ojos; después los cortaremos en rodajas finas, rebozándolos en harina y friéndolos en aceite abundante y bastante caliente, y retirándolos rápidamente, pues si se dejan demasiado tiempo se endurecen con facilidad.

Pueden presentarse con una buena ensalada fresca.

Calamares a lo nina

4 personas	300 cal

800 g de calamares
2 cebollas
500 g de tomates
3 dientes de ajo
unas ramas de perejil picado
una hoja de laurel
pimienta blanca en polvo
una cucharada sopera de vinagre
un buen chorro de aceite
una cucharada sopera llena de pan rallado
sal

Limpiaremos muy bien los calamares quitándoles la piel que los cubre, las tripas y los ojos, lavándolos esmeradamente y cortándolos en trozos. Pelaremos las cebollas, los ajos y los tomates.

En una cacerola apropiada para el guiso, pondremos una capa de calamares, encima otra capa de ruedas de cebolla y de ajo; sobre los anteriores, el tomate cortado también en ruedas, espolvorearemos con sal y pimienta, y seguiremos hasta terminar con todo. Al final añadiremos el laurel, el vinagre y el aceite. Dejaremos hervir a fuego lento hasta que los calamares estén tiernos. No es necesario poner agua, pues con la que va soltando el pescado y los tomates ya es suficiente.

Cuando la salsa ya empiece a freír, esparciremos el pan rallado y lo coceremos durante 5 minutos más.

Calamares en su tinta

4 personas	330 cal

3 docenas de calamares pequeños
1/4 de l de aceite
1/2 l de salsa de tomate hecha con cebolla (véase «Salsas»)
un diente de ajo
perejil fresco
una onza de chocolate rallado
un vasito de vino blanco
sal
agua

En una cazuela de barro con abundante aceite, y sobre un fuego muy flojo, pondremos los calamares limpios con sus patas dentro; estas se habrán picado antes y rehogado en aceite caliente. Al limpiarlos, reservaremos las tintas en un vaso de agua. Seguidamente, taparemos la cazuela para que se rehoguen bien. Echaremos la salsa de tomate colada e incorporaremos las tintas machacadas con el vino blanco; así como el chocolate, echando sal y un poco de agua. Moveremos la cazuela para que no se pegue y una vez que los calamares estén tiernos los serviremos en la misma cazuela.

Caldereta de pescado

4 personas	340 cal

pescados variados como salmonetes, lubinas, tiñoso, escorpión, pica, macete, dorada, escamón y barbudos, con un total de peso de 1.500 g
4 langostinos
6 lapas
6 castañuelas
una taza llena de aceite
una cebolla
2 cucharadas soperas pimentón rojo dulce
agua
sal
pimienta en grano
perejil fresco
una copa de jerez
nuez moscada
un pimiento morrón
una guindilla

En una cazuela honda de barro echaremos los pescados más pequeños enteros y los grandes, pero estos cortados en trozos, todos bien limpios. Agregaremos los mariscos, el aceite, la cebolla picada, el pimentón, el agua y la sal precisa, dejándolo que hierva. Ya comenzada la cocción, le añadiremos un poco de perejil picado, los granos de pimienta, la copa de jerez, la nuez moscada rallada, el pimiento morrón machacado y la guindilla picante. Cocerá lentamente hasta que esté muy sabroso.

Cazuela de pescados

4 personas	320 cal

4 ruedas grandes de sama u otro pescado similar
800 g de patatas
un pimiento fresco
4 tomates
una cebolla
4 dientes de ajo
unas ramas de perejil fresco
una cucharada sopera de pimentón rojo picante
unas hebras de azafrán
pimienta blanca en polvo
sal
3 cucharadas soperas llenas de aceite
agua

Limpiaremos el pescado y lo cortaremos en ruedas, echándole sal.

Pelaremos las patatas, lavándolas y cortándolas, así como la cebolla, los tomates y los ajos.

Prepararemos una cazuela de barro y pondremos en ella una capa fina de patatas, el pescado encima, terminando con las verduras cortadas en pedazos finos, el perejil y las especias; echaremos sal y pimienta, y cubriremos con una taza de agua y el aceite. Dejaremos que se haga a fuego lento hasta que las patatas estén tiernas.

Debe quedar un poco caldoso.

Cola de merluza rellena

4 personas	370 cal

una cola de merluza
400 g de almejas
50 g de mantequilla
3 cebollas
3 cucharadas soperas llenas de nata
una yema de huevo duro
nuez moscada
sal
pimienta blanca en polvo
medio vaso de agua lleno de vino blanco
2 cucharadas soperas llenas de pan rallado
perejil fresco
2 patatas
2 zanahorias
una taza llena de aceite
3 dientes de ajo
una cucharada sopera llena de pan rallado
una taza con caldo

Abriremos las almejas al vapor, a la mitad de las almejas se les quita las valvas y a la otra mitad tan sólo una. Pondremos en una sartén un poco de la mantequilla y una cebolla bien picada; mientras se está haciendo lentamente, picaremos los 100 g de merluza y las almejas que se han separado totalmente de la valva.

En una tacita desleiremos la yema de huevo duro con la nata.

Cuando la cebolla esté en su punto, le añadiremos el picado y la yema de huevo que se ha desleído con la nata. Cuando esté hecho (a fuego vivo) le incorporaremos el vino blanco, un poquito de pimienta blanca y nuez moscada.

Cuando esté todo hecho, añadiremos el pan rallado y un poco de perejil bien picado.

Deshuesaremos la cola de merluza, sazonándola con sal y rellenándola con la pasta que hemos hecho antes, y la coseremos ligeramente.

Prepararemos una fuente frotándola con mantequilla o aceite refinado, y colocaremos en el fondo patatas en rodajas redondas sazonadas con sal, las zanahorias cortadas en redondo y el resto de las cebollas, colocando sobre ello la cola y rehogando con el aceite, que estará frito de antemano, y con los dientes de ajo, echaremos el pan rallado y, una vez que se vea que va haciéndose, se le añade un poco de caldo.

Cuando esté hecha la retiraremos a una fuente y la adornaremos con las almejas, a las que quitamos la media valva, y las patatas que se han asado con el pescado.

Cola de salmón en su jugo

	4 personas		*390 cal*

una cola de salmón de 1 kg de peso
sal
150 g de mantequilla
2 patatas
100 g de pan rallado
una taza llena de caldo
3 huevos cocidos
150 g de colas de langostinos y cocidas

Escamaremos y limpiaremos bien la cola con un paño, sazonándola con sal. Untaremos una fuente larga con mantequilla y pondremos unas patatas cortadas a lo ancho, o sea, redondas, y sobre ellas el salmón, haciéndole dos cortes a lo ancho, donde introduciremos dos tiritas de limón y una buena porción de trozos de mantequilla. Espolvorearemos por encima el pan rallado y lo meteremos en el horno; cuando veamos que se está haciendo, le añadiremos por los bordes el caldo y, una vez se separe la carne del hueso, lo sacaremos a una fuente, colocando a un lado las patatas y al otro lado los huevos cocidos cortados y las colas de langostinos. El jugo de la tartera lo echaremos sobre las patatas.

Congrio en salsa

4 personas	375 cal

1 kg de congrio
50 g de harina
4 huevos crudos
1/4 de l de aceite
2 tazas de salsa española (véase «Salsas»)

Cortaremos en tiras el congrio sin piel y lo rebozaremos en la harina y los huevos batidos, friéndolos en abundante aceite caliente.

Serviremos el pescado con la salsa española caliente.

Congrio con tomate y pimientos

4 personas	350 cal

1 kg de congrio cortado en rodajas
250 g de pimientos frescos
4 tomates picados
12 cucharadas soperas llenas de aceite
5 dientes de ajo
sal
50 g de harina
media guindilla

Pondremos una cazuela de barro al fuego con seis cucharadas de aceite y los dientes de ajo cortados en láminas finas. Pasaremos por harina las rodajas de congrio y, cuando los ajos estén dorados, los echaremos a la cazuela del pescado para que se hagan durante 2 minutos; daremos vueltas y cubriremos con los tomates picados y los pimientos salteados en el resto del aceite. Dejaremos que hierva 15 minutos más, agregaremos la guindilla y ahora dará un hervor de 5 minutos, tras lo cual podremos ya sacar la cazuela a la mesa.

Filetes empanados de merluza

4 personas	330 cal

500 g de filetes de merluza sin piel ni espinas
2 huevos crudos
2 tazas llenas de aceite
100 g de pan rallado
sal
200 g de guisantes ya cocidos
una taza llena de salsa de tomate (véase «Salsas»)
un limón

Los filetes bien lavados y con sal, los pasaremos por los huevos bien batidos y por el pan rallado. Echaremos el aceite en una sartén al fuego, y freiremos en él el pescado hasta que tome un bonito color dorado. Lo uniremos en una fuente, poniendo en el centro los guisantes y alrededor los trozos de limón.

La salsa se presentará en una salsera aparte.

Lenguados a la crema

4 personas	390 cal

800 g de filetes de lenguado
2 patatas
2 vasitos de vino blanco
un limón
pimienta blanca en polvo
espinas de pescado blanco o las espinas de los filetes
una zanahoria
2 cebollas
agua
sal
2 puerros
perejil fresco
250 g de almejas
250 g de mejillones
4 trufas
200 g de champiñones
2 cucharadas soperas llenas de harina
150 g de mantequilla
medio vasito de vino de nata
2 yemas de huevo crudos

Prepararemos en una fuente parte de la mantequilla y un poco de cebolla picada, unas ruedas de patata cortada finamente a lo ancho y, sobre ello, se colocan los filetes del lenguado, echándoles un vasito de vino blanco, unas gotas de limón y un poco de pimienta blanca y metiéndolo al horno. Cuando veamos que está hecho o que ha soltado su jugo lo retiraremos del horno.

Con las espinas de pescado, agua, zanahoria, cebolla cortada a lo ancho, puerros, un poco de perejil atado con un hilo y un vasito de vino blanco, haremos un caldo muy espesito, advirtiendo que estos huesos, las verduras y el vino blanco queden al descubierto en una cacerola.

En esta salsa, abriremos las almejas y los mejillones, separando las carnes.

Colocaremos en los bordes de la fuente donde vayamos a servir los filetes, un montoncito de almejas, otro de champiñones, otro de mejillones y otro de trufas en pedacitos. Cuando esto esté preparado echaremos un poco de mantequilla y la harina, revolviendo un poco al fuego sin que tome color dorado. Le añadiremos el caldo que hemos hecho con las espinas y el jugo que han soltado los filetes de lenguado en la tartera, revolviendo como si fuera una crema; cuando esté cocida, uniremos las yemas de huevo y la nata cruda, añadiendo la salsa que se ha preparado y moveremos (con la precaución de que no se corte). Una vez hecho, lo pasaremos por un chino, cubriendo el lenguado y sirviéndolo muy caliente.

Lubina albufera

4 personas	*330 cal*

2 lubinas de 600 g cada una
media cebolla
un diente de ajo
agua
sal
salsa Albufera
perejil fresco

Limpiaremos bien las lubinas, quitándoles las cabezas y las espinas dorsales y, con ambas cosas, haremos un buen caldo de pescado junto con la cebolla, el diente de ajo, el perejil, el agua y la sal. Reservaremos los filetes, cortándolos a tamaño regular.

Cómo prepararemos la salsa Albufera:
Pondremos en un mortero 8 dientes de ajo, perejil, orégano, hierbabuena y almendras, picándolo todo ello muy bien.

En un recipiente aparte, freiremos 200 g de harina y 150 g de almendras ralladas o molidas. Una vez el sofrito empiece a dorarse, le añadiremos la majada, anteriormente preparada, con un poco de pimentón molido y lo mojaremos con el caldo de las espinas del pescado, dejándolo cocer lentamente.

Cómo prepararemos el pescado:
En una placa que resista el horno, dispondremos los trozos de pescado, limpios de espinas, y verteremos la salsa por encima, haciéndolos hervir ligeramente sobre la plancha e introduciendo esta en el horno hasta su total cocción.

Decoraremos el plato con tiras de pimiento rojo, quisquillas peladas, mejillones y unos piñones fritos, y lo serviremos muy caliente.

Lubina al horno

4 personas	400 cal

una pieza de 1.500 g de lubina
una cebolla
200 g de mantequilla
un limón
una cucharadita de café con perejil picado
sal

Lavaremos y abriremos la lubina retirándole las tripas. Seguidamente, la sazonaremos con sal, colocándola en una fuente de horno y echándole por encima la mantequilla y la cebolla picada menuda. A continuación, la meteremos en el horno y, cuando esté a medio asar, incorporaremos el perejil y el zumo de limón colado, metiéndola de nuevo al horno hasta que la cebolla esté bien dorada y la lubina asada.

Lucio al caldo corto

4 personas	320 cal

un lucio gordo de más de 1 kg
una cebolla
2 zanahorias
un poco de tomillo
una hoja de laurel
sal
pimienta en grano

Escamaremos y vaciaremos el lucio, cortándolo en trozos regulares.

Prepararemos en una cazuela grande el caldo corto siguiente:

Cortaremos en rodajas finas la cebolla y las zanahorias, picaremos el apio, añadiremos el litro de vino blanco, el tomillo, el laurel, la sal y la pimienta en grano, dejándolo hervir durante 20 minutos. Pasaremos este cocido por el colador fino y lo dejaremos enfriar.

Colocaremos los trozos de lucio en una cacerola de saltear, cubriéndolos con el caldo corto y poniendo la cacerola sobre fuego vivo durante 6 minutos. Bajaremos el fuego, taparemos la cacerola para que hierva muy lentamente. Pasaremos el pescado a una fuente honda, vertiéndole encima el cocido y dejándolo enfriar en un sitio muy fresco o en el frigorífico durante una a dos horas.

Marmitako

4 personas	390 cal

1 kg de bonito
1 kg de patatas
4 pimientos verdes frescos
una taza llena de salsa de tomate (véase «Salsas»)
una cebolla
1/4 de l de aceite
pan frito en rebanadas gordas
sal

Cortaremos el bonito a trozos, como se hace con la carne para guisar, y le daremos sal.

En una cazuela de barro honda echaremos el aceite y picaremos sobre él la cebolla, dejando que se dore. Añadiremos entonces los trozos de bonito, la salsa de tomate y unos pimientos verdes cortados a tiras, así como las patatas partidas y el agua. Salaremos y dejaremos cocer. A última hora agregaremos unos trozos de pan frito y lo serviremos.

Merluza a la baturra

4 personas	310 cal

500 g de merluza cortada en rodajas
una cebolla
2 cucharadas soperas de caldo de carne (puede ser en cubitos)
una cucharada sopera llena de salsa de tomate (véase «Salsas»)
una cucharada sopera de harina
pimienta blanca en polvo
4 cucharadas soperas llenas de aceite
sal

Una vez limpia la merluza, la espolvorearemos con sal y la pasaremos por harina, colocándola luego en una fuente de horno con la salsa de tomate y la cebolla pelada y picada menudamente. Añadiremos también un poco de pimienta, el aceite y el caldo.

Todos los ingredientes deben ponerse en crudo.

Cuando ya se ha dispuesto todo, meteremos la fuente al horno, donde debe cocer durante 20 minutos.

Merluza en su jugo al horno

4 personas	320 cal

una cola de merluza de 1.200 g de peso
un limón
2 patatas
sal
50 g de mantequilla
una cucharada sopera llena de pan rallado
un vaso de agua lleno de caldo
3 cucharadas soperas llenas de aceite
2 dientes de ajo

Prepararemos la cola bien limpia y sazonada con su sal, le haremos una abertura en el lomo e introduciremos pedazos de limón.

Prepararemos una fuente de horno untada con mantequilla en el fondo y pondremos una capa de patatas cortadas en redondo y sazonadas con sal; sobre esa capa de patatas colocaremos la cola de merluza.

Prepararemos de antemano el aceite frito con los dientes de ajo y lo echaremos a la cola de la merluza bien caliente. Espolvorearemos con el pan rallado por encima y lo meteremos en el horno. Cuando se vea que en la parte gruesa de la merluza está separado el hueso de la carne, ya está hecho, y hay que procurar que no se seque.

Para que se desprenda la patata y haga jugo le echaremos el caldo.

Pasaremos la merluza a una fuente y colocaremos las patatas alrededor. El jugo se remueve bien y se le echa por encima.

Podemos servirla acompañada de una salsa fría.

Merluza a la marinera

4 personas	330 cal

1 kg de merluza de la parte alta abierta
media cabeza de merluza
1/4 de l de aceite
una cebolla
caldo de carne o en cubitos
sal
perejil fresco
2 dientes de ajo

En una cazuela de barro al fuego con el aceite, echaremos la cebolla picada muy finamente, que se haga lentamente; le añadiremos los dientes de ajo muy picados y, cuando la cebolla está consumida, pero no dorada, ya tendremos bien limpia y preparada la merluza, partida en rodajas, y la cabeza de merluza, sazonando todo con sal, y lo rehogaremos, añadiendo perejil picado y una jícara de caldo. Lo cubriremos con una tapadera y que se vaya haciendo al vapor, con la precaución de no darle la vuelta con un tenedor ni removerlo, sino mover la cazuela, advirtiendo que la merluza estará hecha a los 15 minutos.

Serviremos la merluza en la misma cazuela.

En la época en que hay guisantes frescos, se le pueden añadir, así como patatitas que se cuecen en el caldo que hay que echar a la merluza.

Merluza a la Ribera

4 personas	340 cal

8 ruedas de merluza
2 pimientos del pico
2 dientes de ajo
media guindilla
un limón
unas gotas de vinagre
100 g de guisantes
12 espárragos
100 g de harina
sal
1/4 de l de aceite

Limpios los trozos de merluza y con sal, los rebozaremos en harina friéndolos en la sartén con aceite. Cuando estén a medio freír, los dejaremos en una cazuela de barro, y en el aceite que ha sobrado en la sartén freiremos los ajos, la guindilla y los pimientos, añadiendo el limón exprimido y unas gotas de vinagre. Cuando los ajos estén dorados, verteremos todo en la cazuela donde está la merluza, dejándola cocer a fuego lento durante 10 minutos, juntamente con los guisantes y los espárragos. Pasado este tiempo, retiraremos la cazuela del fuego y le agregaremos una cucharada de harina disuelta en agua para que la salsa quede espesa.

Daremos un par de hervores más y ya estará en condiciones de ser presentada a la mesa.

Merluza en salsa isleña

4 personas	360 cal

8 rodajas de merluza
100 g de harina
1/4 de l de aceite
una cebolla
pimienta blanca en polvo
un huevo duro
6 avellanas tostadas
2 dientes de ajo
sal
agua
perejil fresco

Limpiaremos bien la merluza, friéndola después de darle sal y de haberla enharinado. Bien escurrida la colocaremos en una cazuela.

En el aceite que sobre, freiremos la cebolla y uno de los dientes (picado) con un poco de pimienta.

Machacaremos aparte la clara y la yema del huevo duro, las avellanas peladas, el otro diente de ajo crudo y bastante perejil; a todo esto le echaremos un vaso grande de agua y, después de bien revuelto, lo incorporaremos a la merluza, dejándola hervir durante un rato (8 minutos, aproximadamente) para servirla luego rápidamente a la mesa.

Merluza en salsa verde

4 personas	350 cal

4 rodajas de merluza
una lata de espárragos
3 huevos duros
una cabeza de merluza
3 dientes de ajo
perejil fresco
una cucharada sopera llena de harina
el zumo de un limón
pimienta blanca en polvo
sal
1/4 de l de aceite

Sobre el fuego pondremos una cazuela de barro con el aceite y los dientes de ajo picados. Cuando tomen color, añadiremos el perejil picado, removiendo con una cuchara de palo y poniendo la cucharada grande de harina. Incorporaremos después el agua de los espárragos y la merluza ya con sal, pimienta y zumo de limón, disponiendo la cabeza en el centro de la cazuela y las rodajas a su alrededor y añadiendo más agua. Dejaremos que dé un hervor y la giraremos de lado para que cueza de la otra cara.

Colocaremos por encima los espárragos y los huevos duros cortados a trozos. Moveremos la cazuela para que no se pegue, sirviéndola en la misma cazuela.

A veces se presenta en una fuente con gambas cocidas aparte y trozos de limón.

Mero en escabeche

4 personas	340 cal

1 kg de mero en un trozo
3 cucharadas soperas llenas de aceite
sal
pimienta blanca en polvo
un limón
una hoja de laurel
100 g de pan rallado
100 g de manteca de cerdo
una taza llena de salsa de tomate (véase «Salsas»)
una cebolleta

Vaciaremos y limpiaremos el pescado, haciéndole unos cortes en el lomo para que pueda penetrar bien la salsa. Prepararemos una marinada con el aceite, la sal, la pimienta, la cebolleta una hoja de laurel y el zumo de limón, todo en crudo. Dejaremos el mero durante 2 horas en ese adobo. Tras retirarlo, lo rebozaremos con pan rallado. Lo dejaremos cocer al fuego en una cazuela con la manteca, o bien meteremos esta en el horno.

Lo serviremos con la salsa de tomate en salsera aparte.

Este plato de pescado puede acompañarse con patatas pequeñas cocidas al vapor.

Mero a la valenciana

4 personas	320 cal

1 kg de mero
un limón
una cucharadita de vinagre
una cucharada sopera llena de harina
1/4 de l de aceite
3 dientes de ajo
agua
pimienta blanca en polvo
2 papeletas de azafrán
perejil fresco
sal

Una vez limpio el mero, lo cortaremos en rodajas, sazonando estas con sal y unas gotas de jugo de limón o vinagre, las pasaremos por harina y las freiremos en aceite, en el que habremos frito los dientes de ajo hasta que estén dorados (ajos que se guardarán). Agregaremos la cucharada llena de harina y desleída en un poco de agua caliente, dejándolo cocer a fuego lento y moviendo alguna que otra vez la cacerola para que se espese la salsa, a la que añadiremos previamente los ajos fritos, junto con el perejil picado, un poco de pimienta y el azafrán tostado.

Cuando la salsa tenga la suficiente consistencia, ya se puede servir el pescado a la mesa.

Moraga de sardinas

4 personas	320 cal

2 docenas de sardinas
3 cucharadas soperas llenas de aceite extra fino
un limón
2 dientes de ajo
perejil fresco
un vaso de agua lleno de vino blanco
sal

La moraga, cuyo nombre nos recuerda la influencia árabe, es un plato genuino de Motril que se come tanto al mediodía como a la hora de la merienda, y que requiere sardinas recién pescadas.

Limpiaremos las sardinas, dejándolas enteras y sin tripas. Las pondremos en una cazuela de barro echándoles sal, el aceite, el vaso de vino blanco, el zumo de medio limón y un picadillo hecho con los ajos y el perejil. Haremos la moraga sobre fuego lento durante 12 a 15 minutos y la serviremos en la misma cazuela.

Mújol guisado

	4 personas		330 cal

un mújol de 1 kg de peso
medio vaso de aceite
un limón
2 dientes de ajo
200 g de tomates
6 ramas de perejil
una cebolla mediana
una taza llena de caldo de carne (puede ser en cubitos)
3 clavos de especias
una cucharadita de café de pimentón rojo dulce
un poco de canela en palo
sal
pimienta blanca en polvo

El mújol es un pez que vive en aguas del Mediterráneo, tiene un cuerpo casi redondo y dos aletas en el lomo, es de color pardusco y la mitad superior de los costados son del mismo color, con 5 o 6 rayas longitudinales más oscuras.

Se le conoce con diferentes nombres, entre ellos mujil, chelo, lisa o capitán y su carne es muy apreciada, sobre todo en las localidades cercanas al Mar Menor de Murcia.

Limpiaremos, quitaremos las escamas y cortaremos la cabeza del pescado, abriéndolo por la parte del vientre, con un corte que vaya de la altura de la cabeza a la cola, sacando limpiamente dos porciones y retirando la espina dorsal.

Frotaremos suavemente la carne del pescado con la mitad del limón y volveremos a lavarlo, ya que el mújol suele conservar a veces cierto gusto a barro. Dividiremos en cuatro los filetes y los colocaremos en una fuente de porcelana, rociándolos con el zumo de la otra mitad del limón y sazonándolos con sal y pimienta, dejándolo en esta maceración durante un cuarto de hora. Echaremos medio vaso de aceite en una cazuela, y cuando esté muy caliente, freiremos los filetes de mújol.

Prepararemos un trinchado con la cebolla y el tomate y, con el cuarto de vaso de aceite restante puesto en una sartén, haremos un buen sofrito que sazonaremos con sal y pimienta.

Majaremos en el mortero los ajos, el perejil y el pimentón y, seguidamente, le echaremos un poco de caldo, agregando también los clavos y la canela, y continuando el majado. Si es preciso afinarlo, añadiremos un poco más de caldo.

Volcaremos este majado a la sartén y continuaremos rehogando el conjunto, agregando el caldo sobrante; daremos un hervor de 5 minutos y lo verteremos sobre los trozos de pescado, poniendo la cazuela sobre fuego lento y dejándolo allí durante 10 minutos, pasados los cuales podemos ya servirlo a la mesa.

Pastelillos de merluza

4 personas	370 cal

500 g de merluza
3 huevos crudos
una copita de vino blanco
una cucharada sopera llena de aceite
una cucharada sopera llena de agua
1/4 de l de aceite
100 g de miga de pan mojada en leche
2 cucharadas soperas llenas de harina
sal
nuez moscada
perejil fresco
100 g de pan rallado
un limón

Quitaremos la piel y las espinas a la merluza y la picaremos, uniéndola con todos los componentes, menos con los huevos y con el aceite, pasando la mezcla por la máquina de picar; cuando la mezcla esté bien fina le agregaremos dos huevos batidos, formando tortitas con la masa.

El otro huevo lo batiremos con una cucharada de aceite y otra de agua, y rebozaremos las tortitas con el huevo batido y el pan rallado, friéndolas con aceite caliente y dorándolas por un igual.

Los serviremos adornándolos con perejil y con ruedas de limón.

Peces de río fritos

4 personas	360 cal

1 kg de peces
un limón
100 g de harina
1/4 de l de aceite
sal

Lavaremos bien los peces con agua fría, después de quitarles las agallas, las tripas y las espinas dorsales, recordando que los peces de río suelen tener mucho sabor a barro. Una vez limpios les echaremos zumo de limón y sal, pasándolos por harina y friéndolos en el aceite muy caliente.

Deben comerse recién hechos.

En los ríos existen muchas especies de peces sin clasificar, pero se pescan frecuentemente, a estos nos referimos en esta receta.

Pescados fritos

4 personas	370 cal

2 pescadillas cortadas en rodajas
2 lenguados cortados en rodajas
2 acedías cortadas en rodajas
2 calamares partidos en ruedas
250 g de boquerones
200 g de chanquetes
1/2 l de aceite o más
sal
harina

El secreto de estos pescados consiste en freírlos en una sartén con poca hondura y mucho aceite, una vez los pescados estén limpios con sal y pasados por harina.

Algo que no se debe olvidar es servirlos rápidamente una vez se hayan hecho.

Pescados a la mallorquina

4 personas	350 cal

200 g de sepia
4 calamares
16 colas de gambas
500 g de merluza
1/4 de l de aceite
6 tomates maduros
3 dientes de ajo
una cucharada sopera llena de harina
1 l de caldo
perejil fresco
sal
pimienta blanca en polvo
4 rebanadas de pan

Rehogaremos en una sartén con aceite un par de dientes de ajo y los tomates pelados y trinchados. Una vez hecho, agregaremos las gambas, la sepia y la merluza partida en cuatro rodajas, echaremos caldo hasta cubrirlo, la cucharada de harina, perejil picado, sal y pimienta, dejándolo hervir sin tapar.

Mientras tanto, freiremos las rebanadas de pan y las colocaremos en una fuente. Cuando el pescado esté cocido lo pondremos en la fuente sobre el pan frito.

Picadillo paraguayo de pescado

4 personas	390 cal

1 kg de pescado cocido (elegir pescado como el pejerrey, la dorada o el mero)
agua
sal
2 cucharadas soperas llenas de perejil fresco picado
2 cebollitas picadas
una taza de miga de pan remojada en leche
3 huevos duros pelados y picados
pimienta blanca en polvo
un poco de nuez moscada rallada
90 g de manteca de cerdo

Picaremos el pescado muy menudamente y le incorporaremos el perejil, la cebolleta, el pan remojado, los huevos, un poco de pimienta, la sal y un poco de nuez moscada. Formaremos una pasta a la que uniremos casi toda la manteca de cerdo.

Herviremos esta pasta en agua, sal y el resto de la manteca. Hasta que la grasa se embeba bien y podamos separar la pasta de su cocido.

Pudín de merluza

4 personas	410 cal

800 g de merluza
500 de tomates
pimienta blanca en polvo
4 huevos crudos
3 cucharadas soperas llenas de aceite
50 g de mantequilla
200 g de aceitunas
una lechuga
sal
una taza llena de salsa mayonesa (véase «Salsas»)
agua

Coceremos la merluza y la deshuesaremos quitándole la piel y deshaciéndola en pedacitos muy menudos. Batiremos los huevos bien batidos, freiremos el tomate y lo pasaremos por un chino, añadiendo los huevos; luego incorporaremos la merluza, la sal y la pimienta blanca.

Prepararemos un molde liso de flan, untado con mantequilla echándole en el fondo el pan rallado, sacudiremos el molde y lo llenaremos con la preparación de la merluza; cuando todo esté por igual lo pondremos al baño María.

Para conocer si está seco y hecho, se pincha con un palillo.

Podemos servirlo tanto frío como caliente en una fuente redonda, cubierto con la mayonesa y adornando el borde con las aceitunas y la lechuga picada.

De igual modo podemos hacer el salmón u otro pescado blanco.

Pulpos con cebolla

	4 personas		*380 cal*

600 g de pulpos pequeños
400 g de patatas
un vaso de aceite
4 dientes de ajo
1 limón
3 cebollas
perejil fresco
una hoja de laurel
azafrán en rama
sal
pimienta blanca en polvo

Tomaremos la mitad del aceite y lo echaremos en un puchero de barro, rehogando en él las cebollas cortadas delgadas; cuando adquieran un color dorado, añadiremos los pulpos muy limpios. Rociaremos con unas gotas de zumo de limón, sazonaremos con sal y pimienta, y añadiremos el laurel. Coceremos bien tapado, a fuego lento, durante 2 horas; a media cocción le incorporaremos las patatas, peladas y cortadas en cuadrados.

En el mortero, después de machacados los ajos y el azafrán, agregaremos poco a poco el aceite, removiéndolo con cuchara de palo como si se quisiera obtener una salsa ligada.

Al retirar el puchero del fuego, añadiremos esta salsa al pescado y lo espolvorearemos abundantemente con perejil picado.

Rape a la levantina

	4 personas		*340 cal*

400 g de rape
1/4 de l de leche
una cebolla no muy grande
un diente de ajo
una cucharada sopera llena de harina
perejil fresco
azafrán en rama
3 cucharadas soperas llenas de aceite
sal

Limpiaremos el pescado escamándolo bien. Haremos un majado en el mortero con la cebolla, el ajo y el perejil (dos o tres ramas), añadiéndole asimismo unas hebras de azafrán. Lograda una especie de pasta, le agregaremos la harina, desliéndola con aceite como si fuera un alioli.

Incorporaremos luego la leche. Pondremos el pescado, cortado en trozos, en una cazuela y le echaremos esta salsa por encima, colocándolo sobre el fuego y esperando a que rompa a hervir, en cuyo momento bajaremos la intensidad de la lumbre para que siga cociendo más suavemente.

Lo serviremos inmediatamente.

Relleno de atún para empanadillas

4 personas	320 cal

200 g de atún en aceite
un pimiento de lata
2 cucharadas soperas llenas de salsa de tomate
una yema de huevo crudo
una cucharadita de café de harina
2 cacitos de leche
media cebolla picada
50 g de mantequilla
sal

Saltearemos el atún en la mantequilla y después lo picaremos no muy fino. Freiremos en la misma mantequilla la cebolla muy finamente picada; cuando tome su color le añadiremos la harina, la sal y la leche, de forma que se haga bien la bechamel, añadiendo el picadillo de atún y la salsa de tomate y, una vez unido todo, incorporaremos la yema de huevo crudo en el mismo fuego; cuando ya esté hecha, la retiraremos a enfriar.

Una vez preparada la pasta, rellenaremos las empanadillas y las freiremos.

Rodaballo asado

4 personas	340 cal

1 kg de rodaballo en un trozo
2 patatas
100 g de mantequilla
una taza llena de aceite
una taza llena de caldo
sal

Después de bien limpio el rodaballo y sazonado con sal, lo pondremos en una fuente con mantequilla y unas rodajas de patata cortada a lo ancho, echándole por encima un poco de aceite frito.

Lo meteremos en el horno y, cuando se vea que el rodaballo está hecho, lo retiraremos a la fuente donde lo serviremos y las patatas se colocarán alrededor. Al jugo que ha soltado le añadiremos el caldo y lo pasaremos por el chino, echándolo por encima del rodaballo y sirviéndolo. Si se quiere se pueden añadir alrededor unos pepinillos en vinagre o unos huevos cocidos cortados en cuatro trozos. Serviremos el rodaballo con una salsa fría.

Salmón con ternera

	4 personas		*420 cal*

4 filetes de ternera
4 trozos de rodajas de salmón
agua
una cebolla
una hoja de laurel
4 langostinos
50 g de jamón
2 dientes de ajo
perejil fresco
2 cucharadas soperas de pan rallado
150 g de mantequilla
agua
sal

Herviremos el salmón en un caldo corto compuesto por un poco de agua, sal, cebolla y una hojita de laurel. Una vez hecho y escurrido lo colocaremos en una fuente especial de horno, a la que previamente habremos cubierto el fondo con los filetes de ternera (salados), los langostinos (hervidos y pelados) y el jamón cortado en tiras. Pondremos encima una mezcla compuesta por el pan rallado unido al perejil y al ajo picados.

En una sartén derretiremos la mantequilla, que verteremos caliente sobre el salmón, la ternera y los langostinos. Lo meteremos seguidamente en el horno, a fuego fuerte, y a los 5 u 8 minutos podemos retirarlo y servirlo.

Sardinas en cazuela de barro

	4 personas		*360 cal*

24 sardinas
3 pimientos rojos de lata
una cebolla
3 dientes de ajo
perejil fresco
pimienta blanca en polvo
azafrán en hebra
sal
1/4 de l de aceite
una taza de salsa de tomate (véase «Salsas»)

Limpiaremos bien las sardinas, despojándolas de las escamas y de la cabeza, a la vez que lavaremos su interior.

En una cazuela de barro honda echaremos la salsa de tomate, sobre ella colocaremos la mitad de las sardinas, que cubriremos con la mitad de un picadillo de pimientos, cebolla, ajos y perejil, todo ello trinchado muy menudo y sazonado con sal, pimienta y azafrán. Dispondremos sobre esta capa el resto de las sardinas, que se cubrirán con una nueva capa de picadillo. Rociaremos entonces todo con aceite abundante y lo haremos a fuego lento hasta que las sardinas estén en su punto.

Sardinas mechadas

4 personas	380 cal

aproximadamente 32 sardinas grandes
400 g de cebollas
2 dientes de ajo
250 g de miga de pan rallado
2 huevos crudos
1/2 l de aceite
un vaso de vino blanco
100 g de harina
perejil fresco
sal
un huevo
agua

Una vez limpias las sardinas, les retiraremos la espina central, quedando de esta forma abiertas, las sazonaremos con un poco de sal y las rellenaremos con el siguiente preparado:

Freiremos en aceite la cebolla y el ajo picados. Al empezar a dorarse, añadiremos la miga de pan, que se freirá junto con la cebolla.

Al llegar a este punto, incorporaremos perejil picado y el huevo batido, removiendo bien para que se ligue el relleno.

Una vez rellenas las sardinas, les daremos su forma primitiva rebozándolas con la harina y con los huevos batidos, y friéndolas en abundante aceite caliente.

A medida que se van friendo, las dejaremos en una cazuela de barro. Cuando estén todas fritas, las cubriremos con el vino blanco, un chorrito de aceite y un poquito de agua, y las estofaremos suavemente durante unos minutos sobre fuego lento, hasta que el líquido se haya reducido una cuarta parte; después las serviremos muy calientes.

Sardinas a la plancha

4 personas	340 cal

24 sardinas
24 hojas de laurel
100 g de jamón
una cebolla
perejil fresco
50 g de tocino
un diente de ajo
pan que tenga miga
2 cucharadas soperas llenas de vinagre
2 huevos crudos
25 g de manteca de cerdo

Limpiaremos y destriparemos las sardinas quitándoles las espinas y secándolas bien entre dos servilletas.

Prepararemos un picadillo fino a base de jamón, la cebolla, el perejil, el tocino, el ajo y la miga de pan mojada con el vinagre de estragón. Amasaremos todo ello con los huevos y la mezcla obtenida la pondremos en pequeñas porciones, hundiéndola.

En una fuente de horno, previamente untada con manteca, pondremos una hoja de laurel por cada sardina y encima de las hojas colocaremos el pescado, asándolo en el horno.

Sardinas rebozadas

4 personas	360 cal

1 kg de sardinas
sal fina
3 huevos crudos
pan
1/4 de l de aceite muy fino
una lechuga
vinagre

Limpiaremos bien las sardinas quitándoles las escamas y la cabeza y, una vez bien lavadas, les daremos un corte a lo largo del vientre, abriéndolas y extrayéndoles la espina.

Cada sardina así preparada debe parecer un abanico. Les echaremos sal convenientemente y las empanaremos con los huevos batidos y las ralladuras de pan fresco, friéndolas en aceite caliente. A medida que las sardinas se doren, las colocaremos superpuestas en la fuente y las serviremos después con la lechuga preparada en ensalada.

Truchas con jamón

4 personas	350 cal

4 truchas con un peso entre 150 a 200 g cada una
200 g de tocino entreverado
4 cucharadas soperas llenas de aceite
4 lonchas grandes de jamón
sal

En una sartén honda con el aceite, freiremos el tocino cortado en trozos, hasta obtener abundante grasa. Allí mismo freiremos las lonchas de jamón, colocándolas en una fuente. Cuando el aceite y la grasa estén a temperatura muy fuerte, echaremos las truchas limpias y sazonadas, las cuales deben quedar muy fritas y doradas. Las serviremos colocando las truchas sobre las lonchas de jamón ya frito.

Truchas al limón

	4 personas		320 cal

4 truchas de 125 o 150 g de peso cada una
sal
100 g de harina
1/4 de l de aceite
2 limones
perejil fresco
50 g de mantequilla

Una vez limpias las truchas, las sazonaremos y las envolveremos en harina, friéndolas muy doraditas y sirviéndolas luego con rodajas de limón, y sobre estas poniendo un pellizco de perejil y una nuez de mantequilla.

Truchas a la Navarra

	4 personas		340 cal

4 truchas de 150 a 200 g de peso cada una
2 yemas de huevo crudo
4 cucharadas soperas llenas de aceite
un vaso de vino lleno de vino tinto
una cebolla
8 patatas
sal
pimienta blanca en polvo
un poco de tomillo
un poco de romero
un poco de hierbabuena
una hoja de laurel

Las truchas a la Navarra no son, como generalmente se cree, truchas con jamón. La verdadera y genuina receta no lleva jamón en su preparación y, sin embargo, este error se comete incluso en gran número de restaurantes y paradores, que ofrecen «truchas con jamón» como «truchas a la Navarra».

Limpiaremos y colocaremos las truchas en una cazuela de barro, cubriéndolas con la cebolla muy picada, el vaso largo de vino tinto, la pimienta, un tallo de hierbabuena, el tomillo, el romero y la hoja de laurel, permaneciendo en esta maceración durante una hora, pasada la cual pondremos la cazuela sobre el fuego. Añadiremos el aceite y la sal, y lo dejaremos cocer a fuego más bien bajo.

Reduciremos el caldo a su mitad, retiraremos las truchas y pasaremos el caldo por el colador. Finalmente, serviremos el guiso acompañado con las patatas cocidas y su salsa ligada con las dos yemas de huevo batidas.

Truchas rellenas

4 personas	385 cal

4 truchas grandes
100 g de carne de cerdo
200 g de pescado blanco con espina
200 g de setas o champiñones
2 cucharadas soperas de manteca de cerdo
2 cebollas
2 nabos
2 zanahorias
sal
pimienta blanca en polvo
4 huevos crudos
2 tazas llenas de salsa de tomate (véase «Salsas»)
1/2 l de aceite

Prepararemos una masa con la carne de cerdo, el pescado, las setas o los champiñones. Haremos un caldo con la manteca, las cebollas, los nabos, las zanahorias y todas las hortalizas juntas con las espinas del pescado, la sal y la pimienta. Con lo anterior y las hortalizas del caldo, rellenaremos las truchas, que empanaremos con huevos batidos. Después las retiraremos y las serviremos con la salsa de tomate caliente.

Zarzuela de pescado

4 personas	380 cal

200 g de rape
200 g de calamares
200 g de merluza
200 g de congrio
12 mejillones
6 langostinos pequeños
un vaso de aceite
una cucharada sopera de puré de tomate
3 dientes de ajo
50 g de harina
perejil fresco
azafrán en hebra
una cebolla
sal
agua
una cucharada sopera llena de pimentón rojo dulce
pimienta blanca en polvo

Limpiaremos bien los pescados, cortándolos en trozos y sazonándolos con sal; luego los pasaremos por harina, friéndolos en aceite sin dejar que se doren demasiado. Una vez hecho el pescado, freiremos en la sartén la cebolla picada fina y, cuando tome color, añadiremos los ajos picados, el pimentón, el tomate, el azafrán tostado y triturado, y un poco de agua, sal y pimienta. Cocerá durante 5 minutos y después lo echaremos todo sobre el pescado.

Los mejillones, una vez hervidos en agua y sal, y desprovistos de una de sus valvas, los colocaremos alrededor del pescado.

Por último, pondremos la cazuela o la fuente en el horno durante 10 minutos. Antes de servir lo adornaremos con rodajas de limón y perejil picado.

REVUELTOS

Pisto al estilo asturiano

4 personas	350 cal

un huevo cocido
4 huevos crudos
2 cebollas
2 pimientos grandes
50 g de jamón
4 cucharadas soperas llenas de aceite
perejil fresco
sal
1 kg de tomates

En una sartén con el aceite puesto sobre el fuego, freiremos las cebollas, el jamón y el perejil, todo ello picado muy menudamente. Asaremos los pimientos y les quitaremos la piel y las semillas, cortándolos en trozos pequeños y añadiéndolos a la sartén. Dejaremos rehogar todo ello a fuego lento, dándoles vueltas de vez en cuando. Por último, añadiremos el tomate sin piel y partido en trozos, sazonándolo con sal y que todo se fría bien. Cuando esté en su punto, agregaremos poco a poco los huevos crudos bien batidos sin dejar de removerlo, procurando que quede muy jugoso. Serviremos el pisto en una fuente, salpicando por encima con el huevo cocido.

Pisto con calabacín

4 personas	340 cal

6 huevos
4 pimientos verdes
4 calabacines
4 tomates
100 g de tocino de jamón
100 g de jamón
2 cebollas
sal

Limpiaremos los calabacines, quitando su piel y picándolos como si fueran patatas para tortilla. Haremos lo mismo con los pimientos verdes y los tomates (a los pimientos les retiraremos las semillas y luego los partiremos).

Prepararemos una cazuela con el tocino de jamón y cuando esté caliente, saltearemos el jamón cortado en trocitos. Una vez salteados, picaremos las cebollas y, cuando estén doradas, añadiremos todo lo que está preparado, rehogándolo bien. Después pondremos una tapadera para que lo cubra para que se haga vapor. Tras sazonarlo bien, añadiremos los huevos batidos con su sal y removeremos de forma que se cuajen los huevos sin pegarse.

Puede servirse el pisto con trozos de pan frito.

Pisto gallego

4 personas	330 cal

4 huevos
100 g de jamón curado para guisar
100 g de carne de lomo de cerdo
una taza de aceite
4 patatas
2 calabacines
2 pimientos verdes
4 tomates
2 cebollas
sal

Cortaremos en cuadrados el jamón y el lomo o carne de cerdo y los freiremos en una sartén con aceite muy caliente; los retiraremos y los reservaremos en un plato. En la grasa sobrante freiremos las patatas peladas y cortadas en cuadraditos, los pimientos verdes picados y los calabacines, también pelados y cortados en trocitos; cuando todo ello esté frito, le uniremos el jamón y el lomo, echando por último en la sartén las cebollas y los tomates pelados y picados. Una vez que estén bien fritos, reuniremos en la sartén los pimientos, las patatas y los calabacines, lo mismo que el jamón y el lomo. Batiremos los huevos echándolos sobre el preparado, moviendo sin cesar para que el pisto se espese, pero que no llegue a cuajar. El punto exacto debe ser muy jugoso, nunca seco.

Revuelto de huevos con judías blancas

4 personas	420 cal

8 huevos
200 g de judías blancas ya cocidas
50 g de mantequilla
sal

Desharemos la mantequilla en una sartén y echaremos sobre ella los huevos bien batidos; según se vea que cuajan, añadiremos las judías y la sal, y continuaremos revolviendo para que no se peguen. Serviremos el revuelto jugoso y recién hecho.

Revuelto de huevos con riñones

4 personas	460 cal

8 huevos
600 g de riñones (pueden ser de cerdo o de ternera)
grasa usada
una cebolla
pimienta blanca en polvo
un vasito de vino blanco
sal
6 cucharadas soperas llenas de salsa española (véase «Salsas»)

Limpiaremos bien los riñones quitándoles la piel y la grasa que tienen y los partiremos a pedacitos muy finos, poniéndolos en una sartén con la grasa usada o bien grasa de tocino de jamón, picaremos finamente la cebolla y cuando empiece a tomar un color dorado, saltearemos los riñones a buen fuego; una vez los hayamos salteado les echaremos el vino blanco. Cuando se haya reducido el vino le añadiremos perejil picado y pimienta blanca. Batiremos bien los huevos y los uniremos con los riñones a buen fuego, todo el conjunto debe unirse bien y quedar jugoso; le añadiremos la salsa española cuando esté bien unido, sirviéndolo en una fuente.

Revuelto de huevos con setas

4 personas	400 cal

8 huevos
125 g de setas bien frescas
100 g de jamón curado
perejil fresco
4 cucharadas soperas llenas de aceite
sal
pimienta blanca en polvo

Limpiaremos bien las setas una por una, raspándolas perfectamente y cortándoles los rabitos, y les pasaremos un trapo. No las tendremos en remojo, ya que perderían su peculiar sabor y aroma. Cortaremos las más grandes en dos o tres trozos.

Pondremos parte del aceite en una sartén al fuego y rehogaremos en ella las setas junto con el jamón partido a dados. Añadiremos perejil picado y retiraremos todo de la sartén, escurriendo la grasa.

Batiremos los huevos en plato hondo, echándoles sal, pimienta y las setas con el jamón. Finalmente, calentaremos un poco de aceite en la sartén y en él haremos el revuelto de forma que salga jugoso y no seco.

Revuelto de huevos con sobrasada

	4 personas		390 cal

8 huevos
200 g de sobrasada
2 cucharadas soperas de manteca

Puesta la sartén al fuego con la manteca, echaremos la sobrasada cortada a tajadas y quitándole la piel; cuando empiece a calentarse, batiremos los huevos y haremos el revoltillo, rápidamente, ya que la sobrasada, si se dora mucho, no sólo pierde sustancia, sino que se ennegrece. No hace falta sal.

TORTILLAS

Tortilla con guarnición

3 personas	380 cal

6 huevos
200 g de patatas cocidas
200 g de guisantes ya cocidos o de lata
200 g de zanahorias cocidas
3 cucharadas soperas de aceite o de mantequilla
sal
una taza de salsa de tomate (véase «Salsas», o bien comprarla ya hecha)

Se trata de una receta muy simple, pero de gran efecto a la hora de servirla.

Haremos tres tortillas francesas de dos huevos cada una, con sal, y las pondremos en una fuente con porciones de patatas, guisantes y zanahorias colocadas entre cada tortilla. Eso sí, las patatas y las zanahorias deben estar cortadas en cuadraditos muy pequeños. La salsa la serviremos caliente en una salsera aparte.

Para cuajar las tortillas utilizaremos aceite o mantequilla, lo que más agrade.

Tortilla de calabacitas al estilo de Chile

2 personas	370 cal

3 huevos
2 cucharadas soperas de aceite vegetal
2 tazas llenas de pedacitos de calabacita
una taza y media de desayuno de pedacitos de tomate
medio pimiento verde cortado en picaduras grandes
3/8 de una cucharadita de sal
3 cucharadas soperas de cebolleta picada
2 cucharadas soperas con aceite vegetal o con mantequilla

Herviremos los huevos para que queden tibios o pasados, pero tiernos. Mientras se están preparando, calentaremos el aceite vegetal o la mantequilla, en una cacerola o en una cazuela con tapadera al fuego y le añadiremos las verduras, dejando que se frían despacio hasta que la calabacita se ponga tierna, lo que requerirá 15 minutos. Seguidamente, le agregaremos la sal. Partiremos los huevos tibios y los agregaremos, desmenuzados, a la mezcla de las verduras. Finalmente, para adornar, espolvorearemos la cebolleta picada por encima.

Tortilla de cebolla

4 personas	370 cal

8 huevos
1 kg de cebollas
manteca de cerdo
1/4 de l de aceite
sal

Pelaremos y picaremos finamente las cebollas, estofándolas en la manteca con un poco de sal, donde se harán lentamente, de forma que no se doren.

Batiremos dos huevos, separaremos la cebolla en porciones (4 en total) y cuajaremos tortillas individuales en la sartén con un poco de grasa.

Podemos hacer una sola tortilla grande, aunque lo difícil después es partirla, pues se rompe fácilmente.

Tortilla de chanquetes

4 personas	430 cal

8 huevos
perejil fresco
500 g de chanquetes
1/4 de l de aceite
sal

En una sartén freiremos ligeramente los chanquetes en aceite, una vez se hayan limpiado. Batiremos los huevos, poniéndoles sal y un poco de perejil picado y los echaremos sobre los pescados, formando la tortilla. Podemos servirla caliente o fría.

Esta tortilla es típica de Málaga, ciudad donde los platos preparados con chanquete son muy típicos por la larga tradición marinera de esta zona mediterránea.

Tortilla de gambas y camarones

	1 personas		415 cal

2 huevos
50 g de gambas
50 g de camarones
salsa de tomate
4 cucharadas soperas llenas de aceite
sal
agua

Coceremos las gambas y los camarones en agua hirviendo y sal durante 10 minutos. Cuando estén listos, los escurriremos, los pelaremos y ya podremos freírlos ligeramente en una sartén con aceite caliente, añadiéndoles seguidamente los huevos bien batidos con un poco de sal. Así formaremos la tortilla redonda y alargada.

La serviremos caliente y acompañada de la salsa de tomate.

Para hacer la salsa de tomate véase el capítulo de «Salsas».

Tortilla de habas

	4 personas		390 cal

6 huevos
1 kg de habas desgranadas
2 cebollas
un vaso de agua lleno de caldo de carne (puede ser en cubitos)
2 cucharadas soperas llenas de aceite
2 cucharadas soperas llenas de manteca de cerdo
sal

En mitad aceite, mitad manteca, rehogaremos las cebollas peladas y muy picadas. Antes de que estén doradas, incorporaremos las habas, que serán muy tiernas, añadiendo enseguida el caldo y la sal. Conviene tener en cuenta que no se sequen, pues se pondrían duras y oscuras. Una vez tiernas, batiremos los huevos y haremos la tortilla.

Una vez los huevos empiecen a cuajar, echaremos las habas, bien escurridas, un poco de sal y doblaremos la tortilla. La terminaremos como de costumbre.

Tortilla de patatas

3 personas	350 cal

6 huevos
500 g de patatas
1/2 l de aceite refinado o 150 g de manteca de cerdo
sal

Pelaremos las patatas y las cortaremos a rodajas finas. En una sartén puesta al fuego, echaremos el aceite o la manteca de cerdo, añadiremos las patatas y las freiremos a fuego lento, moviéndolas y picándolas con el filo de la espumadera, de modo que queden hechas una pasta. Una vez fritas las retiraremos a un plato, escurriendo y quitando igualmente la grasa de la sartén y dejando lo justo para cuajar la tortilla; por lo que calentaremos la sartén y echaremos los huevos muy batidos y sazonados con sal. Seguidamente, pondremos las patatas, removeremos un poco con un tenedor para que se empapen de huevo y, cuando la tortilla esté dorada por debajo y al mover la sartén ya no se pegue, le daremos una vuelta ayudándonos de una tapadera (se coloca esta encima de la tortilla y se vuelca la sartén). Volveremos a poner en la sartén un poco de grasa (aceite o manteca) y cuando esté caliente echaremos la tortilla por el lado que no se ha cocido. Para esto la hacemos resbalar de la tapadera a la sartén. Una vez dorada, se sirve.

A esta tortilla puede añadírsele cebolla, que se freirá con la patata, atún, chorizo o jamón picado.

Tortilla de sardinas frescas

4 personas	420 cal

8 huevos
una cebolla
una hoja de laurel
8 sardinas frescas grandes
2 dientes de ajo
perejil fresco
un limón
una cucharadita llena de pimentón rojo dulce
pimienta blanca en polvo
1/4 de l de aceite
sal

Limpiaremos bien las sardinas quitándoles las espinas y la cabeza y, tras cortarlas en pedazos regulares, las colocaremos en una fuente con jugo de limón y unas gotas de aceite, sal, unos trozos de laurel, un poco de pimienta y la cucharadita de pimentón. Lo dejaremos macerar durante 15 minutos.

Freiremos en una sartén la cebolla pelada y partida. Una vez comience a tomar color, agregaremos los trozos de sardina y freiremos todo durante un momento.

Separaremos las yemas de las claras, batiendo estas a punto de nieve y, agregando las yemas, batiremos todo ello junto, hasta mezclarlo perfectamente, y sazonando con sal. Lo uniremos al sofrito de cebolla y sardinas bien escurrido de aceite. En una sartén grande, con sólo unas gotas de aceite caliente, cuajaremos una tortilla grande, dejándola muy tostada por ambos lados o caras.

La serviremos de inmediato una vez que esté hecha.

Postres

Muchos postres de nuestra cocina tradicional tienen su origen en los conventos de frailes y de monjas. De ellos hemos recibido numerosas recetas muy sabrosas y fáciles de llevar a la práctica.

La repostería o los postres caseros son, sin duda, mucho más ricos y más sanos que los preparados de confitería, pero adolecen en muchos casos de la perfecta presentación de estos. Este hecho es muy comprensible, ya que en casa no siempre disponemos de todos los medios o recursos que tienen los profesionales. Por ello conviene saber valorar esta diferencia y aprender a hacer deliciosos postres para toda la familia.

Bacalao a la napolitana

800 g de bacalao desalado (aproximadamente 400 g seco) - harina - aceite - 2 dientes de ajo - 1 kg de salsa de tomate - 150 g de aceitunas negras - alcaparras - sal - pimienta

Una vez desalado el bacalao, se corta en trozos, se enharina y se sofríe; se reserva. Mientras, se ponen a dorar los ajos en un poco de aceite, y a continuación se añade el tomate triturado. Se deja que cueza durante 15 minutos, se salpimenta y se incorporan las aceitunas deshuesadas y las alcaparras trituradas. Se ponen los trozos de bacalao en la salsa, se rectifica la sal y se deja que cueza todo junto a fuego muy bajo durante otros 15 minutos.

CANGREJOS DE RÍO GUISADOS CON HORTALIZAS

1 kg de cangrejos cocidos - 1 zanahoria - 1 cebolla - 2 chalotas - 1 rama de apio - 1 tomate - 60 g de mantequilla - estragón - vino blanco - sal y pimienta molida

Se pela la cebolla, el apio, la zanahoria, las chalotas y el tomate; se quitan los caparazones a los cangrejos y se reserva la mitad. Se calienta la mitad de la mantequilla en una cazuela y se sofríen en ella las verduras trituradas. Se incorporan los caparazones, se salpimenta y se añade un chorrito de vino blanco. Se deja que reduzca a fuego vivo durante unos 15 minutos; luego se retiran los caparazones, se pasa la salsa por el chino y se vuelve a poner al fuego unos 5 minutos. Se añade el resto de la mantequilla y se remueve bien. Se ponen los cangrejos en la salsa, se calienta a fuego lento, se espolvorea el estragón y se sirve.

MANZANAS ASADAS CON MOUSSE DE PLÁTANO

4 manzanas grandes - 50 g de mantequilla - 4 cucharadas de vino dulce - 4 cucharaditas de miel - 2 plátanos - 4 cucharadas de leche condensada La Lechera - 100 g de nata montada - 2 yemas de huevo - 1 cucharadita de canela en polvo - 1 limón

Cortaremos el tercio superior de las manzanas y las vaciaremos procurando que no se rompan; rociaremos el interior y la pulpa retirada con zumo de limón. Para preparar la *mousse* pasaremos por la batidora los plátanos, la pulpa de las manzanas, la leche condensada, las yemas, la canela y el zumo de medio limón hasta obtener un puré fino. Mezclaremos con la nata montada y dejaremos en el refrigerador mientras se cuecen las manzanas. En cada una de ellas pondremos una cucharada de vino dulce, una cucharadita de miel y un trocito de mantequilla y las asaremos, a horno fuerte, hasta que estén tiernas pero firmes. Una vez frías las rellenaremos con la *mousse*.

Mousse de chocolate

250 g de chocolate Nestlé para postres - 200 g de nata montada - 100 g de azúcar - 3 huevos - 2 plátanos

Fundiremos al baño María el chocolate troceado con 2 o 3 cucharadas de agua. Trabajaremos las yemas con el azúcar hasta que estén muy cremosas; añadiremos el chocolate fundido y la nata, mezclaremos bien e incorporaremos las claras montadas a punto de nieve. Repartiremos los plátanos cortados en rodajas en cuatro copas; verteremos encima la *mousse* y dejaremos en el refrigerador durante 2 o 3 horas antes de servirla.

REPOSTERÍA

Alfajor blanco

	4 personas		320 cal

500 g de almendras
500 g de azúcar
agua
un limón
canela en polvo

Reduciremos a pasta las almendras y las mezclaremos con el azúcar hecho almíbar a punto de hebra, poniéndolo al fuego y añadiéndole un punto de canela y las ralladuras de la piel del limón. Cuando hayamos obtenido una pasta homogénea, no muy fuerte, la retiraremos y, cuando esté templada, la extenderemos sobre redondos de obleas, colocando otros redondos encima.

Almendrados

	4 personas		260 cal

500 g de almendras molidas
75 g de azúcar
7 claras de huevo

Uniremos bien todos los componentes hasta que formen una pasta. Cubriremos una placa con obleas y sobre ellas, guardando cierta distancia, colocaremos pequeños montones de la pasta, que tomaremos con las manos mojadas previamente en agua fría.

Meteremos las placas en el horno a una temperatura no muy fuerte, hasta que tomen color, las retiraremos y las dejaremos enfriar. Pueden guardarse durante cierto tiempo en cajas metálicas de galletas.

Angélicas

	4 personas		315 cal

400 g de bizcochos
un vaso de vino tinto
una lata de confitura de cabello de ángel
merengue
4 yemas de pastelería

Prepararemos los bizcochos rociándolos con el vino, colocándolos después en una fuente larga, la misma en que vaya luego a servirse el postre. Retiraremos y alisaremos bien, cubriéndolos con el cabello de ángel bien escurrido de su almíbar. Añadiremos al postre un buen merengue, al que habremos mezclado dos gotas de esencia de clavel, y lo adornaremos con trozos de yema azucarada, metiéndolo en el horno durante 10 minutos, pasados los cuales lo serviremos aún caliente.

Arroz dulce al estilo de la abuela

	4 personas		270 cal

200 g de azúcar fino
100 g de arroz
70 g de pasas
4 manzanas dulces
2 huevos
3/4 de l de leche
agua

Una vez peladas las manzanas, las coceremos con abundante agua a fuego fuerte durante 5 minutos. Pasado dicho tiempo las escurriremos.

Cuando la leche empiece a hervir, echaremos el arroz, dejándolo cocer a fuego lento unos 20 minutos, moviéndolo a menudo para que no se pegue; una vez retirado del fuego, le añadiremos 100 g de azúcar, las yemas de los huevos y las pasas bien lavadas con agua tibia. Mezclaremos bien y pondremos la mezcla en una cazuela de vidrio refractario, cubriendo la superficie con las manzanas cortadas en rodajas y espolvoreándolas con 50 g de azúcar; las meteremos en el horno ya caliente y las dejaremos en él durante 30 minutos. Entretanto, batiremos las claras a punto de nieve fuerte con el resto del azúcar. Cuando hayan transcurrido los 30 minutos de cocción del postre, lo retiraremos del horno (sin apagarlo), decorando la superficie con el merengue obtenido con las claras y el azúcar, y previamente puesto en una manga pastelera con boquilla lisa.

Lo meteremos nuevamente al horno y lo dejaremos 6 u 8 minutos. Puede servirse caliente o frío, según agrade más.

Bien me sabe

	4 personas		290 cal

un coco grande
5 yemas de huevo
500 g de azúcar
18 bizcochos
una papeleta de canela
un huevo
agua

Prepararemos un almíbar con el azúcar y el agua. El agua del coco la utilizaremos como leche. Batiremos las yemas y las incorporaremos al almíbar (tibio) y a la leche de coco y, cuando todo esté bien unido, lo pondremos sobre el fuego hasta que hierba. Separado del calor, lo echaremos en una fuente que tendremos preparada de antemano con los bizcochos.

Debemos mover siempre hacia el mismo lado para evitar así que se corte; cuando rompa el hervor conviene apartarla rápidamente.

Bizcocho de la abuela

	4 personas		310 cal

Para el bizcocho
6 huevos
50 g de almendras molidas
230 g de harina
150 g de azúcar

Para el relleno
1/4 de vaso de agua
230 g de coco rallado y tanto azúcar como agua

Para el baño de azúcar
una clara de huevo
medio vaso de agua
media cucharadita de vinagre y doble de azúcar que el volumen del agua

Batiremos los huevos con el azúcar y, cuando adquieran su punto (ello ocurrirá alrededor de los 20 minutos), agregaremos la harina y la almendra molida, incorporándolo bien con la espátula de madera y echándolo en un molde de hacer bizcocho untado de mantequilla; lo meteremos en el horno durante media hora. Cuando veamos que se separa de las paredes del molde, estará en su punto. Ahora ya podemos desmoldarlo y dejarlo enfriar.

En el momento que esté frío, lo cortaremos en dos discos; en el de abajo extenderemos el relleno de dulce de coco, volviéndolo a reconstruir y cubriéndolo con el baño blanco; lo arrimaremos a la entrada del horno para que se seque.

Cómo se hace el relleno:
En un cazo echaremos el azúcar y el agua, dejándolo hervir y espumándolo

cuidadosamente; cuando adquiera un cierto espesor, incorporaremos el coco rallado, mezclándolo todo bien.

Cómo se hace el baño:
Haremos un almíbar a punto de hebra fuerte, batiremos la clara hasta conseguir el punto de nieve y se la agregaremos; asimismo echaremos unas gotas de vinagre, uniremos durante un rato y bañaremos el bizcocho. (Si estuviese claro, lo arrimaremos al fuego para que se espese, pero batiendo constantemente.)

Bizcocho al estilo de Calatayud

4 personas	240 cal

200 g de harina
25 g de azúcar corriente
75 g de azúcar fino
20 g de azúcar lustre
6 claras de huevo
10 g de levadura en polvo
aceite

Batiremos las yemas junto con los 125 g de azúcar hasta conseguir una masa esponjosa. Una vez conseguido, añadiremos la levadura a la harina, incorporando, a continuación, las claras batidas a punto de nieve, junto con el azúcar fino. Mezclaremos todo ello con el máximo cuidado, procurando que, sin exceso de manipulación, quede un conjunto perfectamente homogéneo. Seguidamente, con una manga de boquilla ancha, llenaremos rectángulos de papel de barba ligeramente aceitado para formar unos bizcochos. Antes de hornear los espolvorearemos con azúcar lustre y los coceremos a horno flojo.

Bizcocho con glaseado

4 personas	270 cal

un bizcocho redondo comprado ya hecho
100 g de almendras tostadas
3 cucharaditas de café en polvo
200 g de azúcar
una clara de huevo
una taza pequeña llena de agua

Pondremos en un cazo el azúcar con el agua, colocando este sobre el fuego, que estará suave hasta que se forme un almíbar.

Batiremos la clara a punto de nieve y le añadiremos el café en polvo y después, poco a poco, y siempre removiendo, añadiremos el almíbar caliente.

Prepararemos el bizcocho en un plato o fuente de mesa y lo cubriremos con el glaseado. Pelaremos las almendras y después adornaremos con ellas el bizcocho.

Bizcocho rápido

4 personas	290 cal

una plata de leche condensada
un huevo crudo
un dedal de levadura en polvo
raspadura de corteza de limón
10 cucharadas soperas harina
18 cucharadas soperas leche

Desharemos la lata de leche condensada en las cucharadas de leche fresca; una vez disuelta, le añadiremos la harina junto con la levadura batiendo mucho, incorporaremos la raspadura de limón, la yema y la clara batida a punto de nieve. Engrasaremos un molde y echaremos el preparado y lo pondremos en el horno. Cuando empiece a subir lo espolvorearemos con azúcar, volviéndolo a meter en el horno hasta que termine su cocción.

Desmoldar en frío.

Bizcochos de Reina

2 personas	310 cal

2 huevos
2 cucharadas soperas llenas de azúcar
2 cucharadas soperas llenas de harina
mantequilla
licor kirsch
50 g de almendras ralladas
25 g de azúcar
mermelada al gusto

Batiremos las yemas con las dos cucharadas de azúcar, le mezclaremos después las dos claras batidas a punto de nieve y, por último, echaremos dos cucharadas de harina; esto sólo lo uniremos, sin trabajarlo, metiéndolo en una manga con boquilla lisa y haciendo porciones sobre una lata untada de mantequilla y espolvoreada con harina. Colocaremos las porciones distanciadas unas de otras y las coceremos en el horno caliente. Cuando estén a medio cocer las salpicaremos con la almendra rallada, con un poco de azúcar y con unas gotas del licor kirsch, volviéndolas a meter en el horno.

Una vez cocidos los bizcochos, les pondremos mermelada y los juntaremos de dos en dos a modo de bocadillos.

Borrachos a la crema

4 personas	290 cal

250 g de harina
10 g de levadura en polvo
medio vaso de leche
3 huevos
75 g de mantequilla
100 g de azúcar
sal
jarabe de azúcar
licor kirsch
cerezas confitadas
confitura de frutas

Desleiremos la levadura en 2 cucharadas de leche tibia, le mezclaremos 50 g de harina, trabajándolo hasta que quede una pasta blanda que dejaremos reposar a temperatura suave durante 6 horas aproximadamente, añadiéndole entonces la mantequilla, un poco de sal, el resto de la harina, los huevos y el azúcar. Trabajaremos la pasta durante 10 minutos y llenaremos después los pequeños moldes individuales para bizcochos borrachos, pero solamente a medias, cociéndolos a fuego suave 50 minutos, más o menos. Una vez fríos los rociaremos con jarabe mezclado con licor kirsch.

El interior de los bizcochos lo adornaremos con crema de repostería, una cereza confitada y tiritas de confitura. Cómo se hace la crema de repostería: trabajaremos 50 g de harina, 125 g de azúcar, un huevo entero y le añadiremos poco a poco un cuarto de litro de leche aromatizada con vainilla, haciéndolo calentar suavemente a fuego lento y agitando sin dejar que llegue a hervir.

Brazo de gitano

3 personas	280 cal

4 huevos
6 cucharadas soperas llenas de azúcar
3 cucharadas soperas de harina flor
crema chantillí o mermelada para el relleno
azúcar lustre

Separaremos las yemas de las claras de los huevos y batiremos fuertemente las yemas, aparte batiremos las claras, uniendo ambas cosas con el azúcar y la harina, y trabajando todo mucho para que se una perfectamente.

Extenderemos una hoja de papel de barba más larga que ancha y la espolvorearemos con harina, echando en ella el batido anterior y metiéndolo en el horno (a una temperatura media). Cuando el bizcocho se haya cocido, le quitaremos el papel y volveremos el bizcocho del revés, poniéndole encima otro papel de barba y enrollándolo cuando el bizcocho esté todavía caliente para que tome forma, y teniéndolo así durante 10 minutos; pasados los cuales quitaremos el papel, untaremos por la parte que tuvo este, mermelada o chantillí y lo volveremos a enrollar, espolvoreándolo por encima con azúcar lustre.

Canastillas

4 personas	240 cal

6 huevos
150 g de azúcar
aceite
50 g de manteca de cerdo
150 g de harina

Batiremos los huevos con el azúcar, y cuando esté bien batido agregaremos los 50 g de manteca derretida y tibia, procurando que haya el mismo volumen de esta que de aceite. Esta grasa la echaremos poco a poco, sin dejar de batir. Seguidamente, incorporaremos la harina, mezclándola sin batir. En unas canastillas de papel echaremos la masa con una cuchara, no llenándolas del todo, pues al cocerse se desbordarían.

Lo pondremos al horno en una plancha. (El horno estará a una temperatura regular.)

Crema de chocolate

4 personas	200 cal

75 g de azúcar
3 yemas de huevo
20 g de harina de maíz
50 g de chocolate
1/4 de l de leche
100 g de mantequilla

En un cazo uniremos muy bien el azúcar, las yemas de huevo y la harina de maíz, incorporándole seguidamente el chocolate rallado disuelto en la leche. Pondremos el cazo al fuego y removeremos su contenido con una cuchara concienzudamente al mismo tiempo que lo hervimos durante 5 minutos, añadiendo después 100 g de mantequilla; mezclaremos bien el conjunto y lo dejaremos enfriar.

Cuartos de Mallorca

4 personas	290 cal

10 huevos
100 g de almidón en polvo
500 g de azúcar fino

Separaremos las claras de las yemas de los huevos y batiremos las primeras hasta que estén muy duras, y las segundas (las yemas) las batiremos con el azúcar fino hasta formar una crema espesa. Mezclaremos claras y yemas añadiéndoles el almidón en polvo. Trabajaremos todo durante 10 minutos y llenaremos los moldes, que ya estarán engrasados de antemano. También se pueden poner en cajitas de papel. Los coceremos a horno moderado.

Chantillí

	4 personas		280 cal

500 g de crema de leche (nata sin batir)
6 claras de huevo
300 g de azúcar lustre
un poco de vainilla en polvo

Pondremos la crema de leche (nata) en una ensaladera de cristal, rodeada con hielo picado, y la batiremos hasta obtener una nata espesa.

Levantaremos en un recipiente las claras de huevo hasta conseguir que alcancen un punto de nieve fuerte, mezclándoles el azúcar lustre pasado por un tamiz y añadiéndole seguidamente la nata y un poco de vainilla.

El chantillí es muy rico y podemos emplearlo como relleno o adorno de múltiples postres.

Chocolatada

	4 personas		270 cal

chocolate deshecho
pan de molde cortado en trozos medianos
leche
corteza de limón
canela en rama
manteca

Verteremos la leche en un cazo con la corteza de limón y la canela, hirviéndolo, colándolo y dejándolo enfriar. Echaremos la leche ya fría en un plato hondo, en el que empaparemos los trozos de pan y, seguidamente, los freiremos en manteca muy caliente hasta que estén dorados. Cuando el chocolate esté a punto de servirse, agregaremos el pan.

La chocolatada puede servirse helada en verano y caliente en invierno.

Dulce de leche

4 personas	320 cal

una lata grande de leche condensada
100 g de chocolate rallado
150 g de nata
8 guindas en almíbar
agua

Pondremos la lata de leche condensada sin abrir en un cazo cubierto con agua hirviendo, dejándolo cocer durante una hora y media. (Si lo preparamos en olla a presión sólo debe hervir 30 minutos.)

Cuando esté frío abriremos la lata por los dos lados y sacaremos su contenido empujando con una de las tapas.

Lo colocaremos en una fuente, decorándolo con la nata, el chocolate rallado y las guindas en almíbar.

Ensaimadas

4 personas	240 cal

1 kg de harina de buena clase
200 g de manteca de cerdo
5 huevos
un vaso de agua lleno de leche
40 g de levadura prensada
un poco de sal
azúcar lustre

Desleiremos la levadura en la leche caliente, cuando esté tibia le añadiremos los huevos batidos, la harina y un poquito de sal fina. Lo uniremos todo con las manos, formando una bola que reservaremos cubierta y en un lugar caliente. Cuando se haya duplicado el volumen inicial, la extenderemos sobre el mármol y la cubriremos con la manteca de cerdo, haciendo porciones a las que daremos forma enrollada (la característica de las ensaimadas). Estas reposarán de nuevo hasta que suban el doble, tras lo cual las meteremos al horno para que se doren y las serviremos cubiertas con azúcar lustre.

Flan de huevos

4 personas	180 cal

4 huevos
1/2 l de leche
125 g de azúcar
vainilla o canela
un limón

Herviremos la leche con 100 g de azúcar y el sabor que prefiramos (vainilla o canela) dejándolo enfriar un poco. Pondremos en un recipiente 25 g de azúcar, mojándolo con una cucharada de agua y dejándolo cocer hasta obtener un caramelo de un bonito color dorado. Echaremos este caramelo en el fondo de un molde flanero y dejaremos que se enfríe.

Seguidamente, batiremos los huevos (clara y yema) y les agregaremos la leche poco a poco, colándolo y vertiéndolo todo en el molde. Lo coceremos al baño María en el horno, procurando que el agua no hierva en ningún momento, pues este es el secreto para conseguir un flan perfecto. La cocción será de unos 40 minutos aproximadamente.

Frituras con miel

4 personas	160 cal

2 huevos
2 copas de licor llenas de anís
una taza llena de aceite
una taza llena de azúcar
un vaso pequeño de leche
aceite para freír
miel para el adorno
harina
una cucharadita de levadura en polvo

Trabajaremos todo ello junto, añadiendo toda la harina que pida y además una cucharadita de levadura en polvo, hasta que quede una pasta jugosa.

Con la masa haremos formas de un dedo de largas que freiremos en aceite no muy caliente y, una vez fritas, las escurriremos y las envolveremos en abundante miel.

Isla flotante

4 personas	200 cal

2 cucharaditas de café en polvo
50 g de almendras tostadas
50 g de nueces (peso neto)
10 cucharadas soperas llenas de leche condensada
una cucharada sopera rasa de harina de maíz
6 huevos crudos
5 cucharadas soperas llenas de azúcar
agua

Separaremos las yemas de las claras, poniéndolas en un bol grande y batiéndolas muy fuerte hasta conseguir el punto de nieve. Disolveremos la leche condensada en tres cuartos de litro de agua en el fuego; cuando rompa a hervir, bajaremos el fuego y verteremos las claras a cucharadas grandes; coceremos estos copos durante 5 minutos por cada lado, retirándolos con una espumadera y poniéndolos sobre una servilleta de papel para que absorba el exceso de leche.

Pasaremos la leche por un colador, vertiéndola sobre las yemas, removiendo continuamente; añadiremos el café en polvo y la harina de maíz disuelta en un poco de leche fría. Después lo coceremos al baño María hasta que la crema espese y la verteremos en una copa grande de cristal dejándola enfriar. En el momento de servirla, cubriremos la crema con los copos de merengue rociados con un caramelo preparado, disolviendo el azúcar en tres cucharadas de agua y cociéndolo a fuego suave hasta que se caramelice.

Espolvorearemos todo con las almendras picadas y las nueces, sirviéndolo inmediatamente.

Lenguas de gato

4 personas	180 cal

100 g de harina
100 g de azúcar lustre
100 g de mantequilla
2 claras de huevo
una pizca de vainilla en polvo

Mezclaremos la harina pasada por un tamiz con el azúcar, incorporando la vainilla y la mantequilla derretida, a continuación añadiremos las claras de huevo batidas a punto de nieve fuerte y, cuando todo esté bien unido, sin removerlo mucho, meteremos el preparado en una manga, a la que se habrá adaptado una boquilla lisa no muy ancha y, en una placa de pastelero ligeramente untada de mantequilla, marcaremos las lenguas de gato, o sea, formando una tira del tamaño de la boquilla y de siete u ocho centímetros de distancia una de la otra. Las coceremos a horno fuerte para que se esparzan lo menos posible, y apenas empiecen a colorearse las retiraremos del horno, quitándolas simplemente de la placa.

Mamey de Santo Domingo

4 personas	170 cal

un mamey
un limón
una copa de licor llena de aguardiente
3 cucharadas soperas llenas de azúcar
un vaso de vino lleno de agua de azahar
25 g de manteca de cerdo
una taza llena de harina
2 huevos crudos
agua
3 cucharadas soperas llenas de azúcar fino
1/4 de l de leche

Prepararemos un adobo compuesto por el aguardiente, ralladura de limón, azúcar y agua de azahar, y echaremos en él el mamey, que esté maduro, quitándole primero la piel y los filamentos. Transcurrida media hora, lo retiraremos del adobo, machacaremos la pulpa en un mortero y la masa que obtengamos la uniremos con la manteca derretida, la harina, los huevos batidos y un poco de agua tibia, formando unas pastas que freiremos en el aceite puesto al fuego en una sartén y dejando que se doren.

Echaremos un poco de azúcar fino por encima.

Mantecadas de almendras

4 personas	230 cal

1 kg de harina
500 g de manteca de cerdo
300 g de azúcar
100 g de almendras ralladas
2 huevos enteros
3 yemas de huevo

Prepararemos la harina formando un hueco con ella y echándole la manteca algo blanda, el azúcar, las almendras ralladas, las tres yemas y uno de los huevos enteros. Lo mezclaremos todo y trabajaremos durante algún tiempo la masa, que extenderemos con el rodillo sin dejarla muy fina. Cortaremos con los moldes especiales de mantecadas y colocaremos estas en una lata engrasada que meteremos en el horno.

Antes de meterlas en el horno pasaremos el otro huevo batido por encima y un poco de azúcar sobre él, para que queden más bonitas.

Mantecados

4 personas	290 cal

500 g de manteca de cerdo
500 g de harina
500 g de azúcar lustre
un huevo
un limón

Amasaremos la manteca con la harina de trigo. Cuando esté bien trabajada esta masa, añadiremos el azúcar y un poco de corteza de limón raspada. Volveremos a trabajar la masa, y esta operación nos dará como resultado una masa compacta. Daremos forma a los mantecados, que pondremos en papeles especiales, a los que untaremos con un poco de aceite, metiéndolos en el horno, que debe estar templado, nunca muy caliente, pues los mantecados se arrebatarían.

Marañuelas

4 personas	190 cal

750 g de harina
230 g de azúcar
150 g de manteca de vaca
media copita de licor de anís
un limón
sal fina
3 huevos

En una fuente honda y con una cuchara de palo, batiremos el azúcar lustre junto con la manteca blanda de vaca, la media copita de anís, el zumo de limón, un poco de sal y los 3 huevos batidos.

Después de haberlo unido bien, le agregaremos la harina necesaria y, cuando se espese, la colocaremos sobre una tabla o mármol manipulándola hasta dejar la pasta suave. Haremos las marañuelas y las coceremos en el horno a media intensidad.

Monas de Pascua

4 personas	280 cal

16 huevos
50 g de levadura prensada
1/4 de l de leche
2 copas de licor con anís
75 g de azúcar
media cucharadita de canela en polvo
500 g de harina
un vaso de aceite

Cascaremos doce de los huevos, separando las yemas de las claras y después batiremos estas; les añadiremos la leche templada, en la cual desharemos la levadura, el aceite, el anís, el azúcar y la canela; a continuación echaremos harina, toda la que admita, y amasaremos bien, haciendo cuatro partes iguales y confeccionando unos bollos que se dejarán fermentar, tapados con un paño, durante 2 horas en lugar templado.

Coceremos los cuatro huevos restantes y, cuando los bollos estén a punto para meterlos en el horno, incrustaremos un huevo en cada uno de ellos y los pondremos en el horno con calor moderado, hasta que estén bien dorados.

Mostachones de Utrera

4 personas	290 cal

5 huevos batidos con 250 g de azúcar (debe templarse un poco al fuego)
325 g de harina (con un poco de canela en polvo)
15 g de levadura en polvo
30 g de jarabe de frutas

Se trata de una especialidad de Utrera, aunque se come en toda Andalucía, a la que se le da corrientemente la forma de S. En definitiva, no es otra cosa que un bizcocho.

Mezclaremos la harina con la canela y le echaremos el jarabe de frutas. Pondremos en una manga la masa obtenida y sacaremos la mezcla formando una S sobre latas engrasadas, que cocerán a horno templado.

Natillas

4 personas	160 cal

1/4 de l de leche
una corteza de limón
4 yemas
una taza de azúcar lustre

Coceremos la leche con la corteza de limón y la dejaremos enfriar.

Aparte, batiremos las yemas con el azúcar lustre, mezclándolo todo, o cociéndolo y moviéndolo hasta que espese. Cuando ya esté listo, lo retiraremos del fuego y lo dejaremos enfriar.

Podemos cubrir las natillas con la canela en polvo.

Nubes doradas de Brasil

4 personas	140 cal

2 tazas llenas de leche
3 huevos crudos
2/4 de taza de azúcar
las raspaduras de un limón
media cucharadita de vainilla en polvo

Separaremos las yemas de las claras y batiremos las yemas en un cuarto de taza de azúcar, las raspaduras del limón y la leche tibia. Poniéndolo en un bol al fuego para que se caliente lentamente, moviéndolo sin cesar y sin que llegue a hervir. Cuando esté espeso lo dispondremos en una fuente.

Batiremos las claras a punto de nieve y les incorporaremos el resto del azúcar y la vainilla; cuando forme merengue lo pondremos a cucharadas sobre la crema anteriormente preparada, colocando la fuente sobre un recipiente con hielo o agua muy helada, y metiéndolo bajo el asador, muy caliente, sólo 2 minutos (El tiempo justo para que el merengue tome color.)

Pastel de arroz a la moka

4 personas	*180 cal*

125 g de arroz
agua
1/2 l de leche
6 cucharadas soperas llenas de café
3 yemas de huevo
100 g de azúcar
4 claras de huevo

Una vez hayamos lavado el arroz, lo cubriremos de agua, hirviéndolo a fuego lento. Cuando el arroz ha embebido toda el agua, verteremos sobre él medio litro de leche hirviendo, cociéndolo despacio durante 25 o 30 minutos. Lo dejaremos enfriar y le añadiremos las cucharadas soperas de café muy concentrado, las 3 yemas de huevo, el azúcar y las 4 claras batidas a punto de nieve. Verteremos la preparación en un molde engrasado y espolvoreado de azúcar, llenando tan sólo sus tres cuartas partes y cociéndolo a horno suave durante media hora, más o menos, hasta que al hundir en el centro la hoja de un cuchillo este salga seco.

Una vez retirado del molde, lo serviremos frío con una crema de vainilla ligera.

Pastel de capas de piña

4 personas	*130 cal*

media taza llena de mantequilla (115 g)
una taza de azúcar (335 g)
ralladura de naranja
3 huevos crudos
2 tazas de harina (230 g)
4 cucharadas de café de levadura en polvo
la cuarta parte de una cucharadita de sal
una taza de leche (1/4 de l)
una lata de piña
una lata de guindas

Separaremos las claras de las yemas, reservando una clara para el azucarado.

Ablandaremos la mantequilla, agregando poco a poco el azúcar y la ralladura de naranja. Después añadiremos las yemas bien batidas y luego la harina, que habremos mezclado de antemano con la sal y la levadura en polvo. Echaremos la leche, alternando con los ingredientes secos, añadiremos, sin trabajar la masa, dos de las claras bien batidas, y coceremos la masa en tres tarteras o pasteleras engrasadas, a horno moderado, durante 20 minutos.

Una vez estén los tres moldes fríos, retiraremos el bizcocho de cada uno de ellos y los uniremos, poniendo, sobre cada capa, una rodaja de piña. Finalmente, acabaremos con la piña y lo adornaremos con unas guindas encarnadas.

Pastel de natillas

4 personas	310 cal

300 g de nueces
300 g de azúcar
un limón
50 g de harina
4 huevos crudos
un sobre de flan en polvo
2 yemas
un vaso de agua lleno de vino blanco o jerez seco
una copa de coñac

Pelaremos las nueces y las machacaremos en el mortero, reduciéndolas a pasta junto con 250 g de azúcar; añadiendo a esta mezcla la corteza del limón picada y unas cuatro cucharadas de harina, a lo cual incorporaremos luego las 4 yemas de huevo y las claras batidas a punto de nieve. Colocaremos esta pasta en un recipiente adecuado para horno, procurando no llenarlo demasiado para evitar que el contenido al subir se salga. Lo meteremos en el horno suave durante una hora.

Con el resto del azúcar, batiremos muy bien 2 yemas de huevo y un poco del sobre de hacer flan, colocándolo al baño María y añadiéndole el vino o el jerez seco, procurando batirlo continuamente hasta que espesen. Tras apartarlo del fuego, le incorporaremos el coñac, mezclándolo bien con las natillas.

Una vez está hecho el pastel, lo cubriremos con las natillas.

Pestiños

4 personas	190 cal

300 g de harina
abundante aceite
2 copitas de las de licor llenas de vino de Jerez
una pizca de anises machacados
50 g de miel
un huevo
250 g de azúcar lustre
sal

Pondremos en una vasija la harina y le añadiremos un vaso lleno de aceite, una pizca de sal, el jerez, el huevo, dos cucharadas de miel y los anises machacados. Mezclaremos bien hasta obtener una pasta compacta, que estiraremos con un rodillo grande dándole un grueso de 1 o 2 centímetros. Después cortaremos en formas alargadas, que freiremos con bastante aceite, y escurriéndolos perfectamente.

Herviremos el resto de la miel con cuatro cucharadas de agua que habremos cocido durante 10 minutos. Ya fuera del fuego, impregnaremos los pestiños en ella y los pondremos a escurrir encima de un tamiz, procurando que queden cubiertos de una capa de miel, la cual, si es demasiado clara, se hervirá un poco más. Por último, espolvorearemos con azúcar lustre los pestiños y los serviremos.

Polvorones

4 personas	270 cal

750 g de harina
375 g de manteca de cerdo
150 g de azúcar
una copa de licor con aguardiente
2 cucharadas soperas de canela en polvo
azúcar fino para espolvorearlos

Tostaremos muy ligeramente la harina en el horno, moviéndola de vez en cuando para que no se queme y pueda tostarse por igual. Una vez logrado esto, la dejaremos enfriar.

Batiremos la manteca con el azúcar hasta que se ponga espumosa y le añadiremos el aguardiente y la canela y, poco a poco, la harina.

Amasaremos con las manos, dejándola reposar durante 20 minutos. Pondremos la pasta sobre la mesa, extendiéndola hasta dejarla con un grueso de un centímetro y cortando los polvorones con un vasito pequeño o cortapastas ovalado; pondremos estos sobre una placa de horno espolvoreada de harina. Coceremos los polvorones con el horno muy caliente durante 10 minutos y, cuando estén dorados y se deshagan al apretarlos, los retiraremos de la placa, espolvoreándolos con azúcar fino y envolviéndolos con papeles de seda.

Postre de nueces al estilo de Caracas

3 personas	230 cal

250 g de nueces ralladas
150 g de azúcar
4 huevos crudos
leche

Mezclaremos las yemas de los huevos con el azúcar, agregándoles las claras batidas a punto de nieve y después las nueces. Si la mezcla resulta demasiado dura, le agregaremos dos o tres cucharaditas de leche. Dispondremos montoncitos de esta pasta en la placa engrasada y los coceremos a horno fuerte.

Rejanes

	4 personas		220 cal

10 huevos
200 g de mantequilla
185 g de azúcar
185 g de almendras peladas
3 cucharadas soperas de levadura en polvo

Pelaremos las almendras que secaremos en el horno, pasándolas después por una ralladora junto con el azúcar. En un recipiente profundo trabajaremos la mantequilla con este polvo de azúcar y las almendras, añadiéndole 6 de los huevos enteros y cuatro yemas, y trabajando enérgicamente con la cuchara de madera. Incorporaremos con precaución la harina tamizada y la levadura, y finalmente las cuatro claras del huevo montadas a punto de nieve. Emplearemos un molde alargado y hondo que tenga bordes, del que cubriremos el fondo con un papel de barba engrasado con manteca y algo de harina, y ya podemos echar el preparado que cocerá en el horno a fuego medio. Una vez hecho, cortaremos el postre en rectángulos de 2 centímetros por 4 centímetros de largo.

Rollos de almendra

	4 personas		340 cal

50 g de harina
500 g de azúcar
400 g de almendras dulces ralladas en forma de harina
3 huevos
3 claras de huevo

En un recipiente hondo echaremos la harina, que será de muy buena calidad, le haremos un hueco en el centro y echaremos allí los huevos cascados, mezclando con las manos y añadiéndole el azúcar y las almendras. (Si queda muy seca se puede poner un vasito pequeño de leche.)

Le daremos forma de rollos y los untaremos con la clara de huevo. Estos rollos los coceremos con el horno suave.

Rosquillas fritas

4 personas	180 cal

200 g de harina
2 huevos
1/4 de l de aceite
2 copitas de licor llenas de ron
50 g de azúcar fino
un limón
1/4 de l de leche
sal

Echaremos en una cacerola la harina, los huevos, la leche, la mitad del azúcar, un poco de corteza de limón rallada, el ron y un poco de sal, y lo mezclaremos todo bien hasta obtener una pasta líquida que pasaremos por un colador.

En una cacerola estrecha y honda pondremos el aceite al fuego, y cuando esté muy caliente sumergiremos en el aceite el molde preparado para la confección de dichas rosquillas, que consiste en un mango de hierro que tiene sujeto a la punta un molde con forma de estrella o de rosquilla. Cuando hayan pasado 5 minutos lo mojaremos rápidamente en la pasta preparada de antemano, volviendo a sumergir el molde en el aceite muy caliente, el cual adquirirá seguidamente un color dorado. Ya en este punto, lo retiraremos, haciendo caer la pasta delicadamente en una escurridera y volviendo a calentar el molde, repitiendo la misma operación hasta terminar toda la masa, con lo que obtendremos unas rosquillas finísimas que se espolvorean con el resto del azúcar y que colocaremos en una fuente listas para servir.

Tarta de chocolate

4 personas	300 cal

125 g de chocolate
125 g de azúcar
125 g de mantequilla
2 yemas
un vasito de licor lleno de kirsch
400 g de bizcochos

Desleiremos el chocolate en un poco de agua y después le mezclaremos todos los ingredientes (menos los bizcochos). Tomaremos un molde bien engrasado y pondremos en el fondo una capa de bizcochos, cubiertos con otra capa de crema de chocolate, y así sucesivamente hasta terminar con una capa de bizcochos. Dejaremos la tarta al fresco hasta el día siguiente con un peso encima. Para retirarla del molde la meteremos en agua caliente durante 2 minutos. Finalmente, la recubriremos por encima con una capa de chocolate.

Tarta de frutas al sambayón

	4 personas		*240 cal*

Para el bizcocho
200 g de azúcar
media taza llena de agua
4 claras batidas a punto de nieve
150 g de harina
2 cucharaditas y media de levadura en polvo
un chorro de esencia de vainilla
2 cucharadas soperas llenas de agua fría

Para el sambayón
5 cucharadas soperas llenas de azúcar lustre
3 yemas
un vaso de vino lleno de Oporto
750 g de fresas limpias
3 claras
6 cucharadas soperas llenas de azúcar lustre

Pondremos a hervir el azúcar y el agua hasta formar un almíbar a punto de hebra fuerte; cuando esté listo, lo verteremos sobre las claras batidas a punto de nieve y seguiremos batiendo hasta que la mezcla esté fría. Tamizaremos juntos la harina, la levadura en polvo de hornear y la sal; batiremos las yemas hasta que estén muy espesas y las añadiremos poco a poco a la mezcla de las claras, alternando con la harina tamizada y agregándoles también la esencia de vainilla y el agua fría; lo revolveremos ligeramente enmantecado y lo cocinaremos en horno a fuego moderado durante una hora.

Para preparar el sambayón, colocaremos en un bol el azúcar, las yemas y el oporto, batiéndolo al baño María sobre el fuego hasta tener el doble de la preparación y que esté muy espumoso.

El merengue lo conseguiremos batiendo las claras con el azúcar hasta que queden bien duras.

Después desmoldaremos el bizcocho sobre una rejilla y, una vez frío, le cortaremos una capa en la parte de arriba y ahuecaremos el centro. Seguidamente, tomaremos medio kilo de fresas y las mezclaremos con el sambayón, rellenando con esta preparación el centro del bizcocho y poniéndole la tapa que sacamos. Tomaremos el merengue y decoraremos con él todo el bizcocho, luego lo adornaremos con las fresas restantes.

Tarta helada con nueces y chocolate

4 personas	360 cal

una tarta helada
50 g de nueces sin cáscara
100 g de chocolate de buena calidad
una cucharada sopera llena de mantequilla
agua
una cucharada sopera llena de coñac

Se trata de servir la tarta helada con una salsa de chocolate caliente.

Haremos la salsa así:

Partiremos el chocolate en trozos, poniéndolo al baño María con la mantequilla y con 4 cucharadas de agua, lo removeremos hasta obtener una crema homogénea y le añadiremos el coñac; si resulta demasiado espesa, añadiremos un poco más de agua.

En el momento de servir agregaremos las nueces.

Tarta de manzana

4 personas	350 cal

350 g de harina tamizada
150 g de azúcar
3 yemas
media cucharadita de bicarbonato
media cucharadita de vainilla
200 g de manteca de cerdo
12 manzanas de piel verde
2 tazas llenas de agua
una taza llena de azúcar lustre

Pelaremos las manzanas, quitándoles las semillas y cortándolas en 4 o 6 trozos y las herviremos con las dos tazas de agua en una cacerola durante 20 minutos; les agregaremos la taza de azúcar, revolviendo y dejándolas hervir sin tapar la cacerola y a fuego mediano hasta que estén las manzanas blandas para hacer puré con ellas.

Pondremos en un tazón la manteca, el azúcar y las yemas, uniéndolo todo bien, y les agregaremos la harina, el bicarbonato y la vainilla; mezclando cuidadosamente la masa la dejaremos descansar durante 10 o 15 minutos.

Estiraremos la masa y forraremos con ella un molde desmontable, aplastándola con la mano para que quede por todo con el mismo espesor. Cuando la masa esté igualada, le volcaremos dentro el puré de manzana, que debe estar frío, y la decoraremos con la masa formando un enrejado. Lo meteremos al horno, a una temperatura regular, durante 40 minutos. No debe desmoldarse hasta que la tarta esté fría.

Si se rompen los palitos o las tiritas de masa al formarlos para decorar, pueden unirse aplastándolos un poquito con los dedos.

Tarta de Sacromonte

4 personas	280 cal

500 g de miga de pan atrasado
3 docenas de huevos
1.500 g de azúcar
canela en polvo
manteca de vaca para engrasar

Tostaremos y rasparemos la miga de pan. Batiremos las tres docenas de huevos, añadiéndoles el azúcar e incorporando el pan tostado y un punto de canela. Una vez batido todo junto, lo colocaremos en un molde-tartera, previamente engrasado con manteca de vaca y lo meteremos en el horno hasta que se haga.

Lo desmoldaremos en frío.

Tarta rellena

4 personas	350 cal

8 huevos
250 g de azúcar
300 g de avellanas
un limón
medio vasito de vino lleno de licor de naranja
medio paquete de flan de almendras
200 g de frutas escarchadas
50 g de mantequilla
200 g de azúcar lustre
agua

Batiremos las yemas de los huevos con el azúcar durante media hora, le añadiremos parte de las avellanas pasadas por la máquina, las raspaduras de la corteza de limón y las claras batidas a punto de nieve, poniendo la masa en un molde untado con mantequilla y espolvoreando con harina. Lo coceremos durante 50 minutos a horno regular. Una vez cocido el pastel lo dejaremos enfriar y lo cortaremos en dos redondeles que rociaremos con el licor, y entre ellos pondremos un poco de flan de almendras, avellanas tostadas y pasadas por la máquina, y parte de la fruta escarchada; finalmente, la cubriremos con un *fondant,* que se hará batiendo durante 10 minutos 200 g de azúcar lustre tamizado con dos cucharadas de zumo de limón y otras dos de agua caliente. La tarta la adornaremos con el resto de la fruta escarchada cortada a trocitos.

Tortas de aceite

4 personas	290 cal

200 g de harina
100 g de azúcar
un huevo
una copita de licor llena de aguardiente
una taza de aceite
media cucharadita de sal fina
un limón
un poco de azúcar lustre para el adorno

Mezclaremos todos los ingredientes y los amasaremos, añadiéndole la ralladura de un limón. Cuando esté la masa lista, prepararemos unas tortas delgadas, que coceremos en el horno espolvoreándolas de azúcar lustre; cuando estén doraditas ya se podrán comer.

Tortas del calvario

4 personas	220 cal

harina
agua
levadura fresca
azúcar
manteca de cerdo
levadura en polvo
chicharrones
2 huevos

Prepararemos 500 g de masa de pan, a la que mezclaremos 250 g de azúcar, cinco cucharadas de manteca, un poco de canela en polvo y medio kilo de chicharrones, muy picaditos y con grasa, es decir, que no sean pasados, y dos huevos enteros; unir todo en una cazuela de barro y hacer dos tortas mezclando más harina si es necesario.

Las colocaremos en obleas y les echaremos azúcar y canela por encima, poniéndolas en el horno caliente hasta que se doren.

Tortas de Chanchigorri

4 personas	310 cal

200 g de chicharrones picados
350 g de harina
100 g de azúcar
2 huevos
una cucharada sopera llena de mantequilla
ralladuras de un limón pequeño

Sobre la mesa o mármol pondremos la harina pasada a través del tamiz, haciendo un hoyo en su centro en el que echaremos los demás ingredientes, incluyendo los chicharrones picados. Previamente habremos reservando 50 g de azúcar para espolvorear las tortas, una vez estén marcadas, y también 50 g de harina que servirán para espolvorear la masa al formarlas.

Amasaremos todo, trabajándolo bien hasta que la masa quede fina y dejándola reposar durante unos minutos. Marcaremos las tortas redondas y delgadas, aplastándolas un poco con la mano (empleando el rodillo) y espolvoreándolas por encima con el resto del azúcar; las coceremos en el horno hasta que estén doradas.

Torta de naranja

4 personas	280 cal

Para la torta
125 g de mantequilla
media taza bien medida de azúcar lustre
2 yemas de huevo
2 claras
200 g de harina
una taza escasa de zumo de naranja
la ralladura de la piel amarilla de una naranja
2 cucharaditas de levadura en polvo

Para el baño y el relleno
250 g de azúcar lustre
el zumo de 3 naranjas
8 gajos de naranja acaramelados

Para el caramelo de los gajos
100 g de azúcar en terrón
una cucharada sopera llena de agua
una cucharadita de glucosa o de vinagre

Batiremos la mantequilla cerca del fuego, añadiendo mientras batimos el azúcar hasta que quede todo convertido en una crema espesa; agregaremos una por una las dos yemas, batiendo muy bien. Incorporaremos el zumo de naranja mezclado con la ralladura, y después la harina en forma de lluvia, sin dejar de batir. Finalmente, mezclaremos ahora sin batir, tan sólo removiendo con una espátula, las claras (batidas a punto de nieve) y, acto seguido, la levadura en polvo mezclado con una cucharada de harina.

Untaremos con mantequilla y espolvorearemos con harina dos moldes redondos algo bajos, repartiremos la masa en los dos y la haremos cocer en el horno suave durante 30 minutos, poco más o menos. Una vez cocidos, retiraremos los moldes y los dejaremos enfriar.

Para hacer el baño y el relleno, colocaremos el azúcar lustre en un tazón y le agregaremos poco a poco el zumo de naranja hasta formar una mezcla algo espesa, batiéndola hasta que quede lisa. Extenderemos una capa de este baño sobre una de las tortas, colocando la otra torta sobre ella y cubriendo con el resto del baño; la dejaremos secar. Después de seco el baño, lo adornaremos con los gajos bañados en el caramelo, disponiéndolos en forma de rueda en medio de la torta.

Para hacer el caramelo, colocaremos en un recipiente el azúcar en terrón, el agua, la glucosa o el vinagre, dejándolo hervir hasta que llegue a punto de caramelo; mojaremos en él los gajos uno por uno y los colocaremos sobre la torta.

Torta a la pamplonica

	4 personas		270 cal

100 g de miga de pan rallado
4 huevos
1/4 l de leche
media cucharada sopera de canela en polvo
25 g de mantequilla
100 g de pasas
150 g de azúcar

Haremos una mezcla con la miga de pan, la leche, 125 g de azúcar, los huevos, la canela y las pasas, que habremos escaldado y de las que habremos quitado las pepitas. Dispondremos aparte una fuente que resista el calor, untada con mantequilla y espolvoreada con los 25 g de harina que nos restan. Una vez que consigamos mezclar perfectamente los ingredientes anteriores, los verteremos en ella, introduciéndola en el horno y, cuando esté dorada retiraremos la torta del horno.

La desmoldaremos en frío para que no se rompa.

Tostadas de Alcoy

	4 personas		*170 cal*

125 g de azúcar lustre
125 g de almendras molidas
125 g de harina
4 huevos
almíbar

Prepararemos cajitas de papel para cocer las tostadas. Si molemos las almendras en casa, las tamizaremos después de molidas. Pondremos en un lebrillo arrimado al calor (arrimado y no encima) las cuatro yemas y el azúcar, batiendo con las varillas de alambre hasta que el preparado blanquee y al caer forme repliegues. Añadiremos las almendras molidas y enseguida las claras batidas a punto de nieve, moviéndolas despacio con la espátula.

Verteremos en cada cajita un poco del preparado y las haremos cocer a horno moderado. Una vez cocidas, retiraremos las tostadas de las cajitas, dejándolas enfriar. Bañaremos las tostadas en almíbar y las meteremos durante unos minutos en el horno, sin que se doren.

Trenzas de yema

	4 personas		*160 cal*

20 g de azúcar
100 g de manteca
400 g de harina
4 huevos
un poco de bicarbonato

Pondremos la harina en la masa o en el mármol haciendo un hoyo en medio y echándolo todo en él (menos uno de los huevos), mezclaremos con una cuchara de palo, amasaremos luego con las manos y haremos trenzas, colocándolas en una lata untada con huevo batido; les echaremos bastante azúcar y las coceremos a horno regular.

Turrón de yema

	4 personas		300 cal

800 g de azúcar
2 g granos de crémor tártaro
un limón
6 yemas de huevo
25 g de almendras amargas
unas gotas de aceite de almendras dulces
agua

Escaldaremos y mondaremos las almendras, pasándolas por la máquina de rallar, para obtener una pasta fina. Las iremos rociando con unas gotas de agua fría para evitar que la pasta salga aceitosa.

Pondremos en un cazo 750 g de azúcar, l/4 de litro de agua y el crémor tártaro, cociéndolo hasta obtener un almíbar a punto de hebra (bola) fuerte, que se distinguirá si, al poner unas gotas de dicho almíbar en agua fría se forma una bolita dura al tacto. Al almíbar añadiremos las almendras molidas mezclándolo y dejándolo cocer a fuego lento hasta que se despegue del fondo. Seguidamente, lo apartaremos del fuego. Pasados 5 minutos, incorporaremos las yemas de huevo, uniremos bien y volveremos a colocar el cazo de nuevo sobre fuego lento. Seguiremos revolviendo hasta conseguir una pasta consistente, que echaremos en un molde forrado de papel blanco y untado con aceite de almendras dulces. Después cubriremos con una madera que se ajuste el molde, prensándolo con algo de peso (2 kg aproximadamente) y cuando esté bien frío, lo desmoldaremos y lo espolvorearemos con el azúcar restante, el cual se quemará con un hierro candente.

Welsch Rabbit

	4 personas		150 cal

300 g de queso tierno en láminas
75 g de mantequilla
8 rebanadas de pan de molde
medio vaso de cerveza
una punta de cuchillo de mostaza
nuez moscada
pimienta

Cortaremos el queso en trocitos, poniéndolos en un cazo y vertiendo la cerveza. Lo dejaremos a fuego suave, removiéndolo continuamente con una cuchara de madera, hasta obtener una crema homogénea; luego añadiremos la mostaza, una pizca de pimienta y la nuez moscada; lo mantendremos siempre caliente.

Tostaremos el pan y lo untaremos con mantequilla, colocándolo en una fuente de horno untada con el resto de la mantequilla. Seguidamente, cubriremos cada rebanada de pan con la crema de queso y las dejaremos en el horno hasta que se gratinen.

Yemas de coco

4 personas	240 cal

250 g de coco rallado
300 g de azúcar
un vaso de agua
2 tazas llenas de chocolate deshecho

Con el agua y el azúcar prepararemos un almíbar. Cuando hayamos obtenido un punto de hebra flojo le agregaremos el coco, al que habremos salpicado ligeramente con agua fría. Mezclaremos bien, dejándolo en reposo hasta el día siguiente, en el que haremos una bolas (del tamaño de una nuez aproximadamente) y muy apretadas, bañándolas con el chocolate ya preparado y parecido al que se toma en tazas en las meriendas, mejor un poco más espeso.

FRUTAS

Buñuelos de dátiles

4 personas	130 cal

10 g de levadura en polvo
160 g de harina
200 g de dátiles
dos copas de licor con Cointreau
una naranja (el zumo)
un vaso de leche
80 g de azúcar
2 cucharadas soperas llenas de aceite
2 huevos
un poco de sal
azúcar lustre
más aceite para la fritura

Separamos las claras de las yemas de los huevos. Pasaremos juntas la harina y la levadura por un tamiz, poniéndolas dentro de una marmita y haciendo un hueco en el centro, donde echaremos las yemas, el azúcar, las dos cucharadas de aceite, la leche y la sal, mezclándolo bien.

Taparemos con un trapo de tejido claro el recipiente, dejándolo reposar durante 2 horas. Separaremos los huesos de los dátiles y los pondremos a macerar con el Cointreau y el zumo de naranja. Una vez reposada la masa, montaremos las claras a punto de nieve procurando que se unan bien.

Pondremos al fuego una sartén con abundante aceite sacaremos y escurriremos los dátiles de la maceración, pasándolos de uno en uno por la masa y cuando el aceite esté caliente, los freiremos hasta que adquieran un bonito color dorado. Una vez fritos los colocaremos en la escurridera. Finalmente, los serviremos cubiertos de azúcar lustre.

Buñuelos de piña de Panamá

4 personas	140 cal

una piña natural o en conserva (entera)
un vaso de vino lleno de licor de Kirsch
azúcar
pasta para freír
200 g de manteca de cerdo

Cortaremos a rodajas la piña y la pondremos con un poco de azúcar y el licor Kirsch a marinarla una hora antes, después la pasaremos por la pasta para freír y la freiremos en la manteca caliente. Una vez frita y espolvoreada con azúcar, la meteremos en el horno a glasear.

Compota de peras

4 personas	110 cal

1 kg de peras de invierno
250 g de azúcar
un trozo de canela en rama
una piel de limón
1/2 l de vino blanco
agua

Pelaremos las peras cortándolas en trozos y quitándoles el corazón, las pondremos en una cacerola, añadiéndoles medio vaso de agua, el azúcar, la canela, la piel de limón y el vino blanco. Deben hervir lentamente hasta que estén tiernas, pero sin deshacerse. Serviremos la compota con todo el jugo obtenido en su propia cocción.

Flan de manzanas

4 personas	90 cal

1 kg de manzanas
azúcar
canela en rama
un limón
3 yemas de huevo

Pelaremos y cortaremos en pedazos las manzanas, cociéndolas con tres cucharadas de agua y azúcar (deben estar dulces), y añadiéndoles la ramita de canela y un trocito de piel de limón; cuando ya estén cocidas, las pasaremos por el chino, incorporándoles yemas batidas y mezclándolo todo bien. Prepararemos una flanera pequeña, untada con el azúcar derretido hecho caramelo, y verteremos en ella el preparado que meteremos en el horno (a media temperatura) al baño María hasta que quede cuajado.

Debe estar bien frío antes de retirarlo de la flanera.

Las mejores manzanas para este postre son las reineta.

Nuestra repostería tradicional es rica y variada, de tal forma que para cada celebración disponemos de un dulce adecuado. Aunque la mayor parte de estos productos se elaboran en las pastelerías, pueden cocinarse en casa bollos y pasteles no menos apetecibles

Copa fantasía

500 g de helado de fresa - 250 g de helado de vainilla - 150 g de nata - 200 g de fruta confitada variada

Cubriremos el fondo de la copa con helado de fresa; a continuación, dispondremos una capa de fruta confitada troceada y otra de helado de vainilla. Terminaremos con unas bolas de helado de fresa, un poco de nata montada y algunas cerezas de adorno.
Esta copa puede realizarse también con helados de otros sabores.

PUDÍN CON FRUTA ESCARCHADA

1 l de leche - 6 huevos enteros más dos yemas - 1 cucharada sopera de ron o kirsch - 200 g de bizcochos - 200 g de fruta escarchada - azúcar

Coceremos la leche, le añadiremos el licor y la dejaremos enfriar; batiremos los 6 huevos con un poco de azúcar, e incorporaremos poco a poco la leche, una vez que se haya enfriado. Desharemos los bizcochos mezclándolos con la crema preparada. Verteremos en un molde y cuajaremos al baño María. Dejaremos enfriar, desmoldaremos sobre una bandeja y dispondremos las frutas escarchadas alrededor de la base.

HELADO DE FRUTAS

500 g de pulpa de fruta - 250 g de azúcar lustre - 150 g de nata - 1 limón

Podemos realizar el helado con cualquier fruta: fresas, frambuesas, piña, plátano, melón, albaricoque, etc. Convertiremos la pulpa en un puré muy fino al que añadiremos el azúcar lustre, el zumo de limón y la nata, preferiblemente batida. Colocaremos la mezcla en el congelador y la removeremos con un tenedor cada hora. Si se quiere presentar el helado dentro de la propia fruta, conviene depositarlo en su interior al batirlo por tercera vez. Al servirlo puede decorarse con nata.
Para elaborar el helado de naranja seguiremos el mismo procedimiento pero al utilizar sólo el zumo calcularemos 25 g de azúcar y 50 de nata por cada pieza.

Manzanas asadas

4 personas	100 cal

8 manzanas de un mismo tamaño
mantequilla
50 g de azúcar
un vaso de vino blanco dulce
5 huevos
anís
mermelada de albaricoque
150 g de azúcar fino

Las manzanas serán de clase dura, no les quitaremos la piel, pero sí las vaciaremos con un aparatito especial. En su interior pondremos un poco de azúcar, vino blanco y mantequilla, haciéndolas a horno suave.

Aparte separaremos las yemas de las claras y batiremos las yemas con 150 g de azúcar fino y unas gotas de anís; las claras también las batiremos a punto de nieve fuerte.

Cuando las manzanas ya estén fuera del horno, las cubriremos primero con un poco de mermelada de albaricoque, después con las yemas y, por último, con las claras, sirviéndolas a continuación.

Manzanas fritas

4 personas	110 cal

un vasito de vino lleno de jerez
4 manzanas
2 cucharadas soperas de harina
agua
100 g de manteca de vaca
50 g de azúcar

Preparamos una pasta con la harina, con el agua caliente y con el vino de Jerez hasta conseguir una papilla. Pelaremos y cortaremos en ruedas las manzanas, y las bañaremos en la pasta. Freiremos las manzanas en la manteca de vaca caliente y, una vez hechas, las espolvorearemos con azúcar antes de servirlas recién hechas.

Manzanas muy ricas

4 personas	120 cal

1 kg de manzanas
agua
25 g de azúcar lustre
100 g de mantequilla fresca
vainilla en polvo
12 bizcochos
un vaso de licor kirsch o ron
agua

Elegiremos las manzanas reineta, que pelaremos y dejaremos sin los corazones, cortándolas después en trozos y sumergiéndolas en agua fresca. Luego las pondremos al fuego en un cacerola honda con el azúcar en polvo, la mantequilla fresca, un poco de vainilla y un vaso de agua. Cuando estén perfectamente cocidas, las aplastaremos con un tenedor de madera. Pondremos sobre estas mermelada y los bizcochos rociados con el licor kirsch o bien con el ron.

Melón al licor

4 personas	100 cal

un melón
un vaso de licor kirsch
400 g de fresas pequeñas
azúcar corriente
azúcar lustre
mantequilla
hielo

Cortaremos la parte superior del melón, retirando con cuidado las semillas y la pulpa con una cuchara; esta pulpa la cortaremos en trozos pequeños con forma de dados. Espolvorearemos bien la cáscara del melón con azúcar lustre, y lo rellenaremos por capas (cubiertas de azúcar) con las fresas pequeñas y con la pulpa cortada a trozos; finalmente lo rociaremos con el licor kirsch y lo taparemos con la cáscara cortada al principio, la punta se cerrará con un borde de mantequilla. Lo tendremos dos horas rodeado de hielo y se servirá muy frío.

Si no se tiene hielo, se deja 5 u 8 minutos en el congelador del frigorífico.

Melocotones en dulce

4 personas	*115 cal*

1 kg de melocotones
1 kg de azúcar

Después de pelados y partidos en trozos los melocotones, les daremos un hervor en agua hirviendo, los retiraremos del agua y, cuando estén fríos, los colocaremos en un recipiente, agregándoles el azúcar y poniéndolo todo después a hervir de nuevo. Cuando el almíbar haga hebra lo retiraremos del fuego.

Melocotones con vino tinto

4 personas	*90 cal*

10 melocotones
150 g de azúcar
agua
3 vasitos de vino tinto
vainilla en polvo

Derretiremos el azúcar en un poco de agua fría, agregándole el vino tinto y un poco de vainilla. Pelaremos y cortaremos en rodajas los melocotones del tiempo, que estén en sazón, y los dejaremos macerar durante tres o cuatro horas en el azúcar y en el vino. Este postre lo serviremos frío, casi helado.

El vino también puede ser blanco o dulce, pero siempre de muy buena calidad.

Naranjas al caramelo

4 personas	90 cal

8 naranjas
almíbar

Una vez peladas las naranjas, las dividiremos en cuatro partes cada una, dejándolas con esta forma durante 2 horas a temperatura ambiente para que se sequen, metiéndolas después en un almíbar a punto de hebra y retirándolas de él con cuidado; las colocaremos en una fuente para que, al secar, queden acarameladas. Una vez conseguido esto, las serviremos en forma de pirámide.

Plátanos fritos

4 personas	100 cal

8 plátanos
un poco de azúcar fino
coñac o zumo de limón
aceite

Elegiremos los plátanos más bien verdes, que cortaremos a lo largo en láminas. Los freiremos a fuego vivo, con el aceite hirviendo y abundante. Una vez hechos los espolvorearemos con azúcar. Por último, los rociaremos con coñac, o bien, si se prefiere, con zumo de limón. Pueden comerse calientes o fríos.

Puré de castañas

👤	*4 personas*	⚖	*180 cal*

24 castañas de buena clase
50 g de mantequilla
una copa de coñac
2 claras de huevo
una taza llena de nata
vainilla
azúcar

Quitaremos la piel a las castañas y las pondremos a cocer; una vez cocidas, las despojaremos de la segunda piel, colocándolas en una cacerola y salteándolas allí con la mantequilla y la copa de coñac, después las pasaremos por el pasapuré, pondremos el puré resultante en un frutero y le daremos forma de pirámide. Seguidamente, haremos la crema de chantillí batiendo la nata, aparte las claras y uniendo por último ambas cosas; dulcificaremos con azúcar y un poco de vainilla. Este chantillí lo serviremos sobre el puré de castañas.

Salsas

Las salsas pueden ser, en muchos casos, un buen acompañante para un manjar ya presentado en la mesa y en otros, un complemento ideal para añadir al plato mientras se está cocinando.

En cualquier caso, conviene realizar la preparación de la salsa siguiendo fielmente la receta, tanto en las proporciones como en el tiempo y en la forma de cocción.

Aunque ahora en el mercado pueden encontrarse un gran número de salsas precocinadas, nada mejor que ofrecer una salsa hecha en casa con todo su sabor.

Salsa alioli

4 personas	160 cal

6 dientes de ajo
1/2 l de aceite
sal fina de mesa

Pelaremos bien los dientes de ajo, poniéndolos en un mortero de barro y majándolos con su mano, echaremos sal fina y aceite desde una aceitera, de forma que salga casi goteando, daremos vueltas siempre hacia el mismo lado. La cantidad de aceite depende del volumen que se desee conseguir.

Quedará espesa al igual que una salsa mayonesa.

Salsa amarilla

4 personas	110 cal

150 g de pescadilla fresca
2 puerros
una cebolla mediana
una zanahoria
perejil fresco
2 cucharadas soperas de aceite
una cucharada sopera de vinagre
una cucharada sopera de mantequilla
2 yemas crudas de huevo
sal
agua

Coceremos el pescado en un poco de agua fría con la cebolla, los puerros y la zanahoria, partidos en pedazos, un poco de perejil, el aceite y el vinagre. Cuando esté bien cocido lo retiraremos del fuego y lo machacaremos bien en un mortero. Después echaremos media taza del caldo del cocido. Desharemos la cucharada de mantequilla en ese caldo y añadiremos las dos yemas de huevo batidas, agitando para que queden bien unidas a la salsa. Debemos servirla recién hecha.

Salsa andaluza

4 personas	100 cal

250 g de calabaza
un tomate fresco y grande
2 granos de pimienta
un diente de ajo
3 cucharadas soperas de vinagre
sal
agua

Cortaremos la calabaza a trozos y la haremos cocer en un poco de agua hirviendo. Una vez cocida, la separaremos en un plato. Macharemos en el mortero el diente de ajo y los granos de pimienta, agregándole el tomate asado, sin piel y la calabaza escurrida. Machacaremos todo de nuevo, terminando por poner las cucharadas de vinagre y un poco de sal.

Pasaremos a una salsera y serviremos la salsa que es ideal para acompañar todo tipo de manjares cocidos.

Salsa blanca de Argentina

4 personas	160 cal

400 g de carne de ternera ya cocida
1/4 de l de concentrado de ave (puede suplirse con jugo de carne envasado)
4 yemas de huevo crudo
2 cucharadas soperas de manteca de cerdo
unas ramas de perejil
una taza llena de caldo de la olla

Cortaremos la carne en pequeños pedazos y le añadiremos el concentrado de ave con el caldo de la olla, haciéndolo hervir en una cazuela. Una vez retirado del fuego, le añadiremos las yemas de huevo, el perejil picado y la manteca.

Uniremos bien y serviremos en una salsera.

Salsa bechamel

4 personas	110 cal

50 g de mantequilla fresca
2 cucharadas soperas de harina
sal
un pellizco de pimienta blanca en polvo
un cucharón de leche
2 ramitos de tomillo
raspadura de nuez moscada
2 cucharadas soperas de cebolla picada muy menudamente

Ablandaremos en una sartén al fuego la mantequilla sin dejar de moverla. Desleiremos en la mantequilla la harina y añadiremos la leche que estará caliente, sin dejar de remover: batiremos con el tenedor de madera para evitar que se formen grumos. Seguidamente, incorporaremos la pimienta, la cebolla picada, la nuez moscada y la sal; dejaremos que se haga suavemente durante unos 10 o 15 minutos, removiendo siempre sin cesar con el tenedor de madera.

Si vemos que nos queda demasiado espesa, no hay inconveniente en añadir un poco más de leche mientras se hace. La cebolla, si no gusta, puede suprimirse.

Salsa criolla

4 personas	130 cal

4 cucharadas soperas llenas de manteca de cerdo
3 granos de ajo
6 cominos
2 granos de pimienta
150 g de alcaparras
2 cucharadas soperas de harina de trigo tostada
2 tazas de agua
sal

Pondremos una cazuela al fuego con la manteca y en ella echaremos los granos de ajo pelados y picados, la pimienta y los cominos (estos majados en el mortero); cuando estén medio fritos incorporaremos las alcaparras (que habremos machado bien), la harina, el agua y la sal, dejándolo cocer 5 minutos más o menos.

Esta salsa criolla es apropiada para acompañar los pescados o las aves cocidas.

Salsa de escabeche

	4 personas		80 cal

3 nabos
3 cebollas
perejil fresco
2 gambas
una hoja de laurel
sal
pimienta en grano
un vaso de agua lleno de vinagre
agua

En una cazuela con agua y puesta a fuego moderado, echaremos los nabos, la cebolla y dos gambas, todo pelado y cortado; añadiremos el laurel, el perejil picado, la pimienta en grano y el vinagre, dejándolo cocer suavemente durante una hora. Pasaremos la salsa por el chino y la retiraremos cuando dé un hervor, reservándola hasta que tenga que utilizarse. Esta salsa se guarda mucho tiempo, pero haciéndola hervir y añadiéndole agua en el momento de servirla a la mesa.

Salsa española

	4 personas		140 cal

200 g de manteca de cerdo
300 g de harina pasada por el tamiz
75 g de tocino salado, pero no rancio
125 g de zanahorias
2 cucharadas soperas de cebolla picada
2 ramitas de tomillo
2 hojitas de laurel
2 l de caldo
un vaso de vino blanco seco
media lata de tomate triturado

En una sartén puesta al fuego derretiremos la manteca, le agregaremos la harina, removiendo constantemente hasta que ambas tomen un color tostado, añadiremos el caldo caliente y batiremos con la espátula o con el tenedor para que se ligue muy bien. Dejaremos cocer a fuego lento y suave.

Aparte, en otra sartén, desharemos el tocino cortado en trozos del tamaño de dados, le incorporaremos las zanahorias, la cebolla, el tomillo, el laurel (todo picado), dorándolo bien, y echaremos este preparado a la sartén de la manteca. Añadiremos el vino blanco, dejándolo hervir despacio durante 2 horas y desengrasándola varias veces por encima con una cuchara. La pasaremos por el colador chino, dejándola enfriar 10 o 15 minutos y poniéndola de nuevo al fuego y añadiendo la media lata de puré de tomate, que habremos tenido al horno hasta que tome un color tostado oscuro. (Con este sistema el tomate pierde toda su acidez.)

La salsa permanecerá hirviendo durante una hora, desengrasándola con mucho cuidado; finalmente, la pasaremos por el chino y la batiremos con el batidor hasta que se enfríe.

En vez de pasar la salsa por el chino podemos también utilizar una batidora eléctrica, ahorrando con ello trabajo y tiempo.

Salsa de hongos

4 personas	80 cal

500 g de hongos
2 dientes de ajo
perejil fresco
50 g de jamón
un poco de pimienta blanca
1/2 l de vino blanco, un poco de agua
sal
aceite o manteca de cerdo

Los hongos serán pequeños, duros y firmes, procurando que estén bien sanos. Separaremos los sombrerillos de los tallos y les haremos expulsar el agua en una parrilla al fuego.

Secaremos bien los sombrerillos y los coceremos en el aceite o en la manteca sin que se amontonen.

Haremos un picadillo con los tallos. Cortaremos también los ajos en trozos así como también el perejil y el jamón. Echaremos un poco de pimienta cuando el picadillo esté hecho, y colocaremos los hongos con el vino blanco (que será muy bueno) y un cuarto de litro de agua. Lo haremos a fuego lento durante una media hora. La salsa debe estar ligada y la dejaremos enfriar. Podemos utilizarla rápidamente o bien envasarla después de cocerla al baño María durante una hora y media. Si los envases son de kilo, los dejaremos enfriar dentro del baño María.

Una modalidad diferente de esta salsa consiste en freír en una cazuela de barro con aceite, tres dientes de ajo y, una vez estén refritos, unirlos a la salsa anterior con dos cucharadas colmadas de mostaza blanca y una de pan rallado. Revolveremos bien para que se una perfectamente.

Salsa de langostinos

	4 personas		100 cal

4 langostinos
una rama de perejil fresco
un chorro de vino blanco seco
una cebolla
un diente de ajo
una cucharada sopera de mantequilla
una yema de huevo cocido
agua
sal

Pondremos en una cacerola medio litro de agua, aproximadamente, y agregaremos la cebolla cortada en trozos, el perejil, el ajo, el vino blanco y la sal, y también echaremos los langostinos cuando comience a hervir. Lo dejaremos cocer todo durante un cuarto de hora. Cuando haya pasado ese tiempo, lo retiraremos, separando la cola y pelándolos. Reservaremos las colas y machacaremos lo demás en el mortero; cuando tenga la textura de una papilla, la mezclaremos con el agua de su cocción y lo pondremos al fuego durante 3 o 4 minutos.

Doraremos la harina en la mantequilla, colando el caldo en un tamiz fino, y le agregaremos la harina rehogada. Lo coceremos todo durante 5 minutos, sazonándolo con sal. Lo retiraremos del fuego y agregaremos la yema deshecha, así como las colas, disponiéndolo en una salsera o bien vertiendo la salsa sobre el manjar elegido. Esta salsa es ideal para pescados.

Salsa mayonesa al viejo estilo

	4 personas		170 cal

2 yemas crudas de huevo
1/2 l de aceite refinado
vinagre o limón
agua
sal

Batiremos bien en un mortero o en una taza (nada de utensilios metálicos) las dos yemas de huevo y, cuando estén batidas, continuaremos revolviendo siempre hacia el mismo lado y echando el aceite (de muy buena clase), primero gota a gota, y después en un hilo; enseguida echaremos una o dos cucharadas de vinagre o limón en gotas y un poco de sal. A fuerza de batir se formará una crema que debe quedar compacta para que esté en su punto. Para que no se corte echaremos en el mortero unas gotas de agua.

Actualmente podemos también hacerla en batidora eléctrica o a mano, con la precaución de ir añadiendo el aceite poco a poco.

Salsa de piñones

1 personas	*100 cal*

14 piñones pelados
un diente de ajo
un comino
una yema de huevo duro
agua
aceite
sal fina

Picaremos en un mortero los piñones junto con el ajo, con el comino y con la yema de huevo duro. Cuando esté bien picado añadiremos dos o tres cucharadas de agua y un poco de aceite.

Le daremos un hervor ligero y la serviremos.

Salsa romesco

4 personas	*120 cal*

2 pimientos secos sin semillas ni rabo
3 dientes de ajo
10 o 12 avellanas o almendras tostadas
una rebanada de pan blanco
1/4 de l de aceite
una copita de vino tinto del Priorat
raspaduras de nuez moscada
un poco de guindilla picante
sal

Pondremos al fuego una sartén de hierro o de aluminio (los expertos aseguran que con la de hierro sale mejor) y echaremos en ella el aceite, friendo ligeramente los pimientos secos y la rebanada de pan, y retirándolos en un plato.

Majaremos en el mortero los ajos y las avellanas, o las almendras, machacándolo muy bien, hasta que quede convertido en una pasta, tras lo cual añadiremos los pimientos, volviendo a machacar nuevamente.

Machacaremos también el pan hasta que quede todo convertido en una pasta fina y le pondremos la guindilla picante, el vino, la sal y las raspaduras de nuez moscada. Se trata de una salsa muy fuerte, especial para pescados a la brasa y que es originaria de los pescadores de la Costa Brava.

Salsa rubia

4 personas	100 cal

4 cucharadas soperas llenas de aceite
400 g de caldo (el caldo original era de carne y de huesos, nosotros podemos hacerlo con cubitos de caldo concentrado)
una cucharadita de café de cebolla picada
media cucharadita de café con perejil picado
una cucharada sopera de vino blanco
media cucharadita de café de sal

Pondremos sobre el fuego una sartén con el aceite y cuando esté muy caliente freiremos en él la cebolla. Una vez frita le agregaremos el perejil, la sal y la harina, rehogando todo perfectamente hasta que lo veamos dorado; en este punto le incorporaremos el vino blanco y el caldo hirviendo, poco a poco, sin dejar de revolverlo con una cuchara de madera para que no se formen grumos. Tras haber incorporado todo el caldo, lo dejaremos hacer durante 5 u 8 minutos.

Por lo general esta salsa se sirve siempre muy caliente.

Salsa suprema

4 personas	110 cal

un tazón lleno de jugo de carne o de aves asadas (si no tenemos jugo de carne podemos prepararlo con un extracto de carne y de agua)
1/2 l de caldo de cocido (aunque el caldo se solía hacer, nosotros utilizaremos el caldo de cubitos)
2 yemas crudas de huevo
una cucharada sopera de jugo de limón colado
2 cucharadas soperas de nata
20 g de setas frescas
2 trufas de lata
media cucharadita de café de fécula de arroz

Desgrasaremos el jugo de carne y le añadiremos el caldo del cocido. Después de reducido un poco, prepararemos en un cacito las yemas crudas, el limón, la nata, las trufas y las setas, ambas cortadas en pedazos. Desleiremos, en una tacita, la media cucharadita de harina de fécula de arroz, lo juntaremos todo y lo trabajaremos poco a poco en el fuego, sin que se corte.

Esta salsa la pasaremos por el chino antes de incorporarle las trufas y las setas. Podemos servirla con aves asadas; es una salsa muy fina y de gran paladar.

Salsa de tomate

4 personas	110 cal

500 g de tomates frescos
una yema cruda de huevo
100 g de manteca de cerdo
una cucharada sopera de harina
sal
una cucharada sopera de aceite
perejil fresco

En una sartén con la manteca de cerdo freiremos los tomates pelados y partidos a trozos y un poco de perejil, dejándolo en el fuego hasta que queden bien fritos; después los pasaremos por un pasador fino. Si quedan restos pegados en la sartén, echaremos un poco de agua, colaremos el tomate y lo reservaremos en otro recipiente.

En la misma sartén, con el aceite, doraremos la harina añadiéndole el caldo, y verteremos todo ello sobre el tomate que tenemos pasado, echaremos sal y daremos un nuevo hervor, retirándolo del fuego.

Cuando ya casi esté frío (la salsa solamente estará un poco templada), la ligaremos con la yema de huevo. Podemos servirla templada o caliente.

Puede omitirse la yema cruda de huevo. Hay quien añade al frito de tomate un poco de cebolla picada.

Salsa vinagreta

4 personas	160 cal

una cebolla mediana
2 dientes de ajo
nuez moscada
perejil fresco
5 huevos cocidos
un tazón de vinagre de estragón
un poco de pimienta blanca en polvo
sal

Pelaremos y picaremos la cebolla y los ajos muy menudamente, junto con un poco de perejil. Colocaremos todo esto en una salsera, junto con el vinagre, removiéndolo durante 5 minutos, añadiremos un poco de pimienta, nuez moscada y sal. Cuando ya esté bien revuelto, incorporaremos las yemas de huevo aplastadas con un tenedor y lo mezclaremos bien con la salsa. Por último, picaremos muy finas las claras de los huevos y las incorporaremos a la salsa.

Esta salsa, que se sirve fría, queda muy bien con pescados cocidos a la brasa.

Si añadimos un pimiento rojo de lata picado y dos cucharadas soperas llenas de pulpa de tomate la salsa resulta muy rica y de un sabor inigualable.

Indice de recetas

Entrantes

Caldos
Caldo asturiano, 15
— de gallina, 15
— limpio, 16
— de pescado, 17
— de pimientos, 17
— de verduras, 18

Cremas
Crema de guisantes, 19
— de puntas de espárragos, 19
— de tomate, 20

Ensaladas
Ensalada de apio y nuez al gusto de Guatemala, 21
— de arroz con atún, 21
— de boquerones, 22
— de carne, 22
— casera, 23
— de espárragos con salsa riojana, 23
— estival, 24
— jardinera, 24
— de langostinos y patatas, 25
— de lechuga y gambas, 25
— levantina, 26
— muy sabrosa, 26
— de patatas, 27
— de pollo, 27
— de repollo, 28
— rusa, 28
— sevillana, 29
Pipirrana, 29
Xató, 30

Purés
Gachas a la murciana, 31
Migas canas de león, 31
— al estilo de Teruel, 32
Puré de alubia roja, 33
— de cangrejo, 34
— espeso de patatas, 35
— al estilo de Badalona, 35
— de huerta, 36
— de lentejas, 36

Sopas
Ajo blanco simple, 37
— blanco con uvas, 37
Costrada navarra, 38
Faroja brasileña, 38
Gazpacho, 39
Gazpacho caliente, 39
Gelatina de carne, 40
Sopa aragonesa, 41
— de arroz, 41
— de boda, 42
— de buñuelos al jamón, 42
— de cebolla tostada, 43
— juliana, 43
— malagueña, 44
— de mariscos, 44
— moruna, 45
— de pescado, 46
— de pescado de Candas, 47
— de rape, 48
— de vigilia, 48
Sopas de ajo al estilo de la abuela, 49
— de ajo al estilo de los pastores, 49
— campesinas de ajo, 50
— de merluza y legumbres con verdura, 50

Primeros platos

Arroz
Arroz a banda, 55
— al ajo, 56
— alicantino, 56
— aragonés, 57
— a la asturiana, 58

— con bacalao, 59
— bella aurora, 59
— castellonense, 60
— con chirlas, 61
— al estilo de Elche, 61
— al gusto de la abuela, 62
— a la indiana, 63
— a la marinera, 63
— con menudillos, 64
— con moscancia, 65
— perellada, 66
— variado, 67
Bollos tostados de cacahuete a la colombiana, 68
Corona de arroz blanco, 68
Paella valenciana, 69

Cocidos

Cocido andaluz, 70
— castellano, 71
— catalán, 72
— extremeño, 73
— de judías blancas, 74

Legumbres secas

Garbanzos con bacalao, 75
— guisados, 75
Judías blancas con chorizo, 76
— blancas con nabos y arroz, 76
— rojas con oreja de cerdo, 77
Judiones con oreja y pie de cerdo, 78
Lentejas a la campesina, 78
— al estilo de Trujillo, 79
Moros y cristianos, 79

Pasta

Canelones rellenos de carne, 80
Fideos con almejas, 81
— a la cazuela, 81
Macarrones a la cazuela, 82
— con dos salsas, 82
— con tomate, 83
Tallarines con salsa de tomate, 83

Patatas

Ajoharina de Jaén, 84
Croquetas de pasta de patata, 84
Flan de patatas, 85
Gachas a la malagueña, 85
Patatas a la asturiana, 86
— caseras, 87
— estofadas, 87
— frías, 88
— al horno, 88
— a la importancia, 89
— peruanas, 89
— a la riojana, 90
— en salsa verde, 90
— Naranco, 91
Timbal de patatas aurora, 91
Zarangollo de secano, 92

Potajes

Caldeirada gallega, 93
Escudella ligera, 93
Fabada, 94
Lacón con grelos, 95
Olla cortijera, 95
— gitana, 96
— podrida cubana, 97
Pequeña marmita, 98
Porrusalda, 99
Potaje (o pote) asturiano, 99
— con espinacas, 100
— de garbanzos, 101
— a la murciana, 102
— norteño, 102
— portorriqueño, 103
— vasco, 103
Pote gallego, 104
Puchero canario, 105
— valenciano, 107
Recao de Binéfar, 108

VERDURAS Y HORTALIZAS
Acelgas con pasas y piñones, 109
— rehogadas, 109
Alcachofas rellenas, 110
Berenjenas rellenas, 110
Calabacines rellenos, 111
Calabaza con jamón y puerros, 112
Colifor entera con salsa, 112
— guisada, 113
— rehogada, 113
Corona de espinacas, 114
Empanadas rellenas, 114
Espárragos en salsa, 115
Fondos de alcachofa a la gitana, 115
Fritanga alicantina, 116
Guisantes al estilo valenciano, 117
— en vino rancio, 117
Habas a la catalana, 118
— al estilo de Mahón, 118
— de Vitoria, 119
Judías verdes salteadas
con jamón y queso, 120
— verdes con tocino, 121
Lombarda guisada, 121
Menestra al estilo de la Rioja, 121
— de habas de Tudela, 122
— de verduras de Tudela, 123
Molde de cardos, 123
Nabos con jamón, 124
Pimientos mexicanos, 124
— rellenos, 125
— rellenos al estilo Avilés, 125
Pochas a la riojana, 126
Setas con pan frito, 127
Tomatada, 127
Tomates rellenos, 128
Tumbet balear, 128

Segundos platos

AVES Y CAZA
Capón asado, 131
Codornices asadas
de Santo Domingo, 131
Codornices con pochas, 132
Conejo guisado, 132
Faisán a la baztanesa, 133
— a la moda de Alcántara, 133
Gallina con arroz, 134
— a la caitraca, 135
Jabalí o ciervo en salsa, 135
Liebre estofada, 136
— guisada con chocolate, 137
Mole poblano a la costarricense, 137
Pato al estilo de Ribadeo, 138
— a la naranja, 139
— con nabos, 139
Pavo relleno, 140
Pechugas de ave en fritura, 141
Perdices con repollo, 141
— con sardinas, 142
— al vino blanco, 142
Perdiz a la catalana, 143
Pichones con champiñones, 143
— muy ricos, 144
Plato de perdigones, 144
Pollo asado, 145
— flamenco, 145
— frito, 146
— con langosta, 146
— a la levantina, 147
— al vino blanco, 148
Pollos entomatados, 148
Salpicón de ave, 149

CARNES
Albóndigas a mi estilo, 150
Alpargate, 150
Asado de ternera, 151
Asado de carne regental, 151

Asadura al ajillo-pastor,152
— de cordero con guisantes, 152
Bollos de las comadres, 153
Borrego al estilo típico, 153
Buey asado al estilo de Ecuador, 154
— a la Bourguignonne, 155
Cabeza de cerdo, 155
Cabezas de cabrito al horno, 156
— de cordero asadas, 156
Cabrito en adobo, 157
— al salmorejo, 157
Cachuela de Logroño, 158
Callos al estilo gallego, 159
— picantes, 160
Caracoles guisados, 160
— a la maña, 161
— con sobrasada, 161
Carbonada, 162
Carne almendrada, 163
— de vaca con ciruelas, 163
Cerdo en adobo, 164
Chanfaina de menudillos, 164
Chilindrón, 165
Chuletas a la barbacoa, 166
— de cordero a la cazuela, 166
— de cordero con bechamel, 167
— de ternera a la antigua, 167
— de ternera en salsa de vino, 168
Cochifrito, 169
Cochinillo asado, 169
— asado a lo guijarro, 170
Contrafilete de ternera
con manzanas, 171
Corazón guisado, 172
Cordero asado
al estilo de la Rioja, 172
— con hierbas, 173
Costillar de ternera, 173
Costillas de cerdo adobadas, 174
Creulat, 175
Criadillas rebozadas, 175
Croquetas a la española, 176
Croquetas mallorquinas, 176
Croquetas de pollo, 177
Empanada compostelana, 178
Empanada mallorquina, 178
Empanada de raxo, 179
Empanadas con jamón, 180
Empanadillas, 180
Emparedado de jamón, 181
Embozado habanero, 181
Envueltillos de ternera, 182
Escalopes de ternera al queso, 182
Espalda de cordero a la jardinera, 183
Estofado catalán de vaca, 184
— de buey o vaca, 184
— de carnero, 185
— de ternera, 185
Filetes de vaca a las finas hierbas, 186
Frito de cabrito, 186
Gachas con tropezones, 187
Guisado de carnero con berenjenas, 187
— de cordero con patatas
y cebollitas, 188
— de costillar de ternera, 188
Guisado santiagueño de criadillas, 189
Higadillos de pollo en salsa, 190
Hígado con cebolla, 190
— a la porteña, 191
Hocico de vaca, 191
Jamón asado a la parrilla
con guarnición, 192
— en salsa, 192
— con tomate, 193
Lechal asado, 193
Lengua escarlata, 194
— estofada, 194
— en salsa, 195
Lenguas de cordero con puré, 195
Liadillos de carne, 196
Magras fritas, 196
Manos de cerdo con nabos, 197
— de cerdo con puré, 198
Medallones de ternera, 199
Menestra de cordero, 199
— de cordero lechal, 200
Menudillos de cordero, 201
Migas a la andaluza, 202

Mollejas salteadas, 203
Morros con salsa roja, 203
Oreja de cerdo con salsa, 204
Pastel murciano de pollo, 204
Pasteles de carne, 205
Patas de cerdo rellenas, 206
Perdices de capellán, 207
Picadillo a la moda
de Montevideo, 207
Pierna de carnero
al estilo de Orense, 208
— de cordero asada, 209
Plato riojano, 209
Pringadas agote, 210
— de tocino y chorizo, 210
Pudín Ana, 211
Ranas guisadas, 211
Relleno de carne
para empanadillas, 212
Rellenos o tripoches, 212
Riñones al jerez, 213
— de cerdo al estilo de Gijón, 214
Ropa vieja de vaca, 214
Salpicón de vaca, 215
Sesos huecos, 215
Solomillo de cordero, 216
— con setas, 217
Tacons, 217
Tasajo camagüeyano, 218
Ternera con aceitunas, 218
— mechada, 219
— en rollo, 219
— en salsa roja, 220
Trajinera mexicana, 220
Tripas a la riojana, 221
Vaca asada con vino tinto, 222

Huevos

Huevos con arroz, 223
— a la aurora, 224
— en caldo, 224
— a la carlista, 225
— escalfados
con cangrejos del río, 225
— escalfados con menudillos, 226
— a la flamenca, 226
— gallegos, 227
— con guisantes 228,
— al horno, 228
— imperiales, 229
— al nido, 229
— al plato a la navarra, 230
— rellenos de atún, 230
— rellenos con jamón, 231
— rellenos con puré de guisantes, 231
— con sangrecilla, 232
— serranos, 232

Mariscos

Almejas con finas hierbas, 233
Centollo relleno, 233
Chirlas a la marinera, 234
Langosta cocida y con salsa, 235
— a la chilena, 236
— al estilo de Santa Cruz, 236
— de ración, 237
Langostinos salteados, 238
Mejillones a la cazuela, 238
— en crema de gambas, 239
Vieiras de las rías bajas, 239

Pescados

Ajo arriero navarro, 240
Anchoas fritas, 240
Andrajos de Jaén, 241
Anguila en adobo, 241
Atún o bonito fresco con vinagre, 242
Bacalao argentino, 242
— en chanfaina, 243
— encebollado, 243
— exquisito de La Habana, 244
— al estilo de Galicia, 244
— al estilo monacal, 245
— frito, 246

— en judías blancas, 246
— a La Laguna, 247
— a la llauna, 247
— con manzanas, 248
— al pil-pil, 248
— con salsa bechamel, 249
— en salsa roja, 249
— con tomate y pimientos, 250
— a la vizcaína, 251
Besugo mechado, 252
— en salsa, 253
— con salsa de ajos, 253
Bonito fresco con aceitunas, 254
Buñuelos de bacalao, 254
Calamares fritos, 255
— a lo nina, 255
— en su tinta, 256
Caldereta de pescado, 256
Cazuela de pescados, 257
Cola de merluza rellena, 257
— de salmón en su jugo, 258
Congrio en salsa, 259
— con tomate y pimientos, 259
Filetes empanados de merluza, 260
Lenguados a la crema, 260
Lubina albufera, 261
— al horno, 262
Lucio al caldo corto, 262
Marmitako, 263
Merluza a la baturra, 263
— en su jugo al horno, 264
— a la marinera, 264
— a la Ribera, 265
— en salsa isleña, 265
— en salsa verde, 266
Mero en escabeche, 266
— a la valenciana, 267
Moraga de sardinas, 267
Mújol guisado, 268
Pastelillos de merluza, 269
Peces de río fritos, 269
Pescados fritos, 270
— a la mallorquina, 270
Picadillo paraguayo de pescado, 271
Pudín de merluza, 271
Pulpos con cebolla, 272
Rape a la levantina, 272
Relleno de atún para empanadillas, 273
Rodaballo asado, 273
Salmón con ternera, 274
Sardinas en cazuela de barro, 274
— mechadas, 275
— a la plancha, 275
— rebozadas, 276
Truchas con jamón, 276
— al limón, 277
— a la Navarra, 277
— rellenas, 278
Zarzuela de pescado, 278

REVUELTOS

Pisto al estilo asturiano, 279
— con calabacín, 279
— gallego, 280
Revuelto de huevos
con judías blancas, 280
— de huevos con riñones, 281
— de huevos con setas, 281
— de huevos con sobrasada, 282

TORTILLAS

Tortilla con guarnición, 283
— de calabacitas al estilo de Chile, 283
— de cebolla, 284
— de chanquetes, 284
— de gambas y camarones, 285
— de habas, 285
— de patatas, 286
— de sardinas frescas, 286

Repostería y postres

REPOSTERÍA

Alfajor blanco, 289
Almendrados, 289
Angélicas, 290
Arroz dulce al estilo de la abuela, 290

Bien me sabe, 291
Bizcocho de la abuela, 291
— al estilo de Calatayud, 292
— con glaseado, 293
— rápido, 293
Bizcochos de Reina, 294
Borrachos a la crema, 294
Brazo de gitano, 295
Canastillas, 295
Crema de chocolate, 296
Cuartos de Mallorca, 296
Chantillí, 297
Chocolatada, 297
Dulce de leche, 298
Ensaimadas, 298
Flan de huevos, 299
Frituras con miel, 299
Isla flotante, 300
Lenguas de gato, 300
Mamey de Santo Domingo, 301
Mantecadas de almendras, 301
Mantecados, 302
Marañuelas, 302
Monas de Pascua, 303
Mostachones de Utrera, 303
Natillas, 304
Nubes doradas de Brasil, 304
Pastel de arroz a la moka, 305
— de capas de piña, 305
— de natillas, 306
Pestiños, 306
Polvorones, 307
Postre de nueces
al estilo de Caracas, 307
Rejanes, 308
Rollos de almendra, 308
Rosquillas fritas, 309
Tarta de chocolate, 309
— de frutas al sambayón, 310
— helada con nueces y chocolate, 311
— de manzana, 311
— de Sacromonte, 312
— rellena, 312
Tortas de aceite, 313
— del calvario, 313
— de Chanchigorri, 314
— de naranja, 314
— a la pamplonica, 315
Tostadas de Alcoy, 316
Trenzas de yema, 316
Turrón de yema, 317
Welsch Rabbit, 317
Yemas de coco, 318

FRUTA

Buñuelos de dátiles, 319
Buñuelos de piña de Panamá, 319
Compota de peras, 320
Flan de manzanas, 320
Manzanas asadas, 321
Manzanas fritas, 321
Manzanas muy ricas, 322
Melón al licor, 322
Melocotones en dulce, 323
Melocotones con vino tinto, 323
Naranjas al caramelo, 324
Plátanos fritos, 324
Puré de castañas, 325

Salsas

Salsa alioli, 329
— amarilla, 329
— andaluza, 330
— blanca de Argentina, 330
— bechamel, 331
— criolla, 331
— de escabeche, 332
— española, 332
— de hongos, 333
— de langostinos, 334
— mayonesa al estilo viejo, 334
— de piñones, 335
— romesco, 335
— rubia, 336
— suprema, 336
— de tomate, 337
— vinagreta, 337

Impreso en España por
HUROPE, S. L.
Lima, 3 bis
08030 Barcelona